KiWi 241

Über das Buch

Erst in den letzten Jahren hat man in vollem Umfang die überragende Bedeutung des italienischen Schriftstellers Ignazio Silone begriffen, der einer der großen Zeitzeugen dieses Jahrhunderts ist. Im Jahre 1900 in einem kleinen Abruzzendorf geboren, erzogen in einem katholischen Priesterseminar, schließt er sich mit 17 Jahren der sozialistischen Bewegung an und wird neben Gramsci einer der Mitbegründer der Kommunistischen Partei Italiens. Unter Mussolini lebt er im Untergrund und flüchtet später ins Exil nach Moskau, wo er es wagt, mit Stalin zu brechen. Danach Exil in der Schweiz und nach 1945 Mitglied der Sozialistischen Partei Italiens. Erst 1990, zwölf Jahre nach seinem Tod, wird er von den italienischen Kommunisten rehabilitiert.

»Notausgang« ist ein faszinierendes Buch, eine literarische Autobiographie in Einzelausschnitten: die Kindheit in einem Bergnest der Abruzzen, das große Erdbeben, bei dem die meisten seiner Familienmitglieder den Tod fanden, der politische Lebensweg, die Begegnungen mit Stalin, Trotzki und Togliatti, das Exil in der Schweiz, die Rückkehr nach Italien, die Nachkriegsgesellschaft und der Kalte Krieg.

Ein Klassiker der italienischen Literatur jetzt wieder vollständig und in der Originalfassung bei Kiepenheuer & Witsch.

Der Autor

Ignazio Silone (eigentlich Secundo Tranquilli), geboren 1900 in Pescina in den Abruzzen, gestorben 1978 in Genf. 1921 Mitbegründer der KPI, aus der er 1930 austrat. 1930 bis 1934 Emigration in die Schweiz. Silone war einer der literarischen Vertreter des italienischen Neo-Realismus.

Weitere Titel bei k & w

Wein und Brot, KiWi 55, 1984. *Eine Handvoll Brombeeren*, KiWi 80, 1985. *Fontamara*, KiWi 83, 1985. *Der Fuchs und die Kamelie*, KiWi 115, 1986. *Das Geheimnis des Luca*, KiWi 172, 1988. *Der Samen unter dem Schnee*, Roman 1990.

Ignazio Silone

Notausgang

Mit einem Vorwort
von Franca Magnani

Aus dem Italienischen
von Hanna Dehio

Kiepenheuer & Witsch

Titel der Originalausgabe
Uscita di sicurezza
Aus dem Italienischen von Hanna Dehio
© 1966, 1991 by Verlag Kiepenheuer & Witsch, Köln
Umschlag Manfred Schulz, Köln,
nach einer Konzeption von Hannes Jähn
Umschlagfoto Horst Tappe
Gesamtherstellung Clausen & Bosse, Leck
ISBN 3 462 02092 7

Vorwort

»... Das einzige, was ich wirklich will, ist körperliche und geistige Gesundheit, um ganz meiner Bestimmung gemäß leben zu können, um das zu schreiben und zu erzählen, was ich schreiben und erzählen muß. *Fontamara* ist nur ein erstes Kapitel. Ich möchte große Ruhe haben. Ich möchte dem Schicksal des professionellen Schriftstellers entgehen. Ich möchte auch der Propaganda und der Agitation entgehen; nützliche Dinge, aber es gibt so viele, die das besser machen als ich. Ich möchte, bevor ich sterbe, zwei, drei Sachen sagen, die kein anderer sagen kann und die auszusprechen das Schicksal mich beauftragt hat. Zwei, drei Sachen, über die jeder Arbeiter, jeder Bauer, jeder Kommunist und jeder Faschist nachdenken sollte, über die jeder Mensch nachdenken sollte ...« Diese Worte schrieb Ignazio Silone zu Beginn der dreißiger Jahre an seine Lebensgefährtin Gabriella Seidenfeld. Der Schriftsteller arbeitete damals an seinem ersten Roman. Er befand sich in Davos, wo er eine schwere Lungenkrankheit auskurierte. Kurz zuvor hatte er sich von der kommunistischen Partei getrennt, aus der er in der Folge mit der üblichen Litanei an verleumderischen Anklagen ausgeschlossen wurde. Die zwei, drei Sachen, über die Silone seine Mitmenschen zum Nachdenken anregen wollte, waren mit Begebenheiten verknüpft, die sein Leben bestimmt hatten, bevor er Schriftsteller wurde.

Secondo Tranquilli – so sein richtiger Name – wurde 1900 in Pescina dei Marsi in der Provinz Aquila geboren. Sein Vater war ein kleiner Landbesitzer, seine Mutter arbeitete als Weberin. Das Erdbeben von 1915, das in dreißig Sekunden die ganze Region zerstörte, zerstörte auch die Familie Tranquilli. Nur Secondino und sein jüngerer Bruder Romolo überlebten die Katastrophe. »Ein schwerer Schicksalsschlag ist wie eine Narkose; der Schmerz legt sich auf die Welt, wo er sich mit anderen Erinnerungen vermischt und schließlich ein Teil von uns selbst wird«, pflegte Silone zu sagen.

In einem Priesterseminar erzogen, entdeckte Secondino rasch eine Kluft zwischen der in der Schule unterrichteten Lektion der Moral des Christentums und der Anwendung des Gesetzes im täglichen Leben. Daher die ersten Rebellionen und die erste politische Entscheidung mit 17 Jahren. Er trat der sozialistischen Jugend bei. 1921 beteiligte er sich an der Gründung der italienischen kommunistischen Partei in Livorno. Er war ein überzeugter Marxist und Revolutionär. Aber er stieß auf dieselben Widersprüche, die er im Milieu der Kirche entdeckt hatte, auch in den kommunistischen Kreisen, wo die Wahrheit gefälscht wurde und es eine Diskrepanz gab zwischen dem Glaubensbekenntnis und dem moralischen Verhalten des einzelnen. Er trennte sich folglich auch von der Partei, die für ihn während der zehn Jahre der Illegalität alles gewesen war: »Familie, Kirche, Schule und Kaserne.« Plötzlich war er einsam, krank und fand sich isoliert.

Als Silone 1933 zum ersten Mal in den italienischen Emigrantenkreisen in Zürich auftauchte, war er in zweifacher Hinsicht ein Verbannter: Er war ein Exilierter des Faschismus und der kommunistischen Partei. Seine Schwermut stand ihm ins Gesicht geschrieben. Die Gründe hierfür nannte er sehr viel später in einem Essay, der unter dem Titel *Notausgang* zuerst in der italienischen Zeitschrift *Comunità* erschien: »Die Trennung vom Kommunismus war für mich ein sehr trauriges Erlebnis, und ich komme aus einem Lande, wo man länger Trauer trägt als anderswo.«

Fontamara, Silones erster Roman, erschien 1933 in deutscher Sprache in Zürich und wurde von Kritikern und Lesern begeistert aufgenommen. Jakob Wassermann, einer der ersten, die das Manuskript lasen, bezeichnete *Fontamara* als ein Werk, das »Einfachheit und homerische Größe« besitzt. Im Milieu der antifaschistischen Emigration wurde *Fontamara* – dieses Buch, das die Demütigen, die Entrechteten, die Opfer eines historischen Abenteuers, als das sich die Mussolini-Ära entpuppen sollte, zu Wort kommen läßt – begrüßt als ein Werk, das dem Antifaschismus literarische Würde verlieh.

Von wenigen Ausnahmen abgesehen, stehen die Abruzzen im Mittelpunkt und im Herzen des literarischen Werkes von Silone. »Es stimmt, daß ich Weltbürger bin, aber ich bin auch ein Abruzzeser, und die Liebe zur Heimat trägt man in sich. Sie ist ein Teil von mir selbst, in welchem Teil der Welt ich auch lebe«, sagte Silone einmal in seinem unüberhörbaren abruzzesischen Dialekt. In *Brot und Wein, Der Samen unter dem Schnee, Und er verbarg sich* – alle im Schweizer Exil geschrieben – ist immer wieder von den Abruzzen die Rede.

Im Jahre 1944, nach der Befreiung Roms, kehrte Silone nach Italien zurück. Als Schriftsteller stieß er auf wenig Beachtung sowohl bei der Kritik als auch in der Öffentlichkeit. Die Autoren des Neorealismus hielten ihn für überholt, besonders was den Stil betraf. Die Kritiker warfen ihm, außer formalen Unzulänglichkeiten, vor, »ein übersetzter Autor« zu sein, womit sie zum Ausdruck bringen wollten, er habe keinen Stil. Silone blieb ein Isolierter in der damaligen literarischen Welt, auch deshalb, weil seine moralische und religiöse Grundhaltung der italienischen Sichtweise fremd war. Das Mißverhältnis zwischen dem Ruhm im Ausland und der lauwarmen Begrüßung im heimatlichen Italien führten zu einem »Fall Silone«. Dazu hatten mehrere Faktoren beigetragen: Die KP, um die sich – infolge der Resistenza –

die bedeutendsten Vertreter der italienischen Intellektuellen geschart hatten, besaß einen großen Einfluß auf jene, die die »Spielregeln« innerhalb der literarischen Welt festlegten. Es ist bekannt, daß die Kommunisten Silone weiterhin ächteten. Giovanni Spadolini erinnert sich: »Silones Bücher waren wenig verbreitet, wurden ungern vertrieben, von den Verlagen kaum geschützt vor dem Freimaurertum der Kritiker.« Doch seltsamerweise lehnten auch die Nationalkonservativen Silones Werk in den ersten Nachkriegsjahren ab; da er im Ausland einen so großen Erfolg gehabt hatte und erst nach der Befreiung nach Italien zurückgekehrt war, betrachten sie ihn als »Nebenprodukt der Siegermächte«.

Silone war bereits in den Jahren des Schweizer Exils der Sozialistischen Partei beigetreten und nahm 1946 als Abgeordneter an der Verfassunggebenden Versammlung teil. Er spürte die Notwendigkeit eines humanen Sozialismus, der sich mit der liberalen Demokratie aussöhnen und den Kampf für die Emanzipation des Proletariats weiterführen sollte. Sozialismus war für Silone sehr viel mehr als eine bloße Doktrin, er war Glaubensbekenntnis und moralischer Anspruch zugleich: tatsächliche Solidarität mit den Entrechteten. Aufgrund seiner Erziehung hatte er in seinem tiefsten Inneren einen starken Glauben an die christlichen Ideale bewahrt. Die Geschichte der sozialistischen Bewegung im Nachkriegsitalien bestand aus einer langen, bitteren Reihe von Teilungen, Wiedervereinigungen und neuen Spaltungen. Verbittert lehnte Silone 1949 jede aktive Beteiligung an einer institutionellen Politik ab und definierte sich als »Sozialisten ohne Partei und Christ ohne Kirche«. Seine intensiven Aktivitäten als Kultur- und Gesellschaftskritiker führte er weiter. Erst 1965, als sein Werk *Notausgang* erschien, änderte sich das Verhältnis der literarischen Welt zu Silone. Diesmal entsprach der Erfolg in Italien Silones Erfolgen im Ausland.

IV

Das galt auch für *Das Abenteuer eines armen Christen* (1968) – die Geschichte eines armen Abruzzesen, der, nachdem er zum Papst gewählt worden war, sein Amt niederlegt, weil ihm jede Art der Machtausübung fremd war. Endlich wurde Silone jener schriftstellerische Erfolg zuteil, den Italien ihm jahrelang hartnäckig vorenthalten hatte.

Iganzio Silone, der 1978 fern seiner Heimat starb, bezeichnete sich als »einen der besiegtesten Menschen unserer Zeit«. Er hätte nur wenige Jahre länger leben müssen, um feststellen zu können, daß er im Gegenteil ein Sieger im vornehmsten Sinne des Wortes war. »Wie lange und wie schwierig und mühsam ist es doch, bis man ein Mensch wird«, hatte Silone oft während seines langen Exils geseufzt.

Franca Magnani

Inhalt

Besuch im Gefängnis

Ein zerlumpter, barfüßiger kleiner Mann wurde von zwei Carabinieri die einsame staubige Straße entlanggeführt. Er bewegte sich wie in einem mühsamen Tanzschritt hüpfend vorwärts, vielleicht weil er ein steifes Bein oder eine Verletzung am Fuß hatte. Zwischen den beiden schwarz uniformierten Gestalten, die im harten Sonnenlicht düsteren Masken eines Trauerzuges glichen, wirkte der kleine Mann wie ein erdfarbenes, in einem Graben gefangenes Tier. Er trug ein Bündel auf dem Rücken, aus dem bei jedem seiner hüpfenden Schritte ein leises Zirpen ertönte.

Ich saß mit der Fibel auf dem Schoß an der Türschwelle und war mit meinen ersten Vokalen und Konsonanten beschäftigt, als diese mitleiderregende und zugleich komische Gestalt auftauchte und auf mich zukam. Das unerwartete Schauspiel brachte mich zum Lachen. Ich wandte den Kopf, um zu sehen, ob jemand meine Heiterkeit teilte, und gerade in diesem Augenblick hörte ich aus dem Inneren des Hauses den schweren Schritt meines Vaters.

»Sieh doch, wie komisch«, sagte ich lachend zu ihm.

Aber mein Vater warf mir einen strengen Blick zu, zog mich an einem Ohr hoch und führte mich in sein Zimmer. Noch nie war er so unzufrieden mit mir gewesen.

»Was habe ich denn Böses getan?« fragte ich und rieb mein schmerzendes Ohr.

»Über einen Häftling lacht man nicht. Niemals.«

»Warum nicht?«

»Weil er sich nicht verteidigen kann. Und weil er vielleicht unschuldig ist. Und vor allem, weil er unglücklich ist.«

Ohne ein weiteres Wort ließ er mich im Zimmer allein,

neuen verwirrenden Gefühlen ausgeliefert. Die Vokale und Konsonanten und ihre schwierigen Verbindungen interessierten mich nicht mehr.

Anstatt mich zur üblichen Zeit ins Bett zu schicken, nahm mein Vater mich an diesem Abend auf seinen Spaziergang in die Stadt mit, was sehr selten vorkam. Und als wir den Platz vor der Kirche erreicht hatten, blieb er nicht wie gewöhnlich bei seinen Freunden von der Gemeinnützigen Gesellschaft stehen, sondern setzte sich an einen Tisch vor dem Café der Honorationen, wo mehrere Herren nach dem drückend heißen Tag die Kühle genossen. Am Nebentisch unterhielt sich der Amtsrichter mit dem Kreisarzt.

»Was hat der Mann getan, der heute verhaftet wurde?« fragte mein Vater den Richter, den er gut kannte.

»Er hat gestohlen«, sagte der Richter.

»Wo kommt er denn her?« fragte mein Vater weiter. »Ist er arbeitslos? Ist es ein Landstreicher?«

»Er ist Arbeiter in der Ziegelfabrik, und er soll dem Besitzer etwas gestohlen haben«, antwortete der Richter. »Hat er dich etwa auch bestohlen?«

»Merkwürdig«, sagte mein Vater. »So wie ich ihn gesehen habe, barfuß und in Lumpen, sah er eher selbst wie einer aus, den man beraubt hat.«

Der Anblick eines gefesselten armen Teufels zwischen zwei Carabinieri war in der Straße, in der wir wohnten, damals nichts Ungewöhnliches, denn zu unserem Amtsgericht gehörten mehrere Dörfer, und jeder, der dort verhaftet worden war, kam bei uns vorbei. Und alle mußten zu Fuß gehen, weil geeignete Gefährte fehlten.

Der alte Teil meines Heimatortes lag direkt an dem Berg, auf dem sich eine Burgruine erhob, und bestand aus dicht beieinanderliegenden, armseligen schwarzen Häuschen, aus zahlreichen, in den Felsen hineingebauten Ställen, ein paar kleinen Kirchen und einigen halbverfallenen Herrenhäusern. In der letzten Zeit hatte der Ort, dessen Bevölkerung zugenommen hatte, sich zu beiden Seiten des Flusses ins Tal ausgedehnt, und unsere Straße war die wichtigste Verbindung zur Ebene und zum Becken des großen, trockengelegten Fucino-Sees. Sie war daher verkehrsreich und geräuschvoll, und da sie nicht auf festem Grund gebaut war, veränderte sie von einer Jahreszeit zur anderen ihr Aussehen, wie das unregelmäßige Bett eines ausgetrockneten Flusses, und glich schon innerhalb des Ortes einer breiten Landstraße mit vielen Löchern, die im Winter voll Schnee oder Schmutz waren. Die meist zweistöckigen Häuser zu beiden Seiten der Straße bildeten keine Abwehr gegen Schmutz, Staub und Lärm; im Gegenteil, sie waren vorwiegend von Handwerkern bewohnt, die noch das Ihrige dazu beitrugen.

Beim ersten Morgengrauen begann die Prozession: Ziegen- und Schafherden, Esel, Maultiere, Kühe, Wagen aller Art und Bauern, die sich zur Tagesarbeit in die Ebene begaben; und jeden Abend bis in die Nacht hinein zogen arbeitsmüde Menschen und Tiere in umgekehrter Richtung vorbei. In den dazwischenliegenden Stunden war die Straße vor den Häusern von Handwerkern besetzt, von Tischlern, Schustern, Kupferschmieden, Färbern und Faßbindern mit ihren Werkzeugen, während in der Mitte lange Reihen kleiner, von Maultieren gezogener Karren mit »roter Erde« vorbeikamen. Die sogenannte rote Erde wurde mit primitiven Mitteln aus einer armseligen Tongrube bei einem nahegelegenen Berg gewonnen und von dort zur Eisenbahn gebracht. Niemand im ganzen Ort wußte, wohin sie weiterbefördert wurde. In der schlechten Jahreszeit kam es oft vor, daß einer der kleinen Karren mit einem Rad in ein tiefes Loch geriet und die ganze Kolonne der »roten Erde« unter lautem Ge-

schrei und Gefluche der Fuhrleute für Stunden haltmachen
mußte.

Es war ein wichtiges Ereignis für mich, als mein Vater mir
einige Jahre später zum erstenmal erlaubte, ihn nach Fucino
zu begleiten. Ich hatte das Gefühl, mit einem Schlage ein
Mann geworden zu sein. Mein Vater weckte mich früh am
Morgen. Es war noch dunkel, aber er hatte schon die Ochsen versorgt, und der Karren stand vor der Haustür bereit.
Aus der Webstube hörte ich das Geräusch der Pedale und
des Schiffchens, also war meine Mutter auch schon bei der
Arbeit. Aber sie kam gleich heraus, leistete mir beim Früh-
stück Gesellschaft und gab mir noch einige Ratschläge. Ich
erinnere mich, daß sie mir einschärfte, mich in Fucino nicht
in die Sonne zu setzen. »Wer zum erstenmal aufs Feld geht«,
sagte sie, »holt sich fast immer einen Sonnenbrand.« Dann
begleitete sie mich zum Ochsenkarren. Jede Einzelheit ver-
größerte meine erwartungsvolle Spannung. Im bleichen
Licht des Morgengrauens erschienen mir die gewaltigen
Umrisse der Ochsen, die einfachen Gegenstände auf dem
Karren – Heusack, Pflug, Wasserkrug, Weinflasche und Eß-
korb – und das plötzliche, gewohnte und dennoch unerwartete Krähen des Hahns alle als Zeichen für den Ernst
des Lebens, der jetzt für mich beginnen sollte. Man mußte
sich so früh aufmachen, weil wir bis zu unserem Grundstück
im Fucino-Becken einen Weg von etwa acht Kilometern vor
uns hatten, und sowohl für uns wie für die Ochsen war es
ratsam, vor Sonnenaufgang dort zu sein.
Ein Ochsenkarren bewegt sich bekanntlich kaum schneller
vorwärts als ein Mensch. Aber diese Langsamkeit paßte gut zu
meiner Stimmung, zu den Gefühlen eines Knaben, der zum
erstenmal zum Leben der Erwachsenen zugelassen wird. Ich
beobachtete die Bauern, die im langen Zug der Wagen und

Tiere vor uns gingen, verbarg meine Aufregung und versuchte mich ebenso zu verhalten wie sie. Es fiel mir auf, daß auch gute Bekannte und Freunde einander nur mit einem kurzen Kopfnicken begrüßten. Es war ein Arbeitstag und keine Zeit für Zeremonien. Es störte mich auch nicht, daß mein Vater, in Gedanken versunken, kein Wort an mich richtete, denn er bewies mir damit, daß ich auch in seinen Augen kein Kind mehr war. Eine unerwartete Entdeckung war mir, als ich mich wieder einmal umwandte, der Anblick meines Heimatortes von der Ebene aus, die wir inzwischen erreicht hatten. Ich hatte die kleine Stadt nie so als Ganzes vor mir und »außerhalb von mir« gesehen, und sie war fast unkenntlich: ein Haufen unordentlich hingesetzter kleiner Häuser in einem Einschnitt des kahlen Berges.

Je länger wir uns in der Ebene vorwärtsbewegten, desto mehr Wagen, Maultiere und Esel bogen nach rechts und links in die Felder ab, bis wir schließlich fast allein blieben. In diesem Augenblick entdeckte mein Vater, daß er sich nicht mit Tabak versorgt hatte. Ich merkte ihm an, daß es sich um eine ernste Angelegenheit handelte. Wie sollte er einen ganzen Tag in der drückenden Luft der Ebene verbringen, ohne zu rauchen? Darauf verzichteten ja nicht einmal die Ärmsten. Die Sonne war inzwischen aufgegangen, und wir waren schon zu weit gekommen, um an eine Umkehr denken zu können. Ich war besonders niedergeschlagen, weil mein Vater immer wieder sagte: »Noch nie bin ich so vergeßlich gewesen, noch niemals in meinem Leben.« Sollte es also meine Schuld sein? Ich war ganz verstört. Dieser für mich denkwürdige Tag hatte sich plötzlich verfinstert. Als wir auf unserem Feld angekommen waren, löste mein Vater die Ochsen vom Karren und schirrte sie vor den Pflug, ohne ein Wort zu sagen, ohne mich auch nur anzusehen. Die lange staubige Straße war menschenleer, ebenso die benachbarten

Felder. Es bestand keine Hoffnung, einen Bekannten zu finden, der meinem Vater einen Teil seines Tabakvorrats hätte abgeben können. Bevor mein Vater die Ochsen antrieb, rief er mich zu sich. »Nimm das hier«, sagte er und reichte mir eine Münze, »und biete es jedem an, der vorbeikommt, für eine Zigarre oder eine Prise Tabak.«

Die Sonne brannte schon heiß, und es war recht unwahrscheinlich, daß noch jemand auf der Straße unterwegs war. Mein Vater zog sich die Jacke aus, hob den eisernen Stachel und spornte mit ärgerlicher Stimme die Ochsen an. Ich setzte mich verzagt auf die Grasböschung des Grabens, der das Feld von der Straße trennte. Ich sah, wie mein Vater, gebückt auf dem Pflug hinter den Ochsen stehend, sich langsam entfernte, dann zurückkam, sich wieder entfernte, und ich sah die aschgrauen, schnurgeraden Furchen, die er auf der schwarzen Erde mit den verbrannten Stoppeln hinterließ. Langsam, geräuschlos und regelmäßig zog der Pflug über das Feld. Die Sonne fing an zu stechen. Die gewaltigen Pappeln bildeten eine Mauer um das Feld herum, die von keinem Windhauch bewegt wurde. Das Wasser im Graben war trübe und regungslos. Obwohl ich im Schatten saß, fiel mir das Atmen schwer. Ich wurde schläfrig, und mir war etwas übel, und es ging mir durch den Sinn, daß ich lieber hätte zu Hause bleiben sollen. Aber gegen Mittag weckte mich die Stimme meines Vaters aus meiner Benommenheit. Ein Mann auf einem kleinen Esel kam langsam die Straße entlang. Ich lief ihm entgegen, wies mein Geldstück vor, zeigte auf meinen Vater und die Ochsen, die mitten in einer Furche angehalten hatten und schlug ihm ohne weitere Umstände den Tausch vor. Er sah sehr arm aus. Durch die Lumpen, die er anhatte, war an mehreren Stellen die Haut zu sehen, und seine alten Schuhe waren mit Bindfaden an den Füßen befestigt.

»Ich habe keine ganze Zigarre«, antwortete er mir, »nur eine halbe.«

»Gut«, sagte ich, neben dem Esel herwandernd. »Nehmen Sie das Geld und geben Sie mir, was Sie haben. Bitte.«

»Und warum sollte ich den ganzen Tag ohne Rauchen auskommen?« erwiderte er. »Ist denn dein Vater mehr als ich?«

»Mein Vater ist durchaus nicht mehr als Sie«, erklärte ich ihm. »Aber wenn ihm so etwas Verdrießliches zustößt, spricht er womöglich kein einziges Wort bis zum nächsten Morgen.«

»Seine eigene Schuld«, sagte der Mann. »Was bildet er sich denn ein?«

Ich trottete immer weiter neben dem Esel her, aber ich fing fast an zu verzweifeln. Wie konnte ich nur zu dieser halben Zigarre kommen? Ich sah den Mann flehentlich an, aber er musterte mich mit einem Ausdruck im Gesicht, bei dem ich nicht wußte, ob er spöttisch oder mitleidig war. Ich hatte noch nie einen Menschen aus der Nähe gesehen, der so mager und so von der Sonne gegerbt und ausgetrocknet war. »Wir haben ein gutes Mittagessen in unserem Korb«, sagte ich. »Wenn Sie wollen, schenke ich Ihnen meinen Anteil. Im Faß ist guter Wein von unserem Weinberg. Halten Sie doch an und kommen Sie mit.«

Der Mann war ungerührt, er schien sogar belustigt. Ich fing fast an zu weinen.

»Bitte«, sagte ich zu ihm. »Ach, bitte.«

»Da, nimm«, sagte er plötzlich und hielt mir die halbe Zigarre hin.

»Und das Geld? Warum wollen Sie es denn nicht nehmen?«

»Eine halbe Zigarre verschenkt man, oder man gibt sie gar nicht her.«

Ich drang nicht weiter in ihn, denn ich hatte es eilig, meinem Vater zu berichten.

»Merkwürdig«, sagte mein Vater, nachdem ich ihm von meinen erfolgreichen Verhandlungen erzählt hatte. »Aber du hättest wenigstens nach seinem Namen fragen sollen.«

Es vergingen einige Jahre. Eines Tages saß ich wieder einmal lesend auf der Türschwelle, als ich, zwischen zwei Carabinieri gefesselt, ausgerechnet den Mann mit der halben Zigarre vorbeikommen sah. Ich erkannte ihn sofort, ohne den geringsten Zweifel, und es gab mir einen heftigen Stoß im Herzen. Ich rannte sofort, meinen Vater zu suchen, um ihm davon zu erzählen. Er war nicht zu Hause. Ich lief zu meiner Großmutter, dann zum Kirchplatz, aber ich fand ihn erst später im Stall, wo er gerade den Ochsen zu fressen gab. Ich muß sehr verstört ausgesehen haben, denn kaum hatte er mich erblickt, so fragte er schon, ob ein Unglück geschehen sei. »Ja«, sagte ich und erzählte ihm, was ich gesehen hatte.

Der nächste Tag war ein Sonntag. Als ich nach der Messe aus der Kirche trat, fand ich meinen Vater, der mich wie verabredet erwartete, um mit mir zum Richter zu gehen.

»Erzähl selbst, worum es sich handelt«, sagte mein Vater. »Du bist es ja, der den Mann kennt.«

Der Richter hörte sich meine kurze, leidenschaftliche Erzählung lächelnd an.

»Er ist wegen Diebstahl verhaftet worden«, erklärte er, nachdem ich geendet hatte.

Ich war betroffen. Ich hätte ihn mir eher gewalttätig vorstellen können, aber nicht als Dieb.

Mein Vater versuchte eine Erklärung:

»Er wird etwas getan haben, was in den Augen der Carabinieri und des Richters wie Diebstahl aussieht«, sagte er. »Aber was er wirklich verbrochen hat, weiß Gott allein.«

Der Richter stellte uns eine Besuchserlaubnis aus. Er schrieb auch meinen Namen darauf.

»Man müßte ihm eine Kleinigkeit mitbringen«, sagte mein Vater, als wir unterwegs waren. »Aber was?«

»Vielleicht ein paar Zigarren«, schlug ich vor.

»Das ist eine gute Idee«, sagte mein Vater.

Von diesem Besuch ist mir jede geringste Einzelheit im Gedächtnis geblieben, denn es war das erste Mal, daß ich ein Gefängnis betrat. Kaum hatte ich die Schwelle überschritten, fing mein Herz so stark zu klopfen an, daß es weh tat. Der Wärter führte uns in einen übelriechenden kleinen Raum, der durch ein schmales, doppelt vergittertes Fenster spärlich erhellt wurde, und zeigte uns in der Wand in Kopfhöhe eine geöffnete Klappe, durch die wir mit dem Häftling sprechen konnten. Ich mußte mich auf die Zehenspitzen stellen, um ihn zu sehen. Ich war froh, daß er mich sofort erkannte.

Giuditta

Am Eingang unseres Dorfes gab es zwischen der Hauptstraße und dem Fluß ein paar enge, schmale Gäßchen, zwischen armseligen einstöckigen Häusern, Strohschobern und Schweineställen. In einer dieser elenden Behausungen wohnte eine Frau namens Giuditta. Sie wurde die Korbmacherin genannt, denn sie hatte das Handwerk ihres Vaters übernommen und flocht Körbe aller Art aus den Ruten der Weiden, die am Fluß standen. Diese Arbeit brachte ihr gerade so viel ein, daß sie nicht Hungers starb.

Giuditta war klein, dunkel und kräftig wie viele andere Frauen unserer Gegend und wäre durch nichts aufgefallen, wenn die Natur ihr nicht ungewöhnlich dichtes und langes Haar verliehen hätte, das ihr schon den Rücken bis zu den Hüften bedeckte, als sie noch ein kleines Mädchen war. In der ganzen Gegend hatte man nie etwas Ähnliches gesehen. Ihre dicken Flechten, die sie auf dem Kopf aufgesteckt trug, sahen von ferne wie ein richtiger Korb aus und bildeten einen seltsamen Gegensatz zu ihrem mageren, schüchternen kleinen Gesicht, das die Form und Farbe einer vertrockneten Kartoffel hatte. Unter den Frauen des Ortes herrschte die Überzeugung, daß Giuditta nur dank ihrer wundervollen Haare einen Mann gefunden habe. Es wurde nämlich erzählt, daß sie sich eines Morgens, als sie sich unbeobachtet glaubte, auf den Knien liegend am Flußufer die Haare wusch und ein junger Bauer sie vom anderen Ufer aus, im Gebüsch versteckt, die ganze Zeit über heimlich beobachtete.

Einige Monate nach der Hochzeit war der junge Ehemann wie so viele andere Männer aus unserer Gegend auf dem Weg nach Amerika. Als Andenken und Glückspfand hatte

er eine dicke Haarsträhne seiner Frau mitgenommen, da es
damals noch nicht gern gesehen wurde, daß Frauen sich pho-
tographieren ließen. Wie die anderen hoffte er genug zu ver-
dienen, um sich bei der Rückkehr ein Feld kaufen zu können
und mit einigem Glück womöglich ein Stück von einem
Weinberg oder einen Gemüsegarten.

Anfangs waren seine Briefe sehr zuversichtlich gewesen, und
nach kurzer Zeit schickte er schon ein Häufchen Dollar-
noten; aber bald darauf hörte er merkwürdigerweise auf,
irgendwelche Nachrichten zu senden. Das waren dornen-
volle Zeiten für die arme Giuditta, und ihre Angst und Besorgnis nahm ständig zu. Ihre Augen waren immer rot, weil
sie soviel weinte. Sie litt nicht so sehr darunter, daß er ihr
kein Geld mehr schickte, als vielmehr unter der Schande, so
schnell verlassen worden zu sein. Schließlich versuchte sie
eines Morgens, von Verzweiflung übermannt, sich zu erhän-
gen. Sie mußte sehr verstört gewesen sein, denn sie hatte ihr
berühmtes Haar, ihre einzige Kostbarkeit, mit der Schere
abgeschnitten und ins Feuer geworfen, bevor sie sich die
Schlinge um den Hals legte.

Sie wurde gerettet, und zwar unter recht seltsamen Umständen. Ein fremder Bettler hatte gerade in diesem Augenblick
bei ihr angeklopft und um ein Stück Brot gebeten. Er löste
die Schlinge, die ihr schon den Hals zuschnürte, legte die
Ohnmächtige auf den Strohsack und rief die Frauen der
Nachbarschaft zu Hilfe. Niemand hat jemals erfahren, wer
der Unbekannte war, von wo er kam und wieso er in einer
so armseligen Straße um Almosen bat. Im ersten Schrecken
hatte sich niemand um ihn gekümmert, und er war seiner
Wege gegangen.

Giudittas verzweifelter Schritt erregte, wie man sich denken
kann, die Gemüter aufs äußerste. Die Bedauernswerte wurde
von allen bemitleidet, und auf den ungetreuen Ehemann

wurde Schmach und Schande herabgewünscht. Tatsächlich ging das Unglück mehr oder weniger alle an, denn zu jener Zeit waren die Sendungen der nach Amerika ausgewanderten Männer die wichtigste Hilfsquelle der armen Familien. Nicola der Postbote trug in seiner geräumigen Ledertasche weit mehr Briefe aus Philadelphia oder Pittsburg als etwa aus Mailand oder Turin. Am sehnlichsten erwartet wurden natürlich die Briefe, die versiegelt waren wie Reliquien und auf denen viele rote Stempel aus blankem Siegellack prangten. Manch eine Familienmutter küßte so einen Brief und bekreuzigte sich, bevor sie ihn öffnete. Er enthielt Geldscheine, gewiß, aber die Treue, die mühselige Arbeit und die Entbehrungen des geliebten Menschen, der den Brief geschickt hatte, waren mit darin enthalten. Durch sein Amt hatte Nicola in den Augen dieser Familien allmählich die Gestalt eines freundlichen Boten der Vorsehung angenommen, was übrigens seinem liebenswürdigen, dienstbereiten und frommen Charakter sehr wohl anstand. Er brachte die Briefe nicht nur ins Haus, sondern las sie den Adressaten vor, die nicht lesen konnten – auch Giuditta gehörte dazu –, und vereinbarte mit ihnen, was er antworten sollte.

Man wußte, daß Nicola nur deshalb nicht Priester geworden war, weil es an Geld für seine Ausbildung gefehlt hatte. Aber wie ernst er seine Berufung nahm, zeigte auch, daß er am Zölibat festhielt. Zuweilen machte jemand ihm den Vorwurf, daß er etwas zu sehr den Wein liebe, allerdings hatte niemand je erlebt, daß er grob oder ausfallend wurde, auch nicht wenn er ein Glas zuviel getrunken hatte. Nach Ansicht meines Vaters, der ihm gegenüber kein Hehl daraus machte, hatte Nicola nur eine einzige besorgniserregende Eigenschaft, und das war seine Vorliebe für einsames Trinken. Aber der Briefbote entschuldigte sich damit, daß seine Würde als Staatsbeamter, sei es auch niedrigsten Grades, ihm nicht erlaube, eine Schenke aufzusuchen. Das sei Priestergerede, pflegte mein Vater ihm zu antworten.

Die Briefe, die aus Philadelphia oder Pittsburg eintrafen, brachten leider nicht immer erfreuliche Nachrichten. Zuweilen berichtete ein Brief von einem Unfall bei der Arbeit, und das konnte in Ermangelung von Arbeitsschutzgesetzen den Ruin eines ganzen Lebens bedeuten. Es gab auch Briefe, in denen ein Mann aus diesem oder jenem Grunde, manchmal nur wegen einer mißgünstigen Rederei über das Verhalten seiner in der Heimat zurückgebliebenen Frau, sich für immer von seiner Familie lossagte. Aber noch nie hatte sich jemand ohne Grund so seltsam betragen wie Giudittas Mann. Die unglückliche Frau, der man nichts vorwerfen konnte, war nicht nur ohne jede Geldsendung geblieben, sie hatte nicht einmal ein paar erklärende Zeilen erhalten, obwohl man durch andere Auswanderer, die am gleichen Ort arbeiteten, genau wußte, daß er bei guter Gesundheit war, gut verdiente und sich damit rühmte, daß er alles Ersparte nach Hause schicke. Die traurigen, flehentlich um Antwort bittenden Briefe, die Giuditta dem Postboten diktierte, würdigte er keiner Antwort.

Das Geheimnis wurde einige Wochen nach dem Selbstmordversuch der Frau aufgeklärt. Nicht etwa, weil sie etwas unternommen hätte: seit sie sich die Haare abgeschnitten hatte, verließ sie vor Scham nie mehr das Haus und lebte von trockenem Brot, das die Nachbarinnen ihr brachten. Aber ein Postinspektor aus der Stadt – niemand weiß, wer ihn gerufen hatte – brachte ohne Mühe heraus, daß der Briefbote eine Anzahl von Wertbriefen, die ordnungsgemäß für sie eingetroffen waren, in seine eigene Tasche gesteckt hatte. Die Dorfbewohner waren starr vor Entsetzen, als sie diese Nachricht erfuhren. Unter den besonderen Umständen handelte es sich nicht um gewöhnlichen Diebstahl, sondern um einen gotteslästerlichen Frevel. Der Postbote war inzwischen spurlos verschwunden und hatte damit sein Leben gerettet: wahrscheinlich wäre er gesteinigt worden. Die Bevölkerung brauchte eine ganze Zeit, um sich von dem Schrecken zu erholen. Die Basis des Zusammenlebens war plötzlich erschüttert. Auch mein Vater, der sonst eher zum Widerspruch neigte, teilte die allgemeine Entrüstung, um so mehr, als die unerhörte Gemeinheit des Briefboten sein Mißtrauen gegenüber einsamen Trinkern bestätigte.

Im ganzen Dorf sprach man von nichts anderem, selbst der Pfarrer predigte von der Kanzel darüber. Einige Familien veranstalteten eine Kollekte für die arme Giuditta, und jemand übernahm es, sofort ihrem Mann zu schreiben. Aber bei dem Gedanken, daß dieser womöglich seine Abreise beschleunigen könnte, sobald er das Vorgefallene erfahren habe, wurde Giuditta von Angst ergriffen. Was würde er tun, wenn er seine Frau ohne Haare vorfand? Die wenigen Frauen, die in die strenge Klausur zugelassen waren, leugneten nicht, daß diese Frage berechtigt war. Es hieß, Giuditta sei geradezu unkenntlich geworden. Eine alte Tante von ihr verstieg sich zu der Behauptung, sie gleiche eher einem Affen als einem Christenmenschen. Wenn sie mit Giuditta sprachen, versuchten die Nachbarinnen natürlich, sie zu trösten. »Die Haare wachsen wieder nach«, sagten sie. »Aber sie werden nie wieder so wie früher«, sagte Giuditta schluchzend. »Was hat es noch für einen Sinn, daß ich weiterlebe? Ihr hättet mich lieber sterben lassen sollen.«

Indessen war von dem flüchtigen Postboten nichts zu hören. Jetzt wird er schon weit fort sein, hieß es, und mit dem Geld, das er Giuditta gestohlen hat, kann er eine ganze Weile leben. An einem dieser Tage besuchten uns ein paar Freunde, um mit uns einen Hasen zu essen, den mein Vater auf der Jagd geschossen hatte. Sobald die Rede auf den flüchtigen Postboten kam, sagte mein Vater schroff, man solle von etwas anderem reden. Es sei eine widerwärtige Angelegenheit, über die er nicht sprechen könne, ohne sich aufzuregen. Darauf fing jemand an, über das mutmaßliche Alter des Hasen zu sprechen, der gerade aufgetragen worden war. Mein Vater meinte, er sei vielleicht eineinhalb Jahre alt gewesen. Meine Mutter erzählte, sie habe den Hasen vier Tage lang in einem mit Essig getränkten Tuch liegen lassen. Diese Zeit könne man abkürzen, meinte einer der Anwesenden, wenn man das Tier tüchtig weichklopfe. Aber meine Mutter fand, das sei ein barbarisches Verfahren, und außerdem könnten dabei die zarten Knochen zerbrechen. In diesem Augenblick kam unser Nachbar dazu, der den Hasen nach allen Regeln der Kunst abgezogen hatte. Er entschuldigte sich wegen der Verspätung und brachte die Nachricht, daß jemand vor wenigen Stunden Nicola den Postboten auf dem Berg oberhalb des Friedhofes gesehen habe.

»Gerade dort habe ich den Hasen geschossen«, rief mein Vater.

»Wenn du ihm dort begegnet wärest, während du den Hasen verfolgtest, was hättest du dann getan?« wollte jemand wissen.

»Wahrscheinlich hätte ich geschossen«, sagte mein Vater ernst.

Aber auf ein Zeichen meiner Mutter wurde das Thema fallengelassen. Die Gäste waren gerade beim Kaffee angelangt, als vom Gemüsegarten her aufgeregtes, längeres Flügelschlagen zu hören war.

»Sieh mal nach den Hühnern«, sagte mein Vater. »Wahrscheinlich ist es wieder ein streunender Hund.«

Im hinteren Teil des Gemüsegartens, zwischen der letzten Reihe der Tomatenpflanzen und der Hecke, befand sich eine

Grube, die früher als Jauchegrube gedient hatte. Am Boden zusammengekauert wie ein ängstliches Tier hockte dort ein Mann. Er war schmutzig, geradezu schmierig, hatte lange Bartstoppeln und zitterte am ganzen Leib. Nur mit Mühe erkannte ich den Postboten. Er warf mir einen flehenden Blick zu.

»Sag deinem Vater Bescheid«, stammelte er mühsam. »Heute abend, wenn es dunkel ist, gehe ich zu den Carabinieri. Aber vorher möchte ich noch mit einem Rechtsanwalt sprechen.«

Von Panik erfaßt rannte ich ins Haus zurück. Ich wußte nicht, was ich sagen sollte. Mein Vater sah mich an, auch alle anderen waren verstummt. Ich stotterte ein paar unzusammenhängende Sätze, aber als mein Vater sich erhob, um hinauszugehen, gelang es mir, ihn aufzuhalten.

»Es war nur ein Hund«, rief ich. »Und jetzt ist er weggelaufen.«

Es wurde über meine Furchtsamkeit gescherzt, und da ich verstört und verängstigt blieb, brachte meine Mutter mich bald zu Bett.

Nachdem die Gäste fortgegangen waren, kam mein Vater, um nachzusehen, wie es mir ging.

»Es war kein Hund«, sagte er.

»Nein.«

»Wer war es?«

»Du kannst es dir denken.«

»Ist er noch da?«

»In der Grube, bei der Hecke.«

»Hat er etwas gesagt?«

»Er will zu den Carabinieri gehen, sobald es dunkel ist. Wenn es geht, mit einem Rechtsanwalt.«

Nach einer Pause fragte ich:

»Wirst du ihm etwas tun?«

»Was denkst du dir! Jetzt ist er ein Gast.«

»Er wird großen Hunger haben«, fuhr mein Vater fort. »Du mußt ihm etwas zu essen und zu trinken bringen, aber gib acht, daß es den Nachbarn nicht auffällt.«

Als der Rechtsanwalt erschien, erlaubte mein Vater mir nicht, bei der Unterredung anwesend zu sein, aber er hatte nichts dagegen, daß ich im Nebenzimmer blieb. Anfangs war die Stimme des früheren Postboten kaum zu hören, und ich konnte nicht verstehen, was er sagte. Dagegen hörte ich deutlich, wie der Rechtsanwalt mehrmals sagte: »Die Verteidigung ist unantastbar. Auch der schlimmste Verbrecher hat ein Recht auf Verteidigung.« Die Stimme des Postboten wurde verständlicher, als er zu erklären begann, woher sein Haß gegen die arme Giuditta stammte.

»Als ich ihr den ersten Wertbrief brachte«, erzählte er, »bat ich sie um etwas, das ich seit langer Zeit im Sinn hatte. ›Giuditta‹, sagte ich, ›ich habe so viel von deinen wundervollen Haaren gehört, daß ich dich bitten möchte, sie aufzuflechten und mir zu zeigen, wie sie dir offen über die Schultern hängen. Vielleicht macht es dir selbst auch Vergnügen.‹ Sie lehnte es sofort ab. ›Ich habe meinem Mann vor seiner Abreise geschworen‹, sagte sie, ›daß ich meine Haare niemals in Gegenwart eines anderen Mannes lösen werde, und ich will mich nicht versündigen.‹ ›Das hat doch nichts mit Sünde zu tun‹, versuchte ich ihr zu erklären. ›Glaub mir, Sünde ist etwas ganz anderes. Der Gefallen, um den ich dich bitte, ist etwas ganz Unschuldiges.‹ Aber so sehr ich sie anflehte, ich konnte sie nicht eines Besseren belehren. Ich tat, als hätte ich mich abgefunden, um keinen Verdacht zu erregen. Aber von diesem Tage an fand ich keine Ruhe mehr. Ich war wie besessen von diesen Haaren.«

»Und du glaubst«, sagte der Anwalt, »daß dich das vor Gericht irgendwie entlasten wird?«

»Das denke ich doch wohl«, antwortete der Briefbote mit tränenerstickter Stimme, und ich hörte seinen Worten an, wie bitter enttäuscht er über das mangelnde Verständnis war, das der Mann des Gesetzes ihm entgegenbrachte. Er wandte sich daher an meinen Vater und fragte ihn:

»Und was denkst du, Paolo?«

Mein Vater ließ eine ganze Weile mit der Antwort auf sich warten. Ich hatte plötzlich Angst, daß er ihn beim Kragen packen und statt aller Antwort die Treppe hinunterwerfen würde. Aber schließlich sagte er, fast als wolle er sich entschuldigen:

»Du bist hier in meinem Haus, Nicola, und kommst vielleicht für viele Jahre ins Gefängnis, was kann ich dir da sagen?«

Begegnung mit einem seltsamen Priester

Der Direktor des Internats war ein hagerer Priester. Er war ungewöhnlich groß, und mir, der ich neben ihm kniete, erschien er in diesem Augenblick geradezu überwältigend. Von dieser Höhe fielen sehr harte Worte zu mir herunter. »Hast du etwas zu sagen? Kannst du etwas vorbringen, wodurch deine unsinnige Handlung gerechtfertigt wird?« fragte er mich. »Nichts, Hochwürden«, antwortete ich verstört. Ich hielt den Kopf gesenkt. Wie lange sollte diese Qual noch dauern? Plötzlich erblickte ich hinter dem Lehnstuhl eine winzige Maus. Ich hoffte auf eine Ablenkung, aber schon war sie unter dem Tisch verschwunden. Der Zelluloidkragen meiner Gymnasiastenuniform drückte mich am Hals, ich konnte kaum atmen. »Was heißt: nichts?« wiederholte die erzürnte Stimme. »Du bist also nicht mehr zurechnungsfähig?«

Das nervöse Klopfen seines Fußes auf dem abgetretenen roten Teppich bewies mir, daß die Laune des Direktors immer schlechter wurde. Ich erinnere mich, daß seine Füße lang und schmal waren und in etwas abgetragenen schwarzen Schuhen aus feinstem Leder steckten, die mit silbernen Schnallen geschlossen wurden. Mehr sah ich nicht von ihm. Ich lag zu seinen Füßen wie ein verprügelter Hund. »Nichts, Hochwürden«, stammelte ich. »Wirklich gar nichts.«

»Ich werde deine Großmutter benachrichtigen«, verkündete er schließlich in eisigem Ton. »Es ist unmöglich, daß du nach dieser unsinnigen Tat weiter in unserem Internat bleibst oder daß ich dich einem anderen Institut empfehle. Soviel steht fest.«

Der Direktor sprach diese Worte wie ein Urteil, gegen das

es keinen Einspruch gibt. »Soviel steht fest«, wiederholte er. Ich meinerseits sehnte in diesem Augenblick nur das Ende der peinlichen Unterredung herbei. An alles Weitere konnte ich später denken. Die Zukunft war mir vollkommen gleichgültig. Ich wollte nur aufstehen, irgendwo anders hingehen und nicht mehr diese Füße sehen.

»Selbst wenn du noch so überspannte Ideen im Kopf hast«, fügte der Direktor hinzu, vermutlich durch mein Schweigen gereizt, »etwas anderes konntest du nicht erwarten.«

Offenbar war er verwundert über meine Teilnahmslosigkeit, die in so seltsamem Gegensatz zu der vorhergehenden Rebellion stand. Vielleicht spürte er etwas in mir, zu dem er keinen Zugang hatte, oder vielleicht glaubte er einfach, ich sei mir der Schwere meines Vergehens nicht bewußt. Ich stimmte eilig zu, um nur der Qual ein Ende zu machen: »Gewiß, Hochwürden«, sagte ich. »Ich hatte nichts anderes erwartet.« »Nach allem, was geschehen ist«, fiel die unerbittliche Stimme ein, aus der die Unzufriedenheit über mein allzu rasches Nachgeben klang. »Und merke dir«, fügte der Direktor hinzu, »auch wenn deine Großmutter einen Platz in einem anderen Internat für dich findet, mein Gewissen verpflichtet mich, deine neuen Lehrer über den schweren Fehler zu unterrichten, den du begangen hast. Ich könnte nicht mit gutem Gewissen darüber schweigen.« »Nein, natürlich nicht.« Ich beeilte mich noch einmal, ihm beizustimmen. »Natürlich nicht, nach allem, was geschehen ist.«

»Aber wenn du dir über die Folgen klar bist, du Unglücklicher«, rief er, »warum hast du denn so etwas getan?«

Bei diesen Worten hob sich der elegante, silberverzierte Schuh und stampfte kräftig auf den alten Teppich. Eine kleine Staubwolke stieg auf, und ich mußte niesen.

Folgendes war geschehen. Es war das Jahr 1916, und ich befand mich seit einigen Monaten in einem Internat in Rom, das von eifrigen Geistlichen eines vor kurzem gegründeten Ordens geleitet wurde. Es war kaum ein Jahr seit dem Erdbeben vergangen, und ich war immer noch wie verstört. Das Internat befand sich in dem traurigsten Stadtteil Roms, in der Nähe des Verano-Friedhofes. Man sah dort zu jener Zeit von allen Gefährten am häufigsten Leichenwagen. Auch die meisten Geschäfte verkauften Trauerartikel. Von den wenigen armseligen Wirtshäusern sprach man wie von übel beleumdeten Stätten. Das dreistöckige Internatsgebäude war grau, feucht und trübselig. Es hatte einen großen, staubigen Hof, der für Regentage zu einem Teil überdacht war, und daneben lag eine Kirche, die zugleich die Pfarrkirche des Viertels war. Der Direktor der Anstalt war ein strenger, herrischer Mann. Sein Bruder war ein bekannter General, und es war wohl ein Familiengeheimnis, warum nicht auch der Direktor die militärische Laufbahn ergriffen hatte. Unser Aufseher war, was Strenge und Kälte betraf, eine vergröberte Kopie des Direktors. Er hatte offenbar in seiner Jugend schwere Enttäuschungen erlebt, denn er war immer düsterer Stimmung. Aber auch der Umgang mit meinen Mitschülern konnte mich nicht aufheitern. Es waren die ersten Stadtjungen, mit denen ich in Berührung kam, fast alles Söhne von römischen Beamten oder Handwerkern, und nicht mit einem einzigen hatte ich Freundschaft geschlossen. Ich fand sie laut und töricht, einfach unleidlich, und ich konnte sie nicht verstehen. Die Kluft zwischen der Atmosphäre in meinem zerstörten Elternhaus und diesem eisigen Kasernenklima war unüberbrückbar. Aber da ich, meiner Natur nach und mehr noch durch die kürzlich erlebten Trauerfälle, einen ruhigen und nachdenklichen Eindruck machte, hatten meine wenig scharfsichtigen Lehrer mich als ihren besten Schüler angesehen und zu meinem Ärger sogar den anderen als Beispiel vorgehalten.

Nun geschah es jedoch, daß ich eines Tages, kurz vor Weihnachten, ohne Plan und besonderen Grund, das Internat verließ. Ich ging fort, ohne es mir zu überlegen, ohne wirklich zu begreifen, was ich tat, und ohne Ziel, nur weil ich auf einmal gesehen hatte, daß das Tor offen stand. Während der Pause war ein Lastauto mit Kohlen in den Hof gefahren, der Fahrer hatte das Tor nicht sofort wieder geschlossen, und ich fühlte mich von der Leere buchstäblich »angesaugt«. Zunächst irrte ich durch die wenig anziehenden Straßen des Viertels, dann schlug ich den Weg zum Bahnhof ein. Erst als ich an einer Polizeikaserne vorüberkam, wurde mir plötzlich klar, daß ich eine nicht wiedergutzumachende Tat, fast ein Verbrechen begangen hatte. Und das schlimmste war, daß ich keine Erklärung für mein Verhalten wußte. Umkehr war also unmöglich. Sicherlich war meine Abwesenheit schon bemerkt worden. Was sollte ich erzählen? Was für einen stichhaltigen Grund konnte ich vorbringen? Ich hatte nur wenig Geld in der Tasche und natürlich gar kein Gepäck. Ich nahm ein Dachzimmer in einem kleinen Hotel in der Nähe des Bahnhofs. Ich blieb dort drei Tage, drei nicht enden wollende Tage der Beklemmung und lähmenden Langeweile. Ich wußte nicht, was ich tun sollte, wie ich meine neuerworbene Freiheit ausnutzen sollte. Die meiste Zeit stand ich am Fenster meiner Kammer und beobachtete die vorbeifahrenden Straßenbahnen und Wagen. Hin und wieder ging ich auf den Bahnhof und verbrachte Stunden damit, die Züge ankommen und abfahren zu sehen. So ist das Leben, dachte ich, jetzt ist es aus mit mir. Wenn ich wenigstens gewußt hätte, warum. Am dritten Tag wurde ich in meinem Zimmer von einem Polizisten aufgegriffen und ins Internat zurückgebracht. Unterwegs galt meine größte Besorgnis der Frage, was ich dem Direktor erzählen sollte, wenn er eine Begründung von mir verlangte. Was konnte ich nur erfinden, damit mein Verhalten irgendwie logisch und »normal« wirkte? Ich hoffte, ein Straßenunfall würde mich aus meiner unseligen Lage befreien. Ich wollte sterben und betete sogar ein Ave-Maria, um ein Straßenbahnunglück zu erflehen. Aber die eiserne Hand des Polizisten führte mich sicher.

Mein Verschwinden hatte im Internat natürlich unerhörtes Aufsehen erregt, ganz besonders da ich, wie ich schon erwähnte, für einen Musterschüler gehalten wurde. Der Direktor hatte zunächst nicht die Polizei benachrichtigt, weil er annahm, daß ich von Heimweh getrieben nach Hause gefahren sei und ihn von dort aus schriftlich um Verzeihung bitten würde. Aber als er mich jetzt wiedersah und von dem Polizisten erfuhr, daß er mich in einem Gasthof in der Nähe des Bahnhofs gefunden hatte, bestand er zu meinem Glück durchaus nicht darauf, einen wie auch immer gearteten Bericht über die schändlichen Dinge zu bekommen, die ich in diesen drei Tagen getan hatte.

»Ich will nichts von deinen Schweinereien hören«, schrie er mich wütend an und befahl mir, zu seinen Füßen niederzuknien.

Diesen unerwarteten Verzicht sah ich, wie ich gestehen muß, als das Resultat meines Gebetes an und fühlte mich daher wieder unter dem Schutz der Jungfrau Maria. Aber mein Schweigen schien die naheliegenden Vermutungen des Direktors zu bestätigen.

»Wie konnte das geschehen?« fragte er.

»Ich weiß nicht, Hochwürden«, antwortete ich. »Ich weiß es wirklich nicht.«

»Warum hast du dir nicht Rat und Hilfe bei deinem Beichtvater geholt?« wollte er wissen. »Bei deinem Schutzengel?«

»Ich weiß nicht, Hochwürden«, sagte ich. »Ich weiß es wirklich nicht. Beim nächstenmal denke ich bestimmt daran.«

Während wir auf eine Antwort meiner Großmutter warteten, die als mein Vormund die Entscheidung über meine Zukunft zu treffen hatte, wurde ich mit Erlaubnis des Direktors in einem abgelegenen kleinen Zimmer im Internat untergebracht, aber nur unter der Bedingung, daß ich mich mit niemandem über die »infamen Beweggründe« meiner Flucht unterhielt. Niemals ist es mir so leicht geworden, ein Versprechen zu halten. Übrigens stand die Phantasie meiner Mitschüler der meines Direktors nicht nach, aber sie urteilten nach genau entgegengesetzten Prinzipien wie er, und ich stellte bald fest, daß ich dank meines unverdienten schlechten Rufes erheblich in ihrer Achtung gestiegen war. Die Antwort meiner Großmutter ließ nicht lange auf sich warten und enthielt die Nachricht, daß ein gewisser Don Orione gewillt sei, mich in einem seiner Internate aufzunehmen. Sogar der Direktor beglückwünschte mich zu dieser unverhofften Lösung.
»Gehst du gern zu Don Orione?« fragte er. »Hast du schon von ihm gehört?«
»O ja«, rief ich begeistert.

Um meine Freude zu erklären, muß ich von einer Begebenheit berichten, die ich im Jahr zuvor miterlebt hatte. Es war wenige Tage nach dem Erdbeben. Die Toten lagen fast alle noch unter den Trümmern. Die Hilfsmaßnahmen kamen nur langsam in Gang. Die verstörten Überlebenden hausten in provisorischen Unterkünften in der Nähe ihrer vernichteten Häuser. Es war mitten in einem besonders harten Winter. Neue Erdbebenstöße und Schneestürme drohten. Maultiere, Kühe und Schafe waren nach der Zerstörung der

Ställe unter freiem Himmel geblieben. Und nachts kamen die Wölfe, von dem starken, warmen Geruch des Viehs angezogen, das nicht mehr durch die Ställe geschützt war. Um diese Jahreszeit wird es in unserer Gegend früh Nacht. So war es gefährlich, die Lager zu verlassen. In den Bergen, auf denen ungewöhnlich viel Schnee gefallen war, konnten die Wölfe sich nicht ihre gewohnte Nahrung verschaffen. Ein rasender Hunger trieb sie ins Tal, und durch den Geruch des Viehs wurden sie bis zur Tollkühnheit gereizt. Um sie fernzuhalten, mußten ständig große Feuer brennen. In manchen Nächten war das Geheul der Wölfe so stark, daß man keinen Schlaf finden konnte. Erst das Tageslicht brachte Ruhe.

An einem jener grauen, eiskalten Morgen nach einer schlaflosen Nacht wurde ich Zeuge einer seltsamen Szene. Ein Priester, ein kleiner Mann in abgetragenen, verschmutzten Kleidern, irrte zwischen den Trümmern umher, umgeben von einer Schar Kinder, deren Familien alle umgekommen waren. Vergeblich fragte er, ob es nicht irgendein Transportmittel gebe, um die Kinder nach Rom zu bringen. Die Eisenbahn war durch das Erdbeben unterbrochen, und andere Fahrzeuge für eine so weite Reise gab es nicht. In diesem Augenblick fuhren fünf oder sechs Autos vor: Der König besuchte mit seinem Gefolge die verwüsteten Gemeinden. Kaum waren die hohen Herrschaften ausgestiegen und ein Stück weitergegangen, als der kleine Priester sich daranmachte, ohne irgend jemand um Erlaubnis zu bitten, die von ihm aufgelesenen Kinder in einem der Autos zu verstauen. Wie vorauszusehen, erhoben die Wache stehenden Carabinieri Einspruch, und da der Priester auf seinem Vorhaben beharrte, entstand ein lebhaftes Handgemenge, auf das der König aufmerksam wurde. Daraufhin trat der Priester vor, nicht im geringsten eingeschüchtert, und bat den

König, ihm eines der Autos für eine Weile zur Verfügung zu stellen, damit er die Waisen nach Rom oder jedenfalls zum nächsten Bahnhof, wo noch Züge verkehrten, bringen könne. Unter den gegebenen Umständen blieb dem König nichts anderes übrig, als zuzustimmen.

Mit mehreren anderen Leuten hatte auch ich die Szene überrascht und voller Bewunderung verfolgt. Als der Geistliche mit seiner Kinderschar abgefahren war, erkundigte ich mich bei den Umstehenden nach ihm.

»Das ist Don Orione, ein sehr merkwürdiger Priester«, sagte eine alte Frau, die ihm ihr Enkelkind anvertraut hatte.

Daher war ich jetzt, ein Jahr später, sehr erfreut, als der Direktor mir mitteilte, daß Don Orione bereit sei, mich in einem seiner Institute aufzunehmen. Aber gleich drängte sich mir eine quälende Frage auf: Ob meine Großmutter Don Orione wohl mitgeteilt hatte, warum ich das Internat verlassen mußte?

Über Don Luigi Orione ist in den Jahren nach seinem Tode viel geschrieben und gesprochen worden, und ganz gewiß wird auch in Zukunft weiter von ihm die Rede sein: von der Wirkung, die seine Predigten ausübten, von seiner uneigennützigen Menschenliebe, von der religiösen Stiftung, die er gegründet hat und die weiterwächst und gedeiht, und auch über einige wunderbare Heilungen und andere außergewöhnliche Geschehnisse, die von den Gläubigen auf sein Eingreifen zurückgeführt werden. Aber nicht davon will und kann ich hier sprechen, sondern nur von der unvergeßlichen Begegnung mit ihm, die ich als Knabe hatte, als er von seinem späteren Ruhm noch weit entfernt war.

Mit wachsender Spannung sah ich dem Augenblick entgegen, in dem ich ihn wiedersehen würde. Von der finsteren Verzweiflung aus den Tagen der Flucht spürte ich nichts mehr.

Zum erstenmal verstand ich beim Gottesdienst die Worte aus der Liturgie: Bereite dich vor, o meine Seele.

Don Orione ließ uns sagen, daß er ins Internat kommen werde, um mich zusammen mit einem anderen Schüler, der jedoch nicht aus disziplinarischen Gründen die Schule verließ, dort abzuholen. Aber im letzten Augenblick erhielten wir die Nachricht, daß er aus Zeitmangel verhindert sei und daß wir ihn noch am gleichen Abend zu einer bestimmten Stunde in der Bahnhofshalle treffen sollten. Dadurch entstand ein anfängliches Mißverständnis, das mir sehr unangenehm war. In dem geräuschvollen Getriebe von Reisenden und Gepäckträgern, die zu den Nachtzügen eilten, fanden wir zur festgesetzten Stunde einen Unbekannten vor, nicht den seltsamen, faszinierenden Mann, den ich ein Jahr zuvor zwischen den Trümmern gesehen hatte, sondern einen der vielen kleinen Priester, die es in Rom zu Tausenden gibt. Ich war darüber etwas enttäuscht und bewies dem Bedauernswerten gleich meinen Ärger, indem ich ihn meine Koffer und Bündel tragen ließ, ohne selbst einen Finger zu rühren. Nachdem wir im Zug Platz genommen hatten, erklärte der Priester uns freundlich, daß er uns in ein Internat nach San Remo bringen werde und daß wir daher die ganze Nacht und noch einen Teil des nächsten Vormittages miteinander reisen würden. Es war die erste große Reise meines Lebens, aber nachdem aus meiner Begegnung mit Don Orione nichts geworden war, war ich zu enttäuscht, um mich darüber zu freuen. Nach einer Weile erkundigte sich der Priester, ob ich etwas zum Lesen hätte, und als ich das verneinte, fragte er mich, offenbar um meine Sympathie zu gewinnen, ob er mir eine Zeitung kaufen solle und welche.

»Den *Avanti*«, antwortete ich in herausforderndem Ton.

Ich muß dazu sagen, daß mir diese Zeitung damals nur vom Hörensagen als ein traditions- und kirchenfeindliches Blatt bekannt war. Von dem Schüler eines kirchlichen Internats konnte man sich kaum ein unverschämteres Ansinnen vorstellen. Aber der Priester stieg aus, ohne mit der Wimper zu zucken, kam nach kurzer Zeit wieder und überreichte mir die Zeitung. Ich war verwundert und etwas beschämt, denn ich fühlte, daß er trotz seines unscheinbaren Äußeren kein alltäglicher Mensch war und mehr Respekt verdiente.

»Warum ist Don Orione nicht gekommen?« fragte ich ihn.
»Ich bin doch Don Orione«, sagte er erstaunt. »Du mußt entschuldigen, daß ich mich nicht vorgestellt habe.«
Ich war sehr betroffen über diese unerwartete Entdeckung und kam mir gemein und niederträchtig vor. Sofort steckte ich die Zeitung weg und stammelte ein paar Entschuldigungen wegen meines anmaßenden Benehmens, als ich zugelassen hatte, daß er mein ganzes Gepäck trug. Er lächelte und sagte, es mache ihm Freude, hin und wieder für einen frechen Jungen wie mich die Koffer zu tragen. Dabei brauchte er einen Vergleich, der mir ungemein gefiel und mich rührte. »Wie ein kleiner Esel die Koffer tragen«, sagte er und fuhr fort: »Du mußt wissen, meine wirkliche Berufung wäre, wie ein richtiger Esel im Dienste Gottes leben zu können.« Daraufhin vertraute ich ihm an, daß der Esel das Tier sei, das ich von allen am liebsten hätte. »Nicht die lächerlichen kleinen Esel in den öffentlichen Anlagen«, erklärte ich ihm, »sondern die richtigen. Die Esel der Cafoni. Ich finde sie auch klug«, sagte ich. »Sie wirken gleichgültig, weil sie so uralt sind, aber sie wissen alles. Sie sind wie die Cafoni, die ihr Land bebauen.« »Gewöhnlich bezeichnet man aber als Cafoni die Leute, die gar nichts wissen«, bemerkte Don Orione. »Sie wissen, daß sie Hunger haben«, sagte ich, »und das ist schon viel.« Von da an hatte ich das Gefühl, daß wir einen guten, ernsthaften und zugleich ungezwungenen Kontakt gefunden hatten.

Der andere Schüler, der auch nach San Remo fuhr, war inzwischen eingeschlafen. »Bist du nicht müde?« fragte mich Don Orione. »O nein«, versicherte ich ihm. Und so begann zwischen uns ein Gespräch, das bis auf einige kurze Pausen beim Einsteigen anderer Reisender die ganze Nacht hindurch dauerte. Obwohl Don Orione damals schon in den Vierzigern war und ich kaum sechzehn Jahre alt, stellte ich nach einiger Zeit zu meinem Erstaunen fest, daß es zwischen uns keinen Altersunterschied mehr gab. Er begann mit mir über sehr ernste Fragen zu sprechen, nicht über private Dinge, mehr über wichtige allgemeine Probleme, über die die Erwachsenen mit Jugendlichen zu Unrecht gar nicht oder nur in belehrendem, unechtem Ton reden. Don Orione dagegen sprach natürlich und einfach mit mir, so wie ich es noch nie erlebt hatte. Er stellte mir Fragen, er bat mich, ihm gewisse Dinge zu erklären, und brachte auch mich dazu, ihm einfach und natürlich zu antworten, ohne daß es mich irgendwelche Mühe gekostet hätte.

Es gehört zu den Eigentümlichkeiten dieser Begegnung, daß ich jede Einzelheit deutlich in meinem Gedächtnis bewahrt habe. In einer Gesprächspause überfiel mich der Gedanke, daß Don Orione vielleicht nicht wußte, aus welchem Grund ich das Internat hatte verlassen müssen, und die Ungewißheit wurde mir unerträglich. Er bemerkte, daß ich plötzlich wieder bedrückt war.

»Was hast du denn?« fragte er. »Wieder schlechte Laune?«

»Wissen Sie«, sagte ich, »daß ich vor zwei Wochen aus dem Internat ausgerückt bin und drei Tage fort war?«

»Ja, deine Großmutter hat es mir geschrieben«, antwortete er, »und dein ehemaliger Direktor hat es bestätigt.«

»Und trotzdem«, fragte ich weiter, »nehmen Sie mich in eines Ihrer Internate auf?«

Er antwortete nicht gleich auf diese Frage.

»Ich möchte dich etwas fragen«, sagte er. »Natürlich nur unter der Bedingung, daß es dir möglich ist, mir die Wahrheit zu sagen. Wenn nicht, wäre es mir lieber, daß du mir gar nicht antwortest, und wir reden von etwas anderem.«

»Aber worum handelt es sich?« erwiderte ich. »Ich kann doch nicht versprechen, Ihnen ehrlich zu antworten, wenn ich nicht weiß, worum es sich handelt.«

»Warum bist du ausgerückt?«

»Ich könnte Ihnen ohne weiteres erzählen, wie es dazu kam«, erwiderte ich. »Aber ich weiß nicht, ob Sie mich verstehen werden. Ich weiß nicht, ob ein älterer Mann einen jungen verstehen kann.«

»Ich werde mich bemühen. Ich bin auch jung gewesen.«

Darauf erzählte ich ihm in allen Einzelheiten, wie es zugegangen war: das geöffnete Tor, das ziellose Herumirren, das Gefühl einer nicht wiedergutzumachenden Schuld, die Leere und die Beklommenheit dieser drei in der Freiheit verbrachten Tage. »Das ist die Wahrheit«, schloß ich. »Aber ich weiß nicht, ob Sie mich verstehen können.«

Er lächelte, nickte mit dem Kopf und war offenbar von einem plötzlichen Mitgefühl ergriffen.

»O ja«, sagte er. »Ich verstehe.«

In Civitavecchia stiegen mehrere Reisende zu. Sie kamen aus Sardinien, waren müde und erschöpft und machten es sich gleich zum Schlafen bequem. Einer von ihnen schaltete das helle Licht aus, und im Schein der schwachen, blauen Nachtbeleuchtung glichen Don Oriones Gesichtszüge wieder denen des Priesters, den ich im Jahr zuvor in meiner Heimat gesehen hatte. Ich sagte es ihm und erinnerte ihn an den Vorfall mit dem Auto des Königs und erklärte ihm, warum ich ihn vorher kaum erkannt hatte.

»Kein Wunder«, sagte er. »Damals muß ich wirklich wie ein Räuber ausgesehen haben.«

»Ein Räuber, der kleine Kinder entführt«, sagte ich lachend.
Er erzählte mir von seinen Erlebnissen in jenen dramatischen Tagen nach dem Erdbeben, während er die zerstörten Dörfer eines nach dem anderen aufsuchte. Mit jedem Tag erwies es sich, daß die Katastrophe größer war, als man zunächst gedacht hatte. Die Verbindung zu den Bergdörfern war wegen des Schnees und der Wölfe langsam und schwierig, und dabei nahm die Anzahl der Todesopfer unter den Verwundeten, die in den Trümmern stöhnten, unter den unversorgten Kranken und den hilflos umherirrenden Kindern mit jeder Verzögerung der Hilfsaktionen zu. Don Orione hatte siebenundzwanzig Tage gebraucht, um alle Orte des zerstörten Gebietes aufzusuchen. Während dieses Monats hatte er nie ein Bett gesehen oder eine ganze Nacht lang ausgeruht, sondern nur hier und dort ein paar Stunden auf improvisierten Lagern geschlafen, ohne die Schuhe auszuziehen, aus Angst, die Füße könnten erfrieren. Sobald er eine Anzahl von Waisen und verlassenen Kindern um sich geschart hatte, brachte er sie nach Rom und kehrte sofort wieder zurück, um noch weitere zu retten.
Ich konnte meine Bewunderung nicht verbergen.
»Jeder hat die Kraft, die er braucht, heißt es bei uns«, sagte ich. »Das Schaf hat seine und der Esel hat seine.«
»Mit der körperlichen Widerstandskraft ist es etwas sehr Merkwürdiges«, bemerkte er. »Denk dir, als ich so alt war wie du, wurde ich aus einem Franziskanerkloster entlassen und wieder nach Hause geschickt, weil ich für das Klosterleben zu kränklich schien.«
Unter meiner Jacke sah noch das Titelblatt der sozialistischen Zeitung hervor. Ich entschuldigte mich, daß ich gerade dieses Blatt von ihm erbeten hatte, und erklärte ihm den Grund. Ich hatte sagen hören, es sei die Zeitung der Armen. Und meine Freunde in der Heimat waren fast alle

arm. »Es ist so traurig«, sagte ich, »wenn man zusehen muß, wie intelligente Mitschüler die Schule verlassen und ein Leben voller Demütigungen und Opfer auf sich nehmen müssen, nur weil sie arm sind.«

Darauf begann Don Orione mir zu erzählen, auf wie harte Proben er in seiner Jugend gestellt worden war. Sein Vater hatte einen der armseligsten Berufe ausgeübt, er war Steinklopfer gewesen, und als Knabe hatte Don Orione ihm oft bei seiner mühsamen Arbeit geholfen. Später, als er im Priesterseminar aufgenommen worden war, hatte er die Funktionen eines Sakristans übernehmen müssen, um unentgeltlich wohnen zu können. Er erzählte mir mehrere komische und rührende Episoden aus seiner schwierigen Jugendzeit. Unter anderem erinnerte er sich an seine erste Reise nach Rom, bei der sein Reisegepäck aus einem trockenen Laib Brot und fünf Lire bestand.

Es war mir ein unbeschreibliches Vergnügen, ihn so sprechen zu hören; ein unbekanntes Gefühl des Friedens und der heiteren Ruhe erfüllte mich. (Im stillen beschloß ich, am nächsten Tag jedes Wort unserer Unterhaltung aufzuschreiben.) Der Zug fuhr die tyrrhenische Küste entlang. Im nächtlichen Dunkel hörte ich das ungewohnte Rauschen des Meeres und die Namen der mir unbekannten Stationen. Mir war, als zöge ich aus, die Welt zu entdecken.

»Bist du denn gar nicht müde?« fragte Don Orione schließlich. »Willst du nicht versuchen zu schlafen?«

»Ich wünschte, diese Reise würde nie ein Ende nehmen«, stammelte ich.

Am lebhaftesten ist mir die ruhige Wärme in seinem Blick in Erinnerung geblieben. Seine Augen hatten die Güte und Hellsicht, die man zuweilen bei alten Bäuerinnen findet, bei Großmüttern, die alle Arten von Leiden geduldig durchlebt haben und daher die geheimsten Kümmernisse erraten und

nachfühlen. Manchmal hatte ich den Eindruck, daß er sich
genauer in mir auskannte als ich selbst; aber es war kein unangenehmes Gefühl. Hin und wieder unterbrach er die Unterhaltung, um etwas einzuschieben. So sagte er mir einmal:
»Denk daran, daß Gott nicht nur in der Kirche ist. In deinem späteren Leben wird es Augenblicke der Verzweiflung
geben. Du wirst dich allein und verlassen fühlen, aber in
Wirklichkeit wirst du nicht verlassen sein. Das darfst du
nicht vergessen.«
Das sagte er mir mit der gleichen Stimme und ebenso selbstverständlich wie die anderen Dinge, aber ich spürte, daß er
bewegt war. In La Spezia war der Bahnhof überfüllt von
Rot-Kreuz-Helferinnen, Matrosen und anderen Soldaten.
Wir waren im zweiten Jahr des Ersten Weltkrieges, an der
italienisch-österreichischen Front war eine blutige Offensive
im Gang. Wir erfuhren, daß ein Zug mit Schwerverwunde-
ten erwartet wurde.
»Wie lange wird dieses Entsetzliche noch weitergehen?«
sagte ich. Don Orione hatte meinen Ausruf gehört, aber er
ging nicht sofort darauf ein. Im Morgengrauen fuhren wir
bei einem heftigen Gewitter die östliche Riviera entlang.
Don Orione las eine halbe Stunde in seinem Brevier, dann
blickte er eine Weile in Gedanken versunken vor sich hin.
Schließlich wandte er sich mir wieder zu.
»Was den Krieg betrifft, so möchte ich dir etwas erzählen,
was nicht bekannt werden darf«, begann er leise. »Der
gestrige Tag war für mich von besonderer Bedeutung. Ich
bin in Privataudienz vom Papst empfangen worden. Vor
einigen Wochen hatte ich dem Heiligen Vater einen Brief
über das Verhalten der Christenheit angesichts des gegenwärtigen Krieges geschrieben, und er hatte mich zu sich bestellt, um mit mir darüber zu sprechen. Ich werde dir jetzt
das Konzept dieses Briefes vorlesen.«

Ich war verwirrt und bewegt. Wie kommt es, daß er mit mir über solche Dinge spricht? fragte ich mich. Er suchte in seinem kleinen Koffer und zog einige dichtbeschriebene Blätter hervor.

»Wenn der Vorsteher einer Ordensgesellschaft in Privataudienz vom Papst empfangen wird«, fuhr er fort, »und besonders wenn die Unterredung von dem hohen moralischen und religiösen Amt der Kirche handelt, hat er eigentlich nicht das Recht, über das Gesagte und Gehörte zu sprechen. Aber diesmal darf ich, glaube ich, mit gutem Gewissen eine Ausnahme machen.«

Don Orione las mir nun langsam, damit ich alles wirklich aufnehmen konnte, den Entwurf zu seinem Brief an den Papst vor. (Er ist noch nicht veröffentlicht worden, aber sicherlich befindet er sich unter seinen Papieren.) Der Brief war in einem ungestümen, mitreißenden Stil geschrieben, der an die Briefe von Caterina di Siena erinnerte; er war demütig und zugleich von großer Kühnheit. Don Orione legte dem Papst darin den Gedanken einer Vermittlung zwischen den Völkern nahe, durch die der Krieg, ohne Rücksicht auf die widerstrebenden Regierungen, so schnell wie möglich beendet werden sollte. Der Papst hatte Don Orione daraufhin rufen lassen und ihn sehr herzlich empfangen, aber er hatte ihm bewiesen, daß sein Plan nicht durchführbar war, da die Kirche an die Völker oder an die kämpfenden Soldaten keinen Appell richten konnte, der über eine Aufforderung zum Gebet hinausging. Don Orione hatte die Lektion, die der Papst ihm mit ernsten, traurigen Worten erteilte, wie ein folgsamer Sohn hingenommen, und es war ihm klargeworden, daß die Situation des Christentums in der modernen Welt noch tragischer und widersprüchlicher war, als er es sich beim Schreiben seines Briefes vorgestellt hatte. Ich weiß nicht, ob Don Orione damals den tiefen und nachhaltigen Eindruck voraussehen konnte, den seine Worte in mir hervorriefen; aber ich glaube es wohl, denn sonst hätte seine ganze Erzählung keinen Sinn gehabt.

In Genua mußten wir aussteigen und hatten zwei Stunden Aufenthalt bis zur Abfahrt des Zuges nach Ventimiglia. Es regnete in Strömen, aber trotzdem bestand Don Orione darauf, mir wenigstens einen Teil der Stadt zu zeigen, die er gut kannte, während ich sie noch nie gesehen hatte.

»Du bekommst nicht wieder so leicht einen Führer wie mich«, bemerkte er.

»Aber Sie sind sicherlich müde«, sagte ich. »Durch meine Schuld haben Sie die ganze Nacht hindurch kein Auge zugetan, und Sie kennen die Stadt schon. Es kann doch kein Vergnügen für Sie sein, ohne Schirm in diesem Regen unterwegs zu sein.«

»Von einem gewissen Alter an«, erklärte er mir lächelnd, »genießt man nicht so sehr das eigene Vergnügen wie das des anderen. Ein Vater freut sich am meisten an der Freude seiner Kinder.«

Es blieb mir also nichts anderes übrig, als ihm zu folgen. Wir ließen den anderen Schüler zur Bewachung des spärlichen Gepäcks im Wartesaal zurück und machten uns auf den Weg zur Stadt. Er zeigte mir das Kolumbusdenkmal, einige alte Paläste, die Front einer Kirche und erklärte mir von weitem die Hafenanlagen. Wir gingen rasch, immer unter den Dachrinnen dicht an den Hauswänden entlang, um uns so gut wie möglich vor dem strömenden Regen zu schützen, er voraus und ich hinterdrein. Er warnte mich jedesmal beizeiten, wenn eine Dachrinne defekt war und man sich von der Hauswand entfernen mußte, um eine Dusche zu vermeiden.

Unter einem Torbogen machten wir Halt, um Atem zu holen, und bei dieser Gelegenheit erinnerte sich Don Orione daran, daß er noch einige Postkarten einstecken mußte. Er hätte sie lieber aus Rom abgeschickt, aber dort hatte er nicht mehr daran gedacht. Ich war etwas überrascht, als ich die große Menge beschriebener und frankierter Ansichtskarten sah, die Don Orione aus der Tasche nahm. Auch als ich glaubte, daß er nun keine mehr habe, zog er immer noch mehr Karten hervor, aus den verschiedensten Taschen, von deren Existenz ich nichts geahnt hatte. Es wurde eine erheiternde Szene.

»Es sind etwas mehr als dreihundert«, erklärte er mir. »Meine Weihnachtsgrüße an die Mitglieder einer Jugendvereinigung, die ich in Tortona gegründet habe. Es sind alles Arbeitersöhne, und für manche von ihnen ist dies wahrscheinlich die einzige Weihnachtskarte.«

»Sollten wir nicht lieber schnell auf die Post gehen«, sagte ich, in Gedanken an die Abfahrtszeit unseres Zuges, »und die Karten am Schalter abgeben?«

Aber Don Orione lehnte meinen Vorschlag ab, und zwar aus einem recht seltsamen Grund.

»Es ist nicht günstig, sie alle zusammen aufzugeben«, erklärte er mir. »Wenn wir das täten, würden die Karten hier von ein und demselben Beamten gestempelt und bei der Ankunft von ein und demselben Postboten auf einmal abgeliefert werden, und dabei bestünde die Gefahr, daß sie bei der großen Anzahl mit gleichem Absender die Geduld verlieren und einen Teil wegwerfen würden. Es ist viel besser, wenn wir die Karten auf möglichst viele Briefkästen verteilen, damit sie gleich unter die andere Post gemischt sind.«

Ich fand es sehr vergnüglich, daß Don Orione sich in dieser kleinen Angelegenheit so gewitzigt zeigte. Auf dem Rückweg zum Bahnhof teilten wir die Karten also zwischen uns auf und begaben uns wie für einen Wettlauf auf die beiden einander gegenüberliegenden Bürgersteige. Ich nutzte die

Vorteile meines Alters nach Kräften aus: Ich lief, verteilte
Rippenstöße, verlangte fortwährend Auskunft und führte
auch rasche Abstecher in die Seitengassen aus. Trotzdem
hatte Don Orione seine Karten früher untergebracht als ich.
Als er mich im Zug fragte, ob ich alle, wirklich alle Karten
verteilt hätte, mußte ich ihm gestehen, daß ich verbotener-
weise eine für mich behalten hatte.

»So habe ich zu Weihnachten auch einen Glückwunsch von
Ihnen«, sagte ich zu meiner Entschuldigung.

»Aber auf der Karte steht ja ein anderer Name«, gab er mir
zu bedenken. »Diese Glückwünsche sind nicht für dich bestimmt, auch nicht, wenn du sie beschlagnahmst. Du bist
ein schlechter Briefbote.«

Bei der nächsten Haltestelle, es war in Oneglia, stieg ich aus,
um auch die letzte Karte auf den Weg zu bringen. Die lange
Reise ging ihrem Ende entgegen. Als Don Orione mir kurz
vor unserer Ankunft in San Remo erklärte, er würde uns
dem Direktor des Internats vorstellen und noch am gleichen
Abend wieder abfahren, krampfte sich mir das Herz zusammen, aber ich versuchte es zu verbergen. So ist das Leben,
dachte ich. Kaum hat man einen Menschen gefunden, so verliert man ihn schon wieder.

Wir kamen gegen Mittag bei strahlendem Sonnenschein in
San Remo an, und das war für mich ein neuer Anblick von
unvergeßlicher Schönheit. Jedes Ding stand klar umrissen
da in diesem kristallenen Licht. Die Landschaft war noch
schöner, als ich es erwartet hatte, sie war fast zu schön für
meine augenblickliche Verfassung. Zum erstenmal sah ich
Palmengärten, Mimosensträucher, Mandarinen- und Zitro-
nenbäume und Nelkenfelder. Und ich dachte an meine Heimat, wo die armen Leute, die den Zusammenbruch ihrer
elenden Hütten überlebt hatten, von Schmutz umgeben in
Höhlen und Baracken hausten und in der Nacht die Feuer

brennen lassen mußten, um sich vor den Wölfen zu schützen. In diesem Augenblick fühlte ich ganz tief im Inneren meiner Seele einen Schmerz von neuer, anderer Art.

Am Abend, als Don Orione aufbrechen mußte, hörte ich, wie er jemand beauftragte, mich zu suchen, weil er sich von mir verabschieden wollte. Aber ich versteckte mich. Ich wollte nicht, daß er mich weinen sah. Im Dunkeln dachte ich darüber nach, was ich erlebt hatte. Ich wußte, daß ich im Laufe der Jahre alles noch besser verstehen würde.

Einige Tage später, am Weihnachtsmorgen, bekam ich den ersten Brief von Don Orione, einen langen, liebevollen, sehr ungewöhnlichen Brief von zwölf Seiten.

»Ich erwarte eine Antwort wegen dringender Verwaltungsfragen und höre nichts von ihm«, sagte der Direktor. »Und dir schreibt er so einen dicken Brief.« »Ja, er ist ein merkwürdiger Mensch«, antwortete ich.

Polikuschka

Nach dem Erdbeben war das Vereinslokal des Bauernverbandes in eine Baracke verlegt worden, die der Gemeinde gehörte. Aber der Raum stand fast immer leer, denn die meisten und gerade die aktivsten Mitglieder waren zum Kriegsdienst eingezogen. Die Baracke lag, von Esel- und Schweineställen umgeben, im schmutzigsten Teil des Ortes. Jeden Sonntagabend fanden sich drei oder vier alte Bauern ein, vor allem um sich und den anderen zu beweisen, daß der Verein weiterbestand. Je nach Jahreszeit saßen sie draußen auf der Türschwelle oder drinnen um einen Tisch. Sie rauchten ihre Pfeife, und hin und wieder sagte einer ein paar Worte, alles im Dunkeln, denn es fehlte jede Art von Beleuchtung. Um diese Zeit saßen die anderen Bauern in der Schenke, und die drei oder vier Alten hätten sich verständlicherweise auch lieber dort befunden, mit einem Glas Wein vor sich. Aber der Kommissar hatte schon einmal versucht, ihnen die Baracke fortzunehmen mit der Begründung, daß sie nicht mehr gebraucht werde, und sie fühlten sich verpflichtet, das Gegenteil zu beweisen. »Wir brauchen sie für unsere Sitzungen«, hatten sie erklärt.

Das Vereinslokal aufgeben, das hätte die Auflösung des Verbandes bedeutet. Aber früher oder später mußte der Krieg doch zu Ende gehen, und sie konnten es nicht zulassen, daß die heimkommenden jungen Bauern den Verband gerade in dem Augenblick nicht mehr vorfänden, wo sie ihn brauchen würden. Früher oder später, das sagte man so. Die Frauen beteten in der Kirche um Frieden, aber die Männer wußten, daß das Schicksal sich nicht durch Ungeduld beeinflussen läßt.

In der Baracke wurden ein paar wertvolle Dinge aufbe-
wahrt, die man nach dem Erdbeben unter den Trümmern
des alten Vereinslokals gefunden hatte. An einer Wand hing
ein Bild, das den Erlöser in einem langen roten Gewand darstellte, und darüber stand: *Selig sind die nach Gerechtigkeit
Dürstenden.* Unter dem Bild hing an einem Nagel die Trompete, die früher dazu gedient hatte, die Mitglieder zur Versammlung zu rufen, da sie zum großen Teil Analphabeten
waren und nicht durch Maueranschläge benachrichtigt werden konnten. Im Grunde war dieses Zusammenrufen mit
Hilfe der Trompete eine einfache, schnelle und billige Methode, aber während man auf einem Plakat ohne Schwierigkeiten den Anlaß der Versammlung hätte erwähnen können, war das mit der Trompete nicht möglich, und so entstand jedesmal, wenn sie in den Straßen des Ortes ertönte –
es war immer abends, wenn die Bauern vom Felde kamen –,
eine verständliche Unruhe. Besonders in den Familien der
Großgrundbesitzer und überhaupt bei den braven Bürgern
steigerte sich die Ungewißheit zu Angst und Besorgnis. Was
ist los? Schon wieder eine Versammlung? Sind die Leute
verrückt? Was wollen sie denn? Dann beugten sich die Mütter aus den Fenstern und von den Balkonen und riefen mit
lauter Stimme wie die Henne die Küken ihre Kinder nach
Hause zurück, damit sie nicht in irgendwelche Unruhen hineingezogen würden. Es gab niemand mehr, der nach mir
hätte rufen können, und vielleicht fühlte ich mich auch deswegen auf seltsame Weise angezogen von diesen armen
Leuten, die, obwohl sie von den Anstrengungen des Tages
erschöpft und todmüde waren, ohne Zögern dem Ruf der
Trompete folgten. Ich schlich mich mehr als einmal zu den
Versammlungen, die damals im Hofe eines Klosters statt-
fanden, das vom heiligen Franziskus gegründet worden war.
Obwohl es dieselben Menschen waren, die ich oft bei ande-

ren Gelegenheiten in der Kirche oder auf dem Marktplatz beisammen sah, machten diese plötzlichen Zusammenkünfte einen tiefen Eindruck auf mich. Das Herz klopfte mir zum Zerspringen. Es war immer jemand von auswärts da, der mit lauter Stimme zu den anderen sprach, aber ich verstand nur wenig davon. Meine ganze Aufmerksamkeit wurde von den Leuten in Anspruch genommen, die mir wie verwandelt erschienen.

Gewöhnlich achtete niemand auf mich, aber einmal erlebte ich einen unangenehmen Zwischenfall.

»Und was machst *du* hier?« rief die drohende Stimme eines Bauern. Ich sah ihn atemlos an, als hätte er mich ins Gesicht geschlagen. »Gehst du etwa auch aufs Feld?« fragte er, und sein Zorn nahm sichtlich zu.

»Nein«, antwortete ich und lächelte gezwungen, um ihn zu besänftigen. »Bis jetzt gehe ich aufs Gymnasium«, und dabei wies ich auf ein paar Bücher, die ich unter dem Arm trug.

Ein alter Mann, den ich vom Sehen kannte, kam mir zu Hilfe und legte mir schützend die Hand auf die Schulter. Ich blieb bis zum Ende der Versammlung an seiner Seite, und danach brachte ich ihn nach Hause zu seiner Baracke im neuen Teil des Ortes, der zwischen den Weinbergen entstanden war.

»Wie heißt du?« fragte ich ihn.

»Lazzaro«, antwortete er. Dann sagte er: »Als ich jung war, habe ich deinen Vater gut gekannt.«

»Warum wollte der Mann mich wegjagen?«

»Vielleicht wegen deiner Bücher.«

»Ist das wahr?« rief ich. »Aber es ist doch nichts Schlechtes dabei, daß man etwas lernt.«

»Nein, es ist nichts Schlechtes, aber es gibt gebildete Leute, die ihre Bildung dazu benützen, die Unwissenden zu betrügen. Hast du nicht gehört, worüber in der Versammlung gesprochen wurde?«

Ich gestand, daß ich nicht zugehört hatte, und er versuchte es mir zu erklären. Schon seit mehreren Jahren bestand zugunsten der süditalienischen Bauern ein Sondererlaß, der sie von verschiedenen kleineren Steuern befreite. Aber die Bauern unserer Gemeinde wußten nichts davon und hatten die Steuern immer weitergezahlt. Warum hatte man es ihnen nicht mitgeteilt? Ohne Zweifel waren die Steuerbeamten unterrichtet, ebenso die Angestellten der Gemeinde, die Rechtsanwälte, die Lehrer, die Pfarrer, kurz, alle gebildeten Leute, die die Zeitung lesen konnten. Warum hatten sie nichts gesagt?

Ich konnte es gar nicht glauben.

»Ist das denn möglich?« fragte ich. »Was glaubst du, Lazzaro, warum sie nichts gesagt haben?«

Er zögerte mit der Antwort, vielleicht wollte er sich nicht scharf über Personen äußern, die ich gut kannte. Aber ich blieb beharrlich.

»Lazzaro, warum erklärst du mir das nicht? Denkst du auch, daß man den Jungen nicht die Wahrheit sagen soll?«

Aber in diesem Augenblick kamen andere Leute dazu, und wir konnten unsere Unterhaltung nicht fortsetzen.

So entstand meine Freundschaft mit Lazzaro. Er gefiel mir. Er war wortkarg, weise und bescheiden, aber ohne eine Spur von Furcht oder Unterwürfigkeit. Viel gelernt hatte er nicht, er konnte gerade lesen und schreiben; aber er kannte das Leben von einer Seite, die mir unbekannt war. So hatte Lazzaro zum Beispiel über den Ursprung des gegenwärtigen Krieges und über Kriege im allgemeinen ganz bestimmte, feststehende Ansichten. »Kriege«, so erklärte er mir, »sind eine Maßnahme der Regierungen, durch die sie die ständig wachsende Zahl der einfachen Leute einschränken. Zum gleichen Zweck verbreiten die Regierungen auch hin und wieder unter dem Volk etwas Cholera oder andere Epidemien.«

»Aber die Reichen sterben doch auch«, gab ich ihm zu bedenken.

»Ja, das ist Gottes Rache«, erklärte er mir. »Übrigens haben die Regierenden natürlich kein Interesse daran, das Landvolk völlig auszurotten. Wer würde denn sonst die Erde bearbeiten? Und was würden die Herrschaften essen? Das Rote Kreuz kontrolliert fortwährend die Anzahl der Opfer, und an einem bestimmten Punkt sagt es: Das genügt für den Augenblick. Dadurch erklärt es sich auch, wieso die Kriege immer nur eine gewisse Zeitlang dauern.«

Natürlich überzeugten mich diese verblüffenden Ansichten nicht. Aber daß ein so vernünftiger Mensch wie Lazzaro sie sich zu eigen gemacht hatte, gab mir viel zu denken.

Meine Besuche im Vereinslokal blieben nicht unbeachtet und erregten bei den Leuten, die mich kannten, unangenehmes Aufsehen, da ich noch zur Schule ging und da meine Verwandten, ohne reich zu sein, für etwas Besseres galten als die Landarbeiter und Kleinbauern. Übrigens beschränkte sich meine Aktivität bei dem Verband auf das Schreiben von Protestbriefen an die Obrigkeit, zuweilen sogar nach Rom, wobei ich jedesmal, nachdem Lazzaro mir den Fall genau auseinandergesetzt hatte, eine ganze Reihe von Entwürfen anfertigen mußte, bis wir zu einer zufriedenstellenden Formulierung gelangten.

Eines Tages nahm ein Schulkamerad mich beiseite und sagte mir, es würde darüber geredet, daß ich »ein Roter« geworden sei.

»Unsinn«, sagte ich. »Ich bin ja nicht in der Färberei gewesen.«

Aber bei unserer nächsten Begegnung erzählte ich es Lazzaro.

»Manche Leute sagen«, berichtete ich ihm, »ich sei jetzt auch ein Roter.«

Wie es seine Gewohnheit war, antwortete Lazzaro nicht sofort.

»Ich habe gar nicht das Gefühl, in einer neuen Haut zu stecken«, fügte ich noch hinzu.

»Was die Farbe anbetrifft«, sagte Lazzaro endlich, »so glaube ich, daß es beim Menschen ähnlich ist wie beim Wasser. Wenn du ein Glas Wasser nimmst, so siehst du, daß es keine Farbe hat. Aber eine große Menge Wasser, ein großer Fluß, ein See, das Meer, nimmt wohl eine Farbe an.«

»Das liegt am Himmel«, erlaubte ich mir zu bemerken.

»Ja, das liegt am Himmel«, bestätigte er. »Auf die gleiche Weise ist jeder von uns, wenn er allein ist, wie ein Glas Wasser. Woher können wir eine Farbe bekommen?«

»Durch die Masse?« fragte ich.

»Nein, eine Masse Schafe bleibt immer eine Masse Schafe. Und wir sind hier ja kaum drei oder vier Leute.«

»Aber wodurch sonst?« fragte ich.

»Wo immer wir zusammen sind, Er hat versprochen, mit uns zu sein«, sagte Lazzaro und wies auf den Christus im roten Gewand.

Nach seiner Ausdrucksweise und nach allem anderen war Lazzaro das, was man einen guten Christen nennt. Viele Jahre lang war er Prior der Bruderschaft des heiligen Franziskus gewesen, aber er hatte nie mehr einen Fuß in die Kirche gesetzt, seit die Pfarrer unserer Gegend den Befehl gegeben hatten, während der öffentlichen Bauernversammlungen die Kirchenglocken zu läuten, um die Zusammenkünfte zu stören. Als das zum erstenmal geschah, waren die Leute, die in großer Zahl auf dem Platz versammelt waren, höchst erstaunt. Niemand wußte eine Erklärung für das plötzliche Geläute um diese Tageszeit, denn das Vesperläuten war vorbei, und zum Ave-Maria war es zu früh. Noch weniger konnte man sich erklären, warum alle Glocken gleichzeitig geläutet wurden, was nur am Tag der Auferstehung des Herrn üblich war. Der auswärtige Redner, der an einer Seite des Platzes auf einem Tisch stand und gerade über die neuen landwirtschaftlichen Verträge sprach, hielt inne, von den Klängen übertönt, die in mächtigen Wellen vom nahen Kirchturm kamen. Auch die Glocken schwiegen. Aber kaum fing der Mann wieder an zu reden, begannen sie von neuem zu läuten. Darauf entstand ein Tumult, der bedrohliche Formen annahm, aber Lazzaro stellte sich mit ausgebreiteten Armen vor die Kirchentür und konnte es verhindern, daß die Leute in die Kirche eindrangen. Von jenem Tag an blieb er jedoch der Kirche fern, vor allem, weil sich das Geläute unter gleichen Umständen noch mehrmals wiederholte. »Kommst du nicht in die Kirche?« fragte ihn der Pfarrer an einem Sonntagmorgen, als er Lazzaro vor der Kirchentür traf. »Hast du nicht die Glocken gehört? Früher bist du immer gekommen.«

»Ja«, erwiderte Lazzaro. »Früher hatte ich das Gefühl, daß die Glocken die Stimme Gottes sind. Aber du hast aus ihnen die Stimme der Grundbesitzer gemacht. Gott sei dir gnädig.«
Ein paar Bauern, die gerade in die Kirche gehen wollten, hörten diese Worte, kehrten um und entfernten sich.

Eines Abends, als ich wieder einmal in der Baracke erschien, sagte Lazzaro mit einem Blick auf die Schulbücher, die ich unter dem Arm trug:
»Du könntest uns eigentlich einmal etwas aus deinen gedruckten Papieren vorlesen.«
»Gern«, erwiderte ich. »Ich werde etwas Passendes heraussuchen.«
Und da auch der nächste Tag ein Feiertag war, verabredeten

wir uns für den folgenden Abend. Ich war sehr aufgeregt beim Gedanken an das Vorlesen und gleichzeitig verwundert, daß ich nicht schon früher von selbst auf diese Idee gekommen war. Aber als ich anfing, über einen geeigneten Text nachzudenken, geriet ich in große Verlegenheit. Ich verfügte fast nur über mein Schulwissen, und wir lebten ja nicht mehr in der Zeit, in der man Dantes Göttliche Komödie auf den Plätzen von Florenz öffentlich vorlesen konnte. Die wenigen Bücher, die ich damals außer meinen Schulbüchern besaß und von denen die meisten von D'Annunzio waren, schienen mir allerdings noch ungeeigneter. Eher hätte ich den Bauern Latein vorlesen können, denn das waren immerhin Klänge, die ihnen durch die Liturgie bis zu einem gewissen Grade vertraut waren. Aber ich wollte durchaus mein Wort halten, und es lag mir daran, bei diesem wichtigen Versuch nicht zu scheitern.

Zum Glück fiel mir ein Arzt ein, der in einem der Nachbardörfer praktizierte. Er war als Anarchist bekannt, führte ein elendes Leben in großer Armut und wurde deswegen von den guten Familien mit Mißtrauen und Verachtung angesehen. Dieser Mann hatte eines Tages zu mir gesagt, er würde mir gern ein paar Bücher leihen.

Am nächsten Tag machte ich mich daher auf, um ihn um Rat und Hilfe zu bitten. Die Sonne brannte heiß auf die schattenlose, staubige Straße, und es war kein angenehmer Spaziergang. Ich fand den Arzt in seiner armseligen Küche damit beschäftigt, sich eine Suppe zu kochen.

»Willst du mit mir essen?« fragte er.

Ich lehnte ab. »Ich bin zum Essen eingeladen«, sagte ich zu meiner Entschuldigung.

Während wir uns unterhielten, schnitt er ein paar Scheiben Brot auf, legte sie in einen Teller und goß aus einem Kochtopf Bohnensuppe darüber.

»Eine Lektüre für Bauern«, brummte er, als ich ihm meinen Fall auseinandergesetzt hatte. »Ich weiß nicht, was ich dir da raten soll.«

»Es sind einfache Leute, aber sie sind nicht dumm«, sagte ich.

»Ich kenne sie«, erwiderte er, »und ich weiß, daß es schwierig ist. Komm mit«, sagte er dann und führte mich in einen anstoßenden Raum, in dem er seine Patienten empfing. Das Zimmer verriet, daß sein Bewohner nicht viel von Hygiene hielt. Bücher, Arzneimuster, medizinische Geräte und Kleidungsstücke lagen überall durcheinander, auch auf den Stühlen und auf dem Fußboden.

»Du kannst hiermit anfangen«, sagte er und reichte mir ein zerlesenes kleines Buch. »Wenn das Experiment gelingt, gebe ich dir etwas anderes.« Es war eine Auswahl aus den Erzählungen von Tolstoi.

Auf dem Rückweg beschloß ich, am Wiesenrand im Schatten eines Baumes Rast zu machen, um mich etwas von der großen Hitze zu erholen und einen ersten Blick in das Buch zu werfen. Ich wußte, daß Tolstoi als ein großer Schriftsteller galt, aber ich hatte noch nie etwas von ihm gelesen. Nachdem ich einmal angefangen hatte, las ich immer weiter und hatte Hunger, Zeit und Raum vergessen. Ich war sehr beeindruckt. Vor allem rührte mich die Geschichte von Polikuschka, das tragische Schicksal jenes Dieners, der, weil er wegen seiner Neigung zum Trinken und zu kleinen Diebstählen von allen ausgelacht und verachtet wird, einen wichtigen Auftrag von seiner Herrin übernimmt, um sein Ansehen wieder herzustellen, das ihm anvertraute Geld verliert und sich in seiner Verzweiflung erhängt. Was für ein guter und mutiger Mensch mußte der Schriftsteller gewesen sein, der die Leiden eines einfachen Mannes so darstellen konnte. Der langsame, traurige Ablauf der Erzählung bewies eine Art von Teilnahme, die tiefer war als das übliche Mitgefühl der Menschen, die, über das Unglück ihres Nächsten erschüttert, rasch den Kopf abwenden, um nicht leiden zu müssen. So, dachte ich, muß das göttliche Mitleid sein, ein Mitleid, das die Kreatur nicht vom Schmerz befreit, das ihr jedoch auch ohne unser Wissen beisteht und sie bis zum Ende nicht verläßt. Es erschien mir unbegreiflich, daß ich eine solche Geschichte nur durch Zufall kennengelernt hatte. Warum wurde dergleichen nicht in der Schule gelesen und besprochen?

Am Nachmittag las ich die ganze Erzählung noch einmal durch und entdeckte weitere Schönheiten, die mir beim ersten Lesen entgangen waren. Ich hoffte, daß sie auch meiner kleinen Schar von Zuhörern gefallen würde trotz der schwierigen russischen Namen, besonders der Verkleinerungsformen, und ich überlegte mir, auf welche Weise ich diese Klippe umgehen könnte.

Aber als ich abends in der Baracke erschien, hatte ich das Gefühl, daß die alten Männer nicht mehr an unsere Vereinbarung dachten. Sie saßen auf der Türschwelle, und einer berichtete von einem langwierigen Streit mit einem Schäfer. Ich sah Lazzaro an und wies auf das Buch, das ich in der Hand hielt.

»Jetzt wollen wir still sein und das Buch anhören«, sagte Lazzaro.

»Wir sind doch keine Kinder mehr«, brummte einer der Anwesenden. »Märchen sind etwas für Kinder.«

»Es gibt auch Geschichten für Erwachsene«, sagte ich. »Habt ein bißchen Geduld und hört mir zu.«

»Worum handelt es sich denn?« wollte ein anderer wissen. »Kannst du uns nicht in kurzen Worten sagen, was geschieht?«

»Es ist die Geschichte von einem Mann wie ihr, der in Rußland geboren ist«, sagte ich ungeduldig. »Das müßte euch doch interessieren.«

Ich hatte den Eindruck, daß sie sich nicht aus Neugier zum Zuhören bereit fanden, sondern um mich nicht zu kränken. Ich begann mit ziemlich sicherer Stimme zu lesen, aber schon nach wenigen Sätzen spürte ich, daß die minuziöse Beschreibung des Verwalters Jegor Michailowitsch, der seiner Herrin einen Besuch macht, und die genaue Aufzeichnung seiner Mimik zusammen mit der Darstellung seiner geheimsten Gedankengänge für meine Zuhörer eine verwickelte Angelegenheit war, bei der sie wahrscheinlich schon den Faden verloren hatten. Meine Stimme wurde unsicher, und ich sah von meinem Buch auf.

»Hört ihr zu?« fragte ich.

»Könntest du denn nicht in zwei, drei Worten erzählen, was geschieht«, wiederholte einer der Männer.

»Wenn das möglich wäre«, versuchte ich ihm zu erklären, »hätte auch der Dichter nicht mehr als zwei oder drei Worte geschrieben.«

»Lies nur weiter«, sagte Lazzaro ermutigend.

Aber in diesem Augenblick wurde mir klar, daß die Geschichte nicht zum Vorlesen geeignet war. Der Arzt hatte recht gehabt. An Aufhören war nicht zu denken. Da ich die Geschichte schon zweimal gelesen hatte, fuhr ich mehr oder weniger mit eigenen Worten fort und faßte, den Text immer vor Augen, ausführliche Stellen zusammen und ließ alles fort, was wie eine Abschweifung wirken konnte. Ich ließ mir ein wenig Zeit bei der Beschreibung der Gesellschaft von Pokrowskoje und bei der Charakterzeichnung von Polikuschka, diesem gutmütigen Kerl, der sich nach jedem Rausch und jedem seiner kleinen Diebstähle zu bessern verspricht und der in seinem Leben schon alle möglichen Arbeiten verrichtet hat, als Stallbursche, Weber, Bäk-

ker, ja sogar als Tierarzt, obwohl er nur wenig Ahnung
von all diesen Dingen hat.

»Kurzum, ein richtiger Betrüger«, unterbrach mich einer
der alten Männer. »Ein Mann, den man ins Gefängnis stek-
ken und dort vergessen sollte.«

Es verschlug mir die Stimme. Ohne etwas Sympathie für
den armen Polikuschka verlor die ganze Geschichte ihren
Sinn.

»Lies weiter«, sagte Lazzaro.

Ich legte das Buch aus der Hand und erzählte die Geschichte
in kurzen Worten zu Ende: Polikuschkas Reise in die Stadt
im Auftrag seiner Herrin, sein Besuch bei dem reichen Kauf-
mann, der ihm das Geld gibt, seine Verzweiflung, als er bemerkt, daß er es verloren hat, sein erfolgloses Suchen und
schließlich der Selbstmord.

»Wurde das Geld niemals gefunden?« fragte Lazzaro.

»Es wurde gefunden und seiner Herrin gebracht, der es gehörte. Aber diese hatte Polikuschka gesehen, nachdem er sich
erhängt hatte, und war davon so erschüttert, daß sie sich
weigerte, es anzunehmen.«

»Und wie ging es weiter«, fragte einer der Männer.

»Was?«

»Mit dem Geld. Du hast doch gesagt, es war eine große
Summe.«

»Die Dame schenkte es dem Mann, der es gefunden hatte,
einem gewissen Dutlow.«

»Schenkte sie es nicht der Witwe?«

»Nein.«

Ich erklärte, ich sei müde, und machte, daß ich davonkam.
Ich wußte nicht, was ich von dem Vorgefallenen denken
sollte, oder genauer gesagt: Ich wollte nicht daran denken.
Am selben Abend, während ich über meinen Schularbeiten
saß, die ich in den letzten Tagen vernachlässigt hatte, wurde

mir gesagt, daß jemand an der Haustür nach mir verlange.
Es war ein Bauer, der auch zum Verband, aber nicht zu den
aktiven Mitgliedern gehörte.

»Niemand hat mir Bescheid gegeben«, sagte er vorwurfsvoll. »Wenn ich das gewußt hätte, wäre ich bestimmt gekommen. Was ist mit diesem Mann, der sich erhängt hat,
und dann findet man doch das verlorene Geld?«

»Ich erzähle es dir ein anderes Mal«, versprach ich ihm.
»Jetzt habe ich zu tun.«

In den darauffolgenden Jahren wurde ich von einer Unruhe
ergriffen, die mir keine Zeit für literarische Lektüre ließ. Die
Bücher, die durch meine Hand gingen, handelten von volks-
wirtschaftlichen Fragen, und ich las sie nicht zu Studien-
zwecken, sondern weil ich Informationen für Zeitungsarti-
kel brauchte, in denen die Kühnheit der Urteile nur noch
von der guten Absicht übertroffen wurde.

Ein einziges Mal fiel mir Polikuschka wieder ein. Es war
während eines Aufenthaltes in Moskau. Als ich eines Abends
mit einigen führenden Persönlichkeiten der bolschewisti-
schen Jugend am Puschkindenkmal vorüberging, sah ich,
wie zwei Polizisten einen betrunkenen alten Bauern fort-
schleppten. Ich erkannte ihn sofort.

»Könnt ihr nicht bewirken, daß er freigelassen wird?« fragte
ich meine Gefährten.

»Warum?« erwiderte einer von ihnen. »Das ist doch nur
ein Parasit.«

Notausgang

Man denkt nicht daran,
wieviel Blut es kostet.
Dante, *Paradies*, XXIX

An jenem Novemberabend des Jahres 1926, gleich nach der Bekanntmachung der Ausnahmegesetze, hatten sich mehrere von uns vor der drohenden Verhaftung in eine kleine Villa geflüchtet, die einer unserer Genossen, der sich als Maler ausgab, in einem Mailänder Vorort gemietet hatte.

In den ärmeren Wohnvierteln waren die Straßen verlassen, die Schenken geschlossen, die Häuser dunkel. So wirkte die Stadt noch düsterer in dieser naßkalten Jahreszeit. Die Polizei führte in voller Kriegsausrüstung großangelegte Aktionen durch, wobei sie die verdächtigen Wohnblöcke belagerte, als wären es feindliche Festungen. Die Zahl der Verhafteten war schon sehr groß, und durch die bei Haussuchungen gefundenen Namen und Adressen, die Anzeigen von Spionen und Provokateuren und die Aussagen, zu denen man die schwächsten unter den Verhafteten mit Drohungen und Mißhandlungen gezwungen hatte, nahm sie von Tag zu Tag zu.

In anderen Städten geschah mehr oder weniger das gleiche. Die unparteiischen Zeitungen, die noch erscheinen durften – die der Opposition waren gerade in diesen Tagen verboten worden –, hatten Anweisung erhalten, die Verhaftungen mit keinem Wort zu erwähnen und statt dessen die Lobsprüche wiederzugeben, mit denen bedeutende ausländische Vertreter der Demokratie und des Liberalismus zu unserem Hohn und unserer Beschämung die italienische Diktatur bedacht hatten. Aber die Meldungen der drei oder vier Parteikuriere, die in den wichtigsten Regionen die Nachrichten der Vertrauensmänner aus der Provinz sammelten und zu den geheimen Zentralstellen brachten, ließen keinen Zweifel daran, daß die Diktatur entschlossen war, den Widerstand ein für allemal zu brechen. Die Kommunisten waren damals die einzigen, die über eine leidlich funktionierende Geheimorganisation verfügten, aber in verschiedenen Provinzen hatten die Polizeirazzien schon das Netz unserer Verbindungen zerstört, und zahlreiche der Verhaftung entgangene Genossen verlangten von uns ein Unterkommen in einer von ihrem Heimatort möglichst weit entfernten Stadt und falsche Papiere, um reisen und eine neue Stellung finden zu können.

Diejenigen von uns, die schon seit längerer Zeit unter falschem Namen lebten und ihre politische Geheimarbeit durch irgendeine harmlose Tätigkeit verschleierten, befanden sich in diesem Augenblick in einer günstigeren Lage. Aber auch wir waren nicht allzu sicher, denn die Polizei konnte jederzeit durch Verrat oder durch das Versagen eines Verhafteten auf unsere Spur gebracht werden. So hatte man auch mir an diesem Abend geraten, nicht in meine Wohnung zurückzukehren, da es schien, daß das Haus von der Polizei bewacht werde. Zusammen mit einigen anderen, die sich in derselben Lage befanden, suchte ich also ein vorübergehendes Unterkommen in der Villa unseres Genossen, des falschen Malers. Nachdem wir in der Nähe des Hauses eine Wache aufgestellt und für den Fall eines Alarms das Notwendige verabredet hatten, bereiteten wir uns darauf vor, die Nacht auf Stühlen sitzend zu verbringen, denn das Haus war kaum notdürftig möbliert, und es gab nur ein einziges Bett.

Außer dem angeblichen Maler und seiner Frau gehörten zu unserer Gruppe ein angeblicher spanischer Tourist, ein angeblicher Zahnarzt, ein angeblicher Architekt und ein deutsches Mädchen, angeblich Studentin. Unsere Beziehungen hatten bis zu diesem Tage nur in technischer Zusammenarbeit im Auftrag verschiedener Stellen unserer Geheimorganisation bestanden. Die meisten kannten Heimat und Familienstand der anderen, aber wir hatten bisher weder Zeit noch Gelegenheit gehabt, miteinander Freundschaft zu schließen.

Nach einiger Zeit sagte der Zahnarzt:

»Heute nachmittag bin ich an der Scala vorbeigekommen und habe eine große Menge von Leuten gesehen, die sich nach Karten für die nächste Vorstellung angestellt hatten. Ich blieb stehen und beobachtete sie, und nach einer Weile hatte ich das Gefühl, einen Zug von lauter Verrückten vor mir zu sehen.«

»Wieso denn?« fragte der Spanier. »Ist das Theater für dich eine Verrücktheit.«

»Unter normalen Umständen nicht«, gab der Zahnarzt zu. »Aber jetzt, in diesen Zeiten, wie kann man da Zerstreuung finden? Das müssen doch wirklich Leute sein, die von einer Manie besessen sind.«

»Die Kunst ist nicht nur und nicht immer Zerstreuung«, bemerkte der spanische Tourist.

»Wenn die Musikbesessenen uns hier sehen könnten und wüßten, wer wir sind und was wir tun«, fügte der Maler hinzu, »würden sie uns sicherlich ihrerseits für verrückt halten. Es ist gar nicht so leicht, zu wissen, wo die wahren Verrückten sind. Ich glaube, es ist eine der schwierigsten Fragen.«

Der Ton, den die Unterhaltung angenommen hatte, gefiel dem Zahnarzt nicht.

»Man kann nicht Freiheit und Leben aufs Spiel setzen, wie wir es tun«, sagte er streng, »und dann so reden, als ob einen der Kampf nichts angehe.«

»Man kann sich hineinstürzen«, erwiderte der Maler, »man kann dem Gegner Fußtritte und Faustschläge versetzen, aber man braucht nicht gerade mit den Hörnern zu stoßen. Den Kopf sollte man lieber für andere Zwecke freihalten.«

»Aber wir kämpfen doch für eine Idee«, sagte der Spanier. »Setzt du deinen Kopf dabei nicht ein?«

»Meinen Kopf habe ich eingesetzt, gewiß, aber nicht meine Augen«, sagte der Maler lächelnd. »Mit anderen Worten, ich möchte auch weiterhin die Dinge mit meinen Augen ansehen dürfen.«

»Ich verstehe dich nicht«, sagte der Zahnarzt. »Das Risiko, das du eingehst, wenn du bei uns bleibst, scheint mir unverhältnismäßig groß im Vergleich zu deiner geringen inneren Beteiligung. Es ist an der Zeit, daß wir offen darüber sprechen.«

Es entstand ein verlegenes Schweigen. Die Aussprache konnte ein schlechtes Ende nehmen. Durch das Fenster sahen wir auf der Autostraße drei Lastwagen voller bewaffneter Polizisten vorbeifahren. Die Hausfrau ließ die Rolläden herunter und brachte uns Kaffee.

»In unserer Zeit führen alle Wege zum Kommunismus, aber wir können schließlich nicht alle auf die gleiche Art Kommunisten sein«, sagte der Spanier vermittelnd.

»Ich habe mein Leben auf die proletarische Revolution gesetzt«, sagte der Maler. »Wenn ich die Augen nicht mit eingesetzt habe, so nur deshalb, weil ich mir das Recht vorbehalte, mitanzusehen, was aus meinem Leben wird. Ebenso, um nur ein Beispiel zu nennen, hat eine Schulfreundin von mir, die Nonne geworden ist, ihr Leben auf das Paradies gesetzt. Ich meine, auf das himmlische Paradies, nicht zu verwechseln mit dem unseren. Ich habe mein Leben eingesetzt, und ihr könnt sicher sein, daß es dabei bleibt. Kein Mensch hat das Recht, an meinem Wort zu zweifeln.«

»Aber die Revolution ist kein Hasardspiel«, sagte der Zahnarzt in scharfem Ton.

»Ich weiß wohl«, erklärte der Maler, »daß es nicht vom Zufall abhängt, wie die Sache für uns ausgeht, sondern von der Kraft und Geschicklichkeit der Spieler und all den anderen Dingen, über die man in den Handbüchern unserer Parteischulen nachlesen kann. Und darum nehme ich nicht nur teil, indem ich auf die Partei setze, sondern ich spiele mit als einer, der mit seinem ganzen Selbst beteiligt ist. Ich werde alles tun, was ihr verlangt, aber mit offenen Augen.«

»Gut«, sagte der spanische Tourist, »aber es ist mir nicht klar, ob unsere Sache dir mehr am Herzen liegt als alles andere. Hättest du, entschuldige die Frage, unter anderen Umständen auch auf etwas ganz anderes setzen können, sagen wir: auf die Erforschung des Südpols, auf den Krieg, die Leprafürsorge, den Mädchenhandel oder die Herstellung von Falschgeld?«

»Warum nicht?« antwortete der Maler. »Aber auch in jedem dieser anderen Fälle hätte ich versucht, die Augen offenzuhalten und zu begreifen, was vor sich geht.«

»Zum Kommunisten muß man geboren sein«, erklärte das deutsche Mädchen.

»Aber zum Menschen muß man *werden*«, ergänzte der Maler.

»Darf man fragen«, sagte der Zahnarzt, »durch welche Umstände du gerade zum Kommunismus gekommen bist?«

»Das wäre eine lange Geschichte«, antwortete der Maler ernst. »Und manches davon würde euch unverständlich sein, davon bin ich überzeugt.«

»Erzähle uns deine lange, unverständliche Geschichte«, sagte das deutsche Mädchen. »Wir werden Kaffee trinken und aufbleiben und deine Geschichte hören. Es macht nichts, wenn wir sie nicht verstehen. Die unverständlichen Geschichten sind immer am schönsten.«

»Und ihr?« sagte der Maler. »Werdet ihr dann auch eure Geschichten erzählen?«

»Einverstanden«, erwiderte der Zahnarzt.

»Überlegt es euch gut«, mahnte der Maler. »Vielleicht ist es gefährlich für euch, zurückzublicken. Vielleicht ist es für jeden, auch für mich, gefährlich, während des Kampfes das Wie und Warum zu untersuchen. Wenn man einmal gesetzt hat, ist das Spiel gemacht und *rien ne va plus.*«

»Aber kann man den Kampf von den Motiven trennen, die uns dazu geführt haben zu kämpfen?« fragte der spanische Tourist. »Ist es nach deiner Meinung gefährlich, sich an die Motive zu erinnern, die uns zum Kommunismus geführt haben?«

»Die Nacht ist lang«, sagte das deutsche Mädchen. »Wir wollen uns unsere unverständlichen Geschichten erzählen. Wir werden Kaffee trinken und wach bleiben.«

So verbrachten wir diese Nacht und versuchten uns gegenseitig zu erklären, wie und warum wir Kommunisten geworden waren. Die Erklärungen waren alles andere als erschöpfend, aber als der Morgen kam, waren wir Freunde geworden. »Es ist wirklich wahr«, sagten wir, als wir uns trennten, »daß man von allen Seiten her zum Kommunismus gelangen kann.«

(Im nächsten Jahr wurde der angebliche Zahnarzt verhaftet und gefoltert, er weigerte sich, seine Mitarbeiter zu verraten, und starb im Gefängnis. Der angebliche Maler erfüllte seine politische Pflicht bis zum Sturz des Faschismus; nach der Befreiung zog er sich ins Privatleben zurück. Von dem deutschen Mädchen habe ich nichts mehr gehört.)

Ich habe in den folgenden Jahren oft an die Gespräche dieses Abends zurückgedacht, denn das Bedürfnis, wirklich zu verstehen, mir Rechenschaft abzulegen und den Sinn der Aktion, an der ich beteiligt war, mit den Motiven zu vergleichen, die mich ursprünglich zu der Bewegung geführt hatten, bemächtigte sich meiner ganz und gar und ließ mir keine Ruhe. Und wenn meine Arbeit als Schriftsteller einen Sinn hat, so liegt er darin, daß ich in einem bestimmten Augenblick die absolute Notwendigkeit empfand, Zeugnis abzulegen, das unabweisbare Bedürfnis, mich von einem Alpdruck zu befreien und mir Sinn und Grenzen eines schmerzlichen, aber endgültigen Bruches und einer bleibenden Treue zu bestätigen.

Das Schreiben war für mich, von einigen seltenen glücklichen Augenblicken abgesehen, nicht eine ästhetische Befriedigung, sondern ein mühsamer Kampf, den ich für mich allein weiterführte, nachdem ich mich von Gefährten getrennt hatte, die mir viel bedeuteten. Und die Schwierigkeiten, mit denen ich oft zu ringen habe, beruhen nicht auf Stilfragen, sondern darauf, daß mein Gewissen es nicht zuläßt, einige verborgene, vielleicht unheilbare Wunden vernarben zu lassen, und dabei doch beharrlich nach Einheit der Person verlangt; denn Ehrlichkeit allein führt noch nicht zur Wahrheit. Erst nachdem ich einen gewissen inneren Widerstand überwunden hatte, habe ich mich daher zu diesem Bericht ohne Umschreibungen und Parabeln entschlossen.

2

Als die Italienische Kommunistische Partei 1921 in Livorno gegründet wurde, meldete ich dem Kongreß den Beitritt eines großen Teiles der Sozialistischen Jugend, der ich seit 1918 angehörte. Die Sozialistische Jugend hatte der reformistischen Sozialdemokratie seit dem Kriege so ablehnend gegenübergestanden, daß dieser Entschluß keinerlei Überraschung auslöste. Aber es ist nicht leicht zu beschreiben, was für eine politische Überzeugung die meisten von uns damals hatten. Schon der Ausdruck »politische Überzeugung« ist zu hoch gegriffen, denn es waren sehr primitive seelische Regungen, die den Ausschlag gaben. Wir revoltierten einfach gegen alles und gegen alle. Was die infantilen und neurotischen Züge unserer Rebellion sublimierte, war die grenzenlose Hoffnung, die sich an der russischen Revolution entzündet hatte.

An jenem Novemberabend in Mailand, als ich meinen Freunden erklären wollte, warum ich mich mit achtzehn Jahren, noch als Gymnasiast, dem Zimmerwalder Sozialismus angeschlossen hatte, mußte ich Stufe um Stufe bis in meine Kindheit zurückgehen, um dort die fernsten Ursprünge meiner Auflehnung zu finden, die später, als sie politische Bedeutung bekam, notwendigerweise zu einer extremen Haltung führen mußte. Wenn jemand sich mit achtzehn Jahren mitten im Krieg einer revolutionären, von der Regierung verfolgten Bewegung anschließt, so geschieht es wohl kaum aus nichtigen oder opportunistischen Gründen. Aber anstatt psychologische Deutungen zu versuchen, tut man wohl besser daran, einen Lebensweg in seinen einzelnen Etappen zu rekonstruieren.

Ich bin in einer ländlichen Gemeinde in den Abruzzen geboren und aufgewachsen. Sobald ich in das Alter kam, in dem man sich die ersten Gedanken über seine Umwelt macht, beeindruckte mich am meisten der unbegreifliche, geradezu unerhörte Gegensatz zwischen dem Leben in der Familie, das in den meisten Fällen sittenstreng und ehrenhaft war oder jedenfalls diesen Anschein hatte, und den sonstigen menschlichen Beziehungen, die durch Unehrlichkeit, Haß und Rücksichtslosigkeit verzerrt waren. Man kennt viele trostlose Episoden aus dem elenden, hoffnungs-

losen Leben in den süditalienischen Provinzen, ich selbst
habe davon berichtet; aber jetzt spreche ich nicht von auf-
sehenerregenden Begebenheiten, sondern von den kleinen
banalen Geschehnissen des täglichen Lebens, in denen die
doppelte Moral der Menschen, unter denen ich aufwuchs,
deutlich zutage trat.

Ich war fast noch ein Kind, als ich an einem Sonntag mit
meiner Mutter ausging und auf dem Platz vor der Kirche
ein grausames Schauspiel mit ansah. Ein Landjunker aus
unserer Gegend hetzte seinen großen bissigen Hund auf eine
bescheidene kleine Frau, eine Schneiderin, die gerade aus
der Kirche kam. Die Ärmste wurde zu Boden geworfen
und schwer verwundet, ihre Kleider wurden in Fetzen gerissen. Im Ort herrschte allgemeine, aber gedämpfte Entrüstung. Niemand begriff, wie die Frau auf den unseligen
Gedanken kommen konnte, den Mann zu verklagen; denn
es war vorauszusehen, daß sie zum Schaden noch den Spott
der Justiz ernten würde. Sie wurde, wie gesagt, von allen
bemitleidet und von vielen im stillen unterstützt, aber sie
fand nicht einen einzigen Zeugen, der bereit war, vor Gericht die Wahrheit auszusagen, und keinen Rechtsanwalt,
der es übernahm, sie zu vertreten. Dagegen war der Ver-
teidiger des Landjunkers, ein Anwalt, der für linksgerichtet
galt, pünktlich zur Stelle und ebenso mehrere gedungene
Zeugen, die ohne weiteres einen Meineid leisteten, denn sie
behaupteten groteskerweise, die Frau habe den Hund gereizt. Der Amtsrichter, im Privatleben ein untadeliger
Mann, sprach den Gutsherrn frei und verurteilte die Frau
zu den Prozeßkosten.

»Es hat mir wirklich leid getan«, sagte der Richter zu seiner
Entschuldigung, als er einige Tage später bei uns zu Gast
war. »Glaubt mir, es ist mir nicht leicht gefallen. Aber wenn
ich auch als Privatmann über den Vorfall, den ich selbst mit

angesehen habe, empört war, so mußte ich mich als Richter an die Ergebnisse des Prozesses halten, die leider für den Hund sprachen.«

»Ein guter Richter«, so pflegte dieser Ehrenmann zu erklären, »muß seine persönlichen Empfindungen überwinden und unparteiisch sein.«

»Gewiß«, sagte meine Mutter, »aber was für ein schrecklicher Beruf. Dann kümmert man sich besser um seine eigenen Angelegenheiten in seinen eigenen vier Wänden.« Und zu mir sagte sie: »Wenn du groß bist, darfst du werden, was du willst, nur nicht Richter.«

Sich um seine eigenen Angelegenheiten kümmern, das war die Grundbedingung für ein anständiges, ruhiges Leben, wie uns bei jeder Gelegenheit eingeschärft wurde. Die Lehren der Kirche bestätigten das, denn die Tugenden, die uns empfohlen wurden, bezogen sich ausschließlich auf das persönliche Leben und das der Familie. Ich dagegen liebte es von klein auf, mich auf der Straße herumzutreiben, und meine liebsten Spielgefährten waren die Söhne armer Bauern. Die Neigung, mich nicht nur um meine eigenen Angelegenheiten zu kümmern und mit ärmeren Altersgenossen Freundschaft zu schließen, sollte für mich sehr ernste Folgen haben. Die lebhaftesten Erinnerungen, die ich aus meiner Kindheit und Jugend bewahre, sind durch diese Neigung bestimmt worden.

Viele kleine Episoden, die dem Prozeß der Schneiderin gegen den herrschaftlichen Hund gleichen, sind mit schmerzhafter Deutlichkeit in mein Gedächtnis eingegraben. Aber ich will nicht mit derartigen Geschichten den Eindruck erwecken, als wären die hohen Ideale von Wahrheit und Gerechtigkeit bei uns unbekannt oder verachtet gewesen. Im Gegenteil: In der Schule, in der Kirche oder bei öffentlichen

Veranstaltungen wurde oft eindringlich und mit Verehrung von ihnen gesprochen, wie anderswo auch, aber eher auf abstrakte Weise. Unsere sonderbare und wirklich eigentümliche Haltung beruhte auf einer Art Doppelgleisigkeit, die alle, sogar die Kinder, durchschauten; und trotzdem wurde sie aufrechterhalten und war also nicht durch Dummheit und Unwissenheit zu erklären.

Ich erinnere mich zum Beispiel an eine lebhafte Diskussion, die sich eines Tages in der Religionsstunde zwischen uns und dem Pfarrer entspann. Sie wurde durch die Vorstellung eines Marionettentheaters veranlaßt, die wir ebenso wie der Geistliche am Tage zuvor besucht hatten. Es handelte sich in dem Stück um die dramatischen Erlebnisse eines Kindes, das vom Teufel verfolgt wurde. Einmal war die Marionette, die das Kind darstellte, zitternd vor Angst an der Rampe erschienen und hatte sich unter einem Bett versteckt, das eine Ecke der Bühne einnahm. Gleich darauf war der Teufel aufgetaucht und hatte den Knaben vergeblich gesucht.

»Aber er muß hier sein«, sagte der Teufel, »das rieche ich doch. Ich werde mal diese braven Zuschauer fragen.« Und zu uns gewandt fragte er:

»Meine lieben Kinder, habt ihr vielleicht gesehen, wo sich der böse Junge versteckt hat, den ich suche?«

»Nein, nein, nein«, riefen wir alle sofort mit größter Entschiedenheit.

»Wo ist er denn? Warum sehe ich ihn denn nicht?« fragte der Teufel weiter.

»Er ist fort, er ist nach Lissabon gegangen«, antworteten wir. (In unserem Dialekt und in unseren Sprichwörtern ist Lissabon noch heute der Punkt auf der Erdkugel, der am weitesten von uns entfernt liegt.) Ich muß dazu erwähnen, daß niemand von uns darauf gefaßt gewesen war, während der Vorstellung von einer Marionette befragt zu werden.

Unsere Reaktion war also ganz instinktiv und spontan, und ich nehme an, daß in jedem anderen Land der Welt die Kinder sich bei der gleichen Gelegenheit ebenso verhalten würden. Aber unser Pfarrer, ein frommer und gelehrter Mann, war zu unserem Erstaunen nicht ganz damit einverstanden. Das erklärte er uns etwas bekümmert in der kleinen Kapelle der heiligen Cäcilie, wo er uns gewöhnlich im Katechismus unterrichtete. Wir Kinder liebten diesen Ort, denn die Heilige war auf dem Altarbild als ein wunderschönes blondes, trauriges Mädchen dargestellt und hielt einen Gegenstand in der Hand, der seltsamerweise einem Küchengerät glich, mit dem man bei uns zu Hause Spaghetti machte und der »Gitarre« genannt wurde. Das Bild übte eine solche Anziehungskraft auf uns aus, daß der Pfarrer für die Zeit des Unterrichts die Bänke umstellen mußte, so daß wir gezwungen waren, der heiligen Cäcilie den Rücken zu kehren.

»Euer Betragen während des Marionettenspiels hat mir nicht gefallen«, begann er, nachdem wir uns auf sein Geheiß hin gesetzt hatten. Und in besorgtem Ton machte er uns darauf aufmerksam, daß wir gelogen hatten. Zu einem guten Zweck, gewiß, aber es war und blieb eine Lüge. Und lügen darf man nicht.

»Auch nicht dem Teufel gegenüber?« fragten wir erstaunt.

»Eine Lüge ist immer eine Sünde«, erwiderte der Pfarrer.

»Auch vor Gericht?« fragte einer der Schüler. Der Pfarrer wurde sehr streng.

»Ich bin hier, um euch in der christlichen Lehre zu unterweisen und nicht um Geschwätz anzuhören«, sagte er. »Was außerhalb der Kirche geschieht, geht mich nichts an.«

Und er begann von neuem, in schönen und schwierigen Worten zu erläutern, was die christliche Lehre von Wahrheit und Lüge sagt. Aber uns Kinder interessierte das Problem der Lüge im allgemeinen an diesem Tage durchaus nicht. Wir wollten wissen: »Sollten wir dem Teufel das Versteck des Knaben verraten, ja oder nein?«

»Darum handelt es sich nicht«, wiederholte der bedauernswerte Pfarrer gequält.

»Die Lüge ist immer eine Sünde. Sie kann eine große Sünde sein, eine mittlere oder eine kleine, aber eine Sünde bleibt sie in jedem Fall.«

»Es war aber so«, sagten wir. »Auf der einen Seite war der Teufel, auf der anderen der kleine Junge, und wir wollten doch dem kleinen Jungen helfen.«

»Aber dabei habt ihr eine Lüge gesagt«, wiederholte der Pfarrer. »Zu einem guten Zweck, das gebe ich zu, aber ihr habt gelogen.«

Um der Sache ein Ende zu machen, stellte ich ihm eine recht verfängliche Frage:

»Wenn es sich nicht um ein gewöhnliches Kind gehandelt hätte, sondern um einen Priester«, fragte ich, »was hätten wir dem Teufel dann antworten sollen?«

Der Pfarrer wurde rot und befahl mir statt einer Antwort, zur Strafe für meine Unverschämtheit den Rest der Stunde neben ihm kniend zu verbringen.

»Bereust du es?« fragte er mich am Schluß des Unterrichts.

»Ja«, sagte ich. »Wenn der Teufel mich fragt, wo Sie wohnen, gebe ich ihm gleich Ihre Adresse.«

Eine solche Unterhaltung war im Religionsunterricht gewiß ungewöhnlich und durch einen Zufall entstanden, aber in den Familien, wenn man unter sich war, äußerten die Erwachsenen ihre Meinung häufig und ohne Vorurteile. Diese lebhafte Kritik änderte jedoch nicht das geringste daran, daß das soziale Leben in den überkommenen primitiven und demütigenden Formen weiterging. Sie machte die Erniedrigung nur noch schmerzlicher. Die ganze Erziehung war darauf abgestellt, daß man sich zu unterwerfen hatte und sich nicht um die Angelegenheiten seiner Mitmenschen kümmern durfte.

3

Immerhin hatte die Regierung vor einiger Zeit in den Beziehungen zwischen Bürger und Staat eine Neuerung eingeführt – das geheime Wahlrecht –, was zwar nicht allein genügte, um die Dinge zu ändern, manchmal jedoch überraschende und aufsehenerrregende Resultate hervorbrachte. Es waren nur einzelne Episoden, die noch ohne Folgen blieben, aber sie erregten dennoch Besorgnis, weil sie deutlich bewiesen, wie es unter der Asche glimmte.

Ich war sieben Jahre alt, als sich in unserer Gegend die erste Wahlkampagne abspielte, an die ich mich erinnern kann. Politische Parteien gab es damals bei uns noch nicht, daher erregten die angekündigten Wahlversammlungen wenig Interesse. Aber die allgemeine Aufregung war groß, als sich die Nachricht verbreitete, daß zu den Kandidaten kein geringerer gehören würde als der Fürst. Man brauchte seinen Namen nicht zu nennen, da jedermann wußte, um welchen Fürsten es sich handelte. Er war der Besitzer der großen Ländereien, die im vorigen Jahrhundert durch die Trockenlegung des Fucino-Sees entstanden waren und die seine Vorfahren an sich gebracht hatten. Etwa achttausend Familien, der größte Teil der Bevölkerung der Gegend, bearbeiteten die 14 000 Hektar dieses Besitzes. Und nun ließ der Fürst sich herab, um die Stimmen »seiner« Bauern zu werben, weil er Abgeordneter werden wollte. Die Gutsverwalter, welche die Nachricht verbreiteten, gaben jedesmal eine Erklärung dazu, die der neuen Zeit entsprechend ganz liberal gehalten war. »Natürlich«, so sagten sie, »wird niemand

86

gezwungen, für den Fürsten zu stimmen, das versteht sich; ebenso wie ja auch der Fürst nicht gezwungen werden kann, Leute auf seinem Land arbeiten zu lassen, die gegen ihn stimmen. Wir haben jetzt die echte Freiheit für alle: Ihr seid frei, und der Fürst ist frei.«

Diese Auslegung des Freiheitsbegriffes rief unter den Bauern verständlicherweise große Bestürzung hervor, denn wie man sich denken kann, war der Fürst die verhaßteste Persönlichkeit der ganzen Gegend. Solange er im Olymp der Großgrundbesitzer unsichtbar geblieben war – keiner der achttausend kleinen Pächter hatte ihn bisher auch nur von weitem gesehen –, war der Haß gegen ihn öffentlich erlaubt gewesen. Es war ungefähr so wie mit den Flüchen gegen eine feindlich gesinnte Gottheit: die Flüche nützten nichts, aber sie brachten eine gewisse Erleichterung. Doch nun teilten sich unerwartet die Wolken, und der Fürst sollte uns von Mensch zu Mensch gegenüberstehen. Man mußte also von jetzt an die Äußerungen des Abscheus gegen ihn auf den engsten Familienkreis beschränken und sich darauf vorbereiten, ihn mit gebührenden Ehren im Dorf zu empfangen.

Mein Vater war einer der wenigen, die sich dieser Logik widersetzten. Er war der jüngste einer Reihe von Brüdern, die alle kleinere Landbesitzer waren; der jüngste, derjenige, der sich am meisten Gedanken machte, und der einzige, der zur Auflehnung neigte. Eines Abends kamen die älteren Brüder zu ihm, um im Interesse aller zu Vorsicht und Klugheit zu mahnen. Für mich, um den sich niemand kümmerte, weil die Erwachsenen glauben, daß Kinder gewisse Dinge nicht verstehen, war das ein sehr lehrreicher Abend. Nachdem sie den Männern Wein gebracht hatte, zog sich meine Mutter mit den anderen Frauen ins Nebenzimmer zurück. Ich kauerte mich in eine Ecke des großen Kamins, um den die Gäste sich im Halbkreis niedergelassen hatten. Es waren große, kräftige Männer mit gemessenen, fast feierlichen Bewegungen, mit riesigen Händen und Füßen und mächtig breiten Schultern; die älteren hatten lange Bärte. Ohne Rücksicht auf ihr Alter und den Wohlstand der Familie leisteten sie weiter schwere Arbeit, gingen selbst hinter dem Pflug, führten vollbeladene Karren und beaufsichtigten das Dreschen. Die Arbeit war offenbar für sie eine physische Notwendigkeit. Sie waren fromm, aber nicht bigott; sie waren für Ordnung, aber sie waren nicht unterwürfig, und sie bewiesen in jeder Gefahr, vor einem wildgewordenen Tier, bei einer Überschwemmung oder angesichts einer Feuersbrunst stolzen Mut. Aber an diesem Abend wirkten sie verlegen.

»Die Kandidatur des Fürsten ist eine Posse«, erklärte der älteste Bruder. »Die Parlamentssitze sollten den Advokaten und ähnlichen Schwätzern vorbehalten sein. Aber da der Fürst nun einmal Kandidat ist, bleibt uns nichts anderes übrig, als für ihn zu stimmen.«

»Wenn die Kandidatur des Fürsten eine Posse ist«, antwortete mein Vater, »dann sehe ich nicht ein, warum wir ihn unterstützen sollen.«

»Weil wir, wie du weißt, immerhin zu einem Teil von ihm abhängig sind«, wurde ihm geantwortet.

»Aber nicht in der Politik«, sagte mein Vater. »Politisch sind wir frei.«

»Wir bearbeiten nicht die Politik, sondern den Boden«, bekam er zur Antwort. »Unsere Felder liegen nicht nur hier in der Höhe. Soweit wir im Fucino arbeiten, sind wir vom Fürsten abhängig.«

»In unserem Pachtvertrag für die Felder im Fucino«, sagte mein Vater, »ist nicht von Wahlen die Rede, sondern von Kartoffeln und Rüben. Als Wähler sind wir frei.«

»Auch der Verwaltung des Fucino steht es frei, unseren Vertrag nicht zu erneuern«, wurde ihm geantwortet. »Darum sind wir gezwungen, für den Fürsten zu stimmen.«

»Ich kann meine Stimme nicht einem Kandidaten geben, weil ich dazu gezwungen bin«, sagte mein Vater. »Ich müßte mich schämen.«

»Niemand wird erfahren, wie du gewählt hast«, wurde ihm geantwortet. »In der Wahlzelle bist du frei und kannst stimmen, für wen du willst. Aber während der Wahlkampagne müssen wir uns einstimmig für den Fürsten erklären.«

»Ich würde es gern tun, wenn ich mich nicht so schämen würde«, sagte mein Vater. »Aber glaubt mir, es wäre mir zu peinlich.«

Schließlich kam es zu einem Kompromiß zwischen meinem Vater und seinen Brüdern: Er versprach ihnen, sich weder für noch gegen den Fürsten zu erklären.

Die Wahlreise des Fürsten wurde von den Behörden, der Polizei und der Verwaltung des Fucino sorgfältig vorbereitet. Und endlich, an einem Sonntag, geruhte der Fürst, ohne auszusteigen oder gar eine Rede zu halten, durch die wichtigsten Orte der Gegend zu fahren. An diese denkwürdige Reise erinnert man sich in unserer Gegend noch heute, vor allem weil er sie im Auto zurücklegte und weil es das erstemal war, daß ein solches Gefährt bei uns auftauchte. Sogar das Wort Automobil gab es noch nicht in unserem Sprachschatz, die Bauern sagten statt dessen: der Wagen ohne Pferde. Man hörte seltsame Gerüchte über die unsichtbare Kraft, welche die Pferde ersetzte, über die unheimliche Geschwindigkeit des neuen Gefährts und über die verderbliche Wirkung, die die übelriechenden Dämpfe besonders auf die Weinberge ausübten. An diesem Sonntag war die ganze Bevölkerung unseres Ortes dem Fürsten auf der breiten Straße talabwärts entgegengegangen. Es gab zahlreiche sichtbare Anzeichen für die allgemeine Zuneigung und Bewunderung. Triumphbögen waren errichtet worden, und die festlich gekleidete Menge befand sich in verständlicher Aufregung. Der Wagen ohne Pferde traf mit Verspätung ein, fuhr ratternd und dröhnend an der Menge vorbei durch den Ort, ohne auch nur das Tempo zu verlangsamen, und hinterließ eine dichte weiße Staubwolke. Die Gutsbeamten des Fürsten erklärten später jedem, der es hören wollte, daß der Wagen ohne Pferde mit »Benzindampf« fahre und nur anhalten könne, wenn das Benzin verbraucht sei. »Das ist nicht so wie bei Pferden«, sagten sie. »Bei Pferden braucht man nur die Zügel anzuziehen. Aber hier gibt es keine Zügel. Habt ihr vielleicht Zügel gesehen?«

Zwei Tage später erschien auf dem Platz vor der Kirche ein merkwürdiger kleiner alter Mann aus Rom. Er trug eine Brille, ein schwarzes Spazierstöckchen und einen kleinen Koffer. Niemand kannte ihn. Er hieß Scellingo. Er erklärte, er sei Augenarzt, und die Volkspartei habe ihn als ihren Kandidaten gegen den Fürsten aufgestellt. Einige Neugierige umringten ihn, vor allem Kinder und Frauen ohne Wahlrecht. Unter den Kindern war auch ich, in kurzen Hosen und mit Schulbüchern unter dem Arm. Wir baten den alten Mann, eine Rede für uns zu halten. Aber er war kein Redner und sagte nur: »Erinnert eure Eltern daran, daß die Wahl geheim ist. Weiter nichts.« Dann fügte er hinzu: »Ich bin arm und lebe von dem, was ich als Arzt verdiene. Aber wenn jemand hier kranke Augen hat, will ich ihn gern umsonst behandeln.« Wir brachten ihm eine alte Gemüsefrau, die seit vielen Jahren kranke Augen hatte. Er wusch ihr die Augen aus, schenkte ihr ein Fläschchen mit Tropfen und erklärte ihr, wie sie anzuwenden seien. Dann sagte er noch einmal zu den Anwesenden – es war nur noch eine Gruppe von Knaben –: »Erinnert eure Eltern daran, daß die Wahl geheim ist«, und reiste weiter. Aber nach dem Empfang zu urteilen, den die festliche Menge dem Fürsten bei seiner Blitzreise bereitet hatte, war dessen Wahl so gesichert, daß die Behörden und die Verwaltung des Fucino schon im voraus ein ganzes Programm für die Feier des unausbleiblichen Sieges bekanntgaben. Mein Vater hielt sich an die Vereinbarung mit den Brüdern und vermied eine Stellungnahme für den einen oder den anderen Kandidaten. Er war ungewöhnlich schweigsam, aber es gelang ihm, als Wahlhelfer bei der Prüfung der Resultate mitzuarbeiten. Die allgemeine Überraschung war groß, als bekanntgegeben wurde, daß die überwiegende Mehrzahl der Wähler für den unbekannten Augenarzt gestimmt hatte. Es gab einen Skandal, und die Behörden sprachen von einem gemeinen Verrat. Besonders ärgerlich war es für die Verwaltung des Fucino, daß sie bei einer solchen Stimmenmehrheit nicht die Möglichkeit hatte, an einzelnen Bauern Vergeltung zu üben. (Der Fürst wurde übrigens zum Trost vom König zum Senator ernannt.)

Danach ging das Leben in der gewohnten Weise weiter. Niemand fragte sich, warum der freie Wille des Bürgers sich nur in seltenen Ausnahmefällen äußern durfte. So weit ging niemand. Aber man darf nicht glauben, daß die Furcht das größte Hindernis war. Diese Menschen waren nicht ängstlich oder schwach. Das rauhe Klima, die schwere Arbeit und das einfache Leben hatten sie abgehärtet und zäh und widerstandsfähig gemacht. Aber auf ihnen lasteten Jahrhunderte einer durch Gewalt und Betrug erzwungenen Resignation. Ihre Erfahrungen rechtfertigten den schwärzesten Pessimismus. Diese erniedrigten und beleidigten Seelen konnten lange Zeit hindurch die schlimmsten Ungerechtigkeiten über sich ergehen lassen, bis sie eines Tages in einem unerwar-

teten Ausbruch aufbegehrten. Nicht ohne Grund mußte die
öffentliche Ordnung in meinem Heimatort, der damals etwa
5000 Einwohner zählte, von zwanzig Carabinieri und einem
Leutnant aufrechterhalten werden.

4

Im ersten Weltkrieg war die Sympathie zwischen Soldaten
und Carabinieri nicht groß, da die Carabinieri im Hinter-
land Dienst machten und manche von ihnen, wie zu Recht
oder Unrecht erzählt wurde, sich außerdem allzu eifrig um
die Frauen oder Bräute der Einberufenen kümmerten. In
kleinen Orten enthalten derartige Redereien fast immer
recht deutliche persönliche Anspielungen. So geschah es
eines Abends, daß drei Soldaten, die zu einem kurzen Urlaub von der Front gekommen waren, aus Eifersucht mit
einigen Carabinieri in Streit gerieten und von ihnen verhaftet wurden. Dieses an sich lächerliche, wenn auch wenig
kameradschaftliche Vorgehen hatte eine unerhörte Ungerechtigkeit zur Folge: Der Kommandant der Carabinieri
beschloß, den Urlaub der drei Soldaten aufzuheben und sie
kurzerhand an die Front zurückzuschicken. Da ich mit einem
von ihnen (der später im Krieg gefallen ist) sehr befreundet
war, kam seine Mutter weinend zu mir, um von der Ungerechtigkeit zu erzählen, die er erleiden sollte. Der Bürgermeister, der Amtsrichter und der Pfarrer, die ich bat, sich
für meinen Freund zu verwenden, erklärten einer nach dem
anderen, sie seien nicht zuständig.
Seit ich nach dem Erdbeben allein geblieben war, wohnte
ich im Armenviertel in der übelsten Gegend des Ortes, wo
es nur einstöckige Baracken ohne jegliche hygienische Einrichtungen gab. Um dorthin zu gelangen, mußte man einen
Graben überqueren, der von den lokalen Behörden der

Tagliamento genannt wurde, nach dem Fluß, an dem damals die italienischen und die österreichischen Truppen einander gegenüberstanden. Jenseits des Grabens war also sozusagen feindliches Land. Merkwürdigerweise gefiel den Einwohnern diese scharfe Trennung, und sie fingen bald an, einige Maßnahmen zu treffen, wie sie sich für eine Kriegszone gehörten. Sie beschlossen, die Verdunkelung einzuführen, und zerschlugen mit Steinen die Laternen. So wurde es für alle, auch für die Carabinieri, gefährlich, sich nachts dem Tagliamento zu nähern. Die unwillkommenen Besucher wurden mit Steinwürfen von unsichtbarer Hand empfangen.

Als sich am Abend nach der Verhaftung der drei Soldaten von einer Baracke zur anderen die Nachricht verbreitete, daß sie am nächsten Tag an die Front zurückgeschickt werden sollten, beschlossen die Jungen, diese Grausamkeit zu verhindern. Mit anderen Worten, wir hielten es für unsere Pflicht, wieder einmal eine »Revolution« zu machen.

In unserem an politischen Ausdrücken sehr armen Dialekt wurde dieses fatale Wort für jede Art von Demonstration gebraucht, die von den Behörden nicht zugelassen war. So hatten zum Beispiel während dieses ersten Kriegsjahres schon zwei »Revolutionen« stattgefunden: die erste gegen die Stadtverwaltung, als die Brotkarten eingeführt wurden, die zweite gegen die Kirche, als man den Bischofssitz in eine andere Gemeinde verlegt hatte. Die dritte, von der ich hier berichte, ist später als »die Revolution der drei Soldaten« in die Geschichte eingegangen. Da die Soldaten zum Nachmittagszug um fünf Uhr an die Bahn gebracht werden sollten, wurde festgesetzt, daß die »Revolution« eine halbe Stunde vorher auf dem Platz vor der Kaserne ausbrechen müsse. Unglücklicherweise nahm sie einen ernsteren Verlauf, als wir beabsichtigt hatten. Es begann wie ein harmloser Scherz, denn es war nur eine kleine Gruppe von Halbwüchsigen, die die Sache ins Rollen brachte. Einer von uns stieg auf den Kirchturm und fing im richtigen Augenblick an, auf der großen Glocke mit schnellen Schlägen Sturm zu läuten, wie es bei Feuersbrünsten oder anderen Gefahren üblich war, ein zweiter blies die Trompete, mit der die Bauern zusammengerufen wurden, und einige andere gingen den Männern entgegen, die von den Feldern herbeigelaufen kamen, um ihnen zu erklären, worum es sich handelte, und sie zur Kaserne zu führen.

In wenigen Minuten hatte sich vor der Kaserne eine drohende, unruhige Menschenmenge versammelt, vorwiegend Frauen, Knaben und ältere Männer, da die jungen fast alle im Felde waren. Zuerst wurde gelärmt und geschrien, dann ging man zu Steinwürfen über, die von den im Kasernenhof versammelten Carabinieri mit Schüssen in die Luft beantwortet wurden. Das Knattern der Gewehrsalven erregte die Menge noch mehr, die Leute waren unkenntlich vor Wut und Empörung. Bis zum späten Abend dauerte die Belagerung der Kaserne. Schließlich wurden die Türen und Fenster eingedrückt, die Carabinieri ergriffen im Schutz der Dunkelheit durch Gärten und Felder die Flucht, und die drei Soldaten, an die niemand mehr dachte, kehrten unbemerkt zu ihren Familien zurück. Eine ganze Nacht lang blieben wir Jungen die unbeschränkten Herrscher des Ortes. Es war eine denkwürdige Nacht. Wir versammelten uns auf dem Hügel hinter der Kaserne in einer steinigen Lichtung mit großen Erdlöchern, voller Disteln, Ginster und Heckenrosen, ein Gelände, das uns von unseren Spielen und Kämpfen her wohl bekannt war. Die Nacht war sternklar und feierlich, und von den Bergen her brachte uns ein leichter Wind den Duft von wilden Kräutern herüber. Beim Abzählen bemerkten wir, daß einer von uns durch einen Streifschuß am Arm verletzt worden war, und anstatt an den Arzt zu denken, betrachteten wir ihn neidisch. »Wie hast du das nur gemacht?« fragten wir ihn. Er lächelte geschmeichelt und antwortete nicht, als handele es sich um ein Geheimnis. Unten im Ort war es inzwischen still geworden, die Aufregung schien verebbt, die Straßen waren menschenleer. Nur zwei oder drei Mütter beugten sich hin und wieder aus dem Fenster und riefen ihre Söhne, die noch nicht heimgekehrt waren. Sie riefen sie – so laut und lang anhaltend, wie sie nur konnten, damit es auf dem Hügel zu hören war – bei ihren Kindernamen, mit denen sie in der Familie gerufen wurden.

»Mütter sind wirklich zu dumm«, sagte einer der Gerufenen entschuldigend.

»Sie machen uns lächerlich«, fügte ein anderer hinzu.

Auf mich hatte die frische Bergluft ernüchternd gewirkt und mich zu einer weniger romantischen Auffassung der Lage und meiner Verantwortung gebracht. Die anderen bemerkten meine Zurückhaltung.

»Und was machen wir jetzt?« fragten sie mich. (Meine Autorität beruhte vor allem auf der Tatsache, daß ich Latein gelernt hatte.)

»Morgen früh«, sagte ich, »wird jedenfalls der ganze Ort von hundert und aber hundert Bewaffneten besetzt sein, von Carabinieri und Polizisten aus Avezzano und Sulmona und Acquila, vielleicht sogar aus Rom.«

»Aber bevor sie ankommen, in dieser Nacht, was machen wir da?« wollten die anderen Jungen von mir wissen.

Ich glaubte, ihre Gedanken zu erraten.

»Eine einzige Nacht genügt natürlich nicht«, sagte ich, »um eine neue Ordnung zu schaffen.«

»Aber könnten wir nicht die Gelegenheit, daß alle schlafen, dazu benutzen, den Sozialismus einzuführen?« schlugen einige Jungen vor. Sie hatten dieses Wort vor kurzem zum erstenmal gehört, ohne den Sinn zu erfassen, und sie dachten offenbar, jetzt sei alles möglich.

»Ich glaube nicht«, mußte ich ihnen antworten. »Ich glaube wirklich nicht, daß eine einzige Nacht genügt, um den Sozialismus einzuführen, auch dann nicht, wenn alle schlafen.«

»Eine einzige Nacht genügt aber, um noch einmal im eigenen Bett zu schlafen, bevor man ins Gefängnis kommt«, sagte schließlich ein anderer. Und da wir alle müde waren, wurde dieser Rat für vernünftig befunden.

Derartige Episoden mit den unvermeidlich darauf folgenden Massenverhaftungen, Prozessen, ungeheuren Gerichtskosten und Gefängnisstrafen bestärkten, wie man sich denken kann, die Bauern in ihrer mißtrauischen, hoffnungslosen passiven Haltung. Der Staat war und blieb in ihren Augen eine Erfindung des Teufels, und ein guter Christ mußte um seines Seelenheiles willen versuchen, so wenig wie möglich mit ihm in Berührung zu kommen. Der Staat, so fanden sie, ist Diebstahl, Vetternwirtschaft und Ungerechtigkeit und wird nie etwas anderes sein. Weder Gesetz noch Gewalt können daran etwas ändern. Wenn ihn manchmal die Vergeltung trifft, so ist es eine Strafe Gottes.

5

Im Jahre 1915 hatte ein heftiges Erdbeben zahlreiche Dörfer in unserer Gegend zerstört und in einer Minute etwa dreißigtausend Menschen getötet. Am meisten erstaunte mich die Selbstverständlichkeit, mit der die Bevölkerung das entsetzliche Unglück aufnahm. In einer Gegend wie der unseren, wo so viele Ungerechtigkeiten unbestraft blieben, waren die häufigen Erdbeben eine Tatsache, die keiner weiteren Erklärung bedurfte. Man mußte sich höchstens darüber wundern, daß sie nicht noch öfter auftraten. Bei einem Erdbeben starben Reiche und Arme, Gebildete und Analphabeten, Vorgesetzte und Untergebene. Bei einem Erdbeben bewirkte die Natur das, was im Gesetz mit Worten versprochen, jedoch niemals mit Taten eingehalten wurde: die Gleichheit. Eine vorübergehende Gleichheit. Wenn Furcht und Schrecken vergangen waren, gab das allgemeine Unglück Gelegenheit zu noch größeren Ungerechtigkeiten. Es ist daher nicht verwunderlich, daß den armen Leuten die Zeit danach, nämlich der Wiederaufbau durch den Staat mit seinen zahllosen Betrügereien, Diebstählen, Unterschlagungen und Intrigen aller Art, schlimmer erschien als die Naturkatastrophe selbst. Damals entstand im Volk die Überzeugung, daß, wenn einmal die Menschheit im Ernst dran glauben müßte, es nicht im Krieg oder während eines Erdbebens geschehen würde, sondern während einer Nachkriegszeit oder in der Zeit nach einem Erdbeben.

Ein mir bekannter Ingenieur, der bis vor kurzem in einem der staatlichen Büros für den Wiederaufbau gearbeitet hatte, berichtete mir eines Tages über eine Reihe von verbrecherischen Machenschaften seiner bisherigen Kollegen und belegte sie in allen Einzelheiten mit genauen Daten. Ich war sehr beeindruckt und sprach darüber mit mehreren maßgebenden Persönlichkeiten, die mir als anständige, ehrenhafte Menschen bekannt waren, um sie zu einer Anzeige zu veranlassen. Diese Männer widersprachen nicht etwa meinen Anklagen, sie waren sogar auf dem laufenden und bestätigten sie; trotzdem rieten sie mir, mich nicht in diese Angelegenheit »einzumischen«, und sagten mir mit ehrlichem Wohlwollen:

»Du mußt studieren, du mußt dir eine Position schaffen, du

darfst dich nicht wegen einer Sache kompromittieren, die dich nichts angeht.«

»Sehr gut«, sagte ich. »Es ist ja auch besser, wenn die Anzeige nicht von einem siebzehnjährigen Schüler ausgeht, sondern von erwachsenen, angesehenen Personen.«

»Wir sind doch nicht verrückt«, wurde mir geantwortet. »Wir befassen uns nur mit unseren eigenen Angelegenheiten und mit nichts anderem.«

Daraufhin sprach ich mit einigen allgemein verehrten Geistlichen und auch mit mehreren entschlossenen und mutigen Männern aus meiner Verwandtschaft. Es erwies sich, daß alle mehr oder weniger über die unerhörten Unterschlagungen im Bilde waren, aber sie beschworen mich, nicht in dieses Wespennest zu stechen, an mein Studium, an meine Karriere und an die Zukunft zu denken.

»Das werde ich gern tun«, antwortete ich, »aber ist einer von euch bereit, die Diebe anzuzeigen?«

»Wir sind doch nicht von Sinnen«, antworteten sie mir entrüstet. »Das sind Dinge, die uns nichts angehen.«

Ich begann darauf, ernsthaft darüber nachzudenken, ob es nicht angebracht sei, mit ein paar anderen jungen Leuten eine neue »Revolution« ins Werk zu setzen und die Büros in Flammen aufgehen zu lassen. Aber der junge Mann, der mir die Unterlagen für eine Anklage gegen die Ingenieure geliefert hatte, riet mir davon ab, damit die Beweise nicht vernichtet würden. Er war älter und erfahrener als ich, und er brachte mich auf den Gedanken, die Anklage schriftlich als Artikel für die Zeitung zu formulieren. Ich fragte ihn, wer denn das veröffentlichen würde. »Es gibt eine Zeitung«, erklärte er mir, »die Interesse daran haben könnte, einen solchen Artikel aufzunehmen: das Blatt der Sozialisten.« So kam es dazu, daß ich drei Artikel schrieb, die ersten meines Lebens, in denen ich mit allen Einzelheiten und Beweisen die dunklen Machenschaften der staatlich angestellten Ingenieure in unserer Provinz darlegte, und sie an die Zeitung *Avanti!* schickte. Die beiden ersten Artikel wurden sofort abgedruckt und erregten großes Aufsehen bei der Leserschaft, aber nicht das geringste bei den Behörden. Der dritte Artikel erschien nicht; wie ich später erfuhr, hatte ein namhafter sozialistischer Rechtsanwalt sich bei der Redaktion dagegen ausgesprochen. Auf diese Weise entdeckte ich, daß das System von Lügen und Betrügereien, das uns bedrückte, viel ausgedehnter war, als es den Anschein hatte, und daß seine unsichtbaren Verzweigungen bis ins Lager der führenden sozialistischen Persönlichkeiten reichten. Aber selbst die unvollständig gebliebene Anklage enthielt Material genug für mehrere Prozesse oder wenigstens für eine ministerielle Untersuchung, aber nichts dergleichen geschah. Die Ingenieure, die auf diese Weise öffentlich als Diebe angeklagt und genau belegter Straftaten beschuldigt worden waren, machten nicht einmal den Versuch einer Rechtfertigung oder einer allgemeingehaltenen Richtigstellung. Nach kurzer Zeit kehrte jeder zu seinen eigenen Angelegenheiten zurück.

Der Gymnasiast, der diese Herausforderung gewagt hatte, wurde von denen, die noch am meisten Wohlwollen aufbrachten, als ein etwas sonderlicher, impulsiver Junge angesehen. Man muß bedenken, daß die wirtschaftliche Armut der süditalienischen Provinzen den jungen Leuten, die jährlich zu Tausenden die Schule beendeten, wenig Aufstiegsmöglichkeiten bot. Unsere einzige große »Industrie« war damals der Staatsdienst. Dazu brauchte man keine ungewöhnlichen Geistesgaben, wohl aber einen fügsamen Charakter und politischen Konformismus. Die jungen Süditaliener, die unter den oben beschriebenen Verhältnissen aufwuchsen, neigten, wenn sie nur etwas Stolz und menschliches Mitgefühl hatten, naturgemäß zu Auflehnung und Anarchie. So bedeutete der Eintritt in den Staatsdienst für sie schon in jungen Jahren Verzicht, Kapitulation und eine tiefe seelische Demütigung. Daher hieß es bei uns: »Mit zwanzig Anarchist, mit dreißig konservativ«, und damit war eines der wichtigsten Fundamente der süditalienischen Gesellschaft charakterisiert.

Die Erziehung, die wir in den Schulen erhielten, sowohl in den staatlichen als auch in den privaten, war im übrigen nicht dazu angetan, den Charakter zu festigen. Ich habe fast alle Klassen des Gymnasiums in privaten katholischen Instituten durchgemacht. Der Unterricht in den humanistischen Fächern war im allgemeinen recht gut, und in allen Fragen des persönlichen Lebens wurden wir in einem sauberen, fast naiven Geist erzogen. Dagegen lag die Erziehung zum Staatsbürger ganz im argen, was zum Teil mit dem damals noch nicht beigelegten Konflikt zwischen Staat und Kirche zusammenhing. So wurde zum Beispiel der Geschichtsunterricht in einem ausgesprochen staatsfeindlichen Sinn erteilt: Das italienische Risorgimento und seine Helden Garibaldi, Cavour und Manzini wurden schlechtgemacht und verspottet, die damals vorherrschende Literatur – Carducci, Pascoli und D'Annunzio – wurde verachtet. In gewisser Hinsicht hatte dieser Unterricht auch seine Vorteile, denn er entwickelte den kritischen Geist der Schüler. Aber da die geistlichen Lehrer uns für die Prüfungen an staatlichen Schulen vorbereiten mußten und da der gute Ruf und das Gedeihen des Institutes vom Ausgang dieser Prüfungen abhing, lehrten sie uns gleichzeitig die Thesen, die ihrer eigenen Überzeugung widersprachen, und empfahlen sie uns für das Examen. Andererseits machten sich die prüfenden Lehrer der staatlichen Schulen ein Vergnügen daraus, uns über derartige umstrittene Themen zu befragen, und lobten dann voller Ironie den liberalen, vorurteilslosen Unterricht, den wir bei unseren geistlichen Lehrern erhalten hatten. Dieses Doppelspiel war so schamlos in seiner Heuchelei und Falschheit, daß es jeden jungen Menschen verwirren, ja erschüttern mußte, der seinerseits eine ehrliche Meinung hatte. Es war jedoch unvermeidlich, daß die Mehrzahl der bedauernswerten Schüler zu der Überzeugung gelangte, daß die Prüfungen und die spätere Karriere das Wichtigste in ihrem Leben seien. All meine Gebete in meiner Schulzeit schlossen mit den Worten: »Lieber Gott, hilf mir zu leben, ohne zu betrügen.« »Die Unglücklichen, die in dieser Gegend geboren werden, haben keinen Mittelweg«, sagte mir der Arzt eines benachbarten Dorfes, Dr. F. J., immer wieder. »Entweder muß man sich auflehnen, oder man macht sich mitschuldig.« Er lehnte sich auf, erklärte, er sei Anarchist und hielt den armen Leuten Vorträge im Sinne Tolstois. Der Fall erregte in der ganzen Nachbarschaft ärgerliches Aufsehen. Die Reichen haßten ihn, die Armen machten sich über ihn lustig, nur wenige bedauerten ihn im stillen. Es endete damit, daß er seine Stellung als Amtsarzt verlor und buchstäblich verhungerte. In den guten Familien zitierte man sein Schicksal als warnendes Beispiel.

»Wenn ihr nicht vernünftig werdet«, sagten die Mütter zu ihren Söhnen, »wird es euch so gehen wie dem verrückten Doktor.«

6

Der Lebensweg, den ich hier nachgezeichnet habe, ist so geradlinig, daß er konstruiert wirken muß. Ich kann nur für meine Aufrichtigkeit bürgen, nicht für Objektivität. Wenn ich mit Gleichaltrigen über die Zeit spreche, von der eben

die Rede ist, bin ich manchmal erstaunt darüber, daß sie sich
kaum oder gar nicht an gewisse Episoden erinnern, die für
mich von entscheidender Bedeutung waren, während sie
wiederum andere Dinge genau im Gedächtnis bewahrt haben, die mir beiläufig und unwichtig erscheinen. Waren
diese meine Zeitgenossen alle »mitschuldig«, ohne sich dessen bewußt zu werden? Gewiß nicht. Und auf Grund welcher schicksalhaften Bestimmung oder Gabe oder Über-
empfindlichkeit trifft man in einem bestimmten Alter die
Entscheidung und wird ein »Rebell«? Wählen wir, oder
werden wir gewählt? Woher kommt es, daß es für einige
Menschen wirklich unmöglich ist, sich mit der Ungerechtigkeit abzufinden, auch wenn es andere sind, die davon betroffen werden? Woher kommt das plötzliche Schuldgefühl,
wenn sie sich gerade an einen reich gedeckten Tisch setzen,
während die Leute im Nachbarhaus nichts zu essen haben?
Und der Stolz, der Verfolgung leichter erträgt als Selbst-
verachtung? Wahrscheinlich kann niemand diese Fragen
beantworten. Selbst die aufrichtigste Beichte wird an einem
gewissen Punkt zur bloßen Beschreibung oder Feststellung
und gibt keine Antwort. Jeder, der sich ernsthaft darüber
Gedanken gemacht hat, weiß, wie geheimnisvoll bestimmte
Entscheidungen im verborgenen reifen. Es gab in meiner
Rebellion einen Punkt, in dem die Ablehnung und die Liebe
zusammenwirkten: Sowohl die Tatsachen, die meine Empörung veranlaßten, als auch die moralischen Beweggründe,
die sie rechtfertigten, hingen mit meiner engsten Heimat
zusammen. Der Schritt von der Resignation zur Revolte war
kurz: Man brauchte nur die Grundsätze, die für das Privatleben galten, auf die Gesellschaft anzuwenden. Damit er-
kläre ich mir, daß sich alles, was ich bisher geschrieben habe,
und wahrscheinlich auch alles, was ich noch schreiben werde,
obwohl ich viele Reisen gemacht und lange im Ausland ge-

lebt habe, nur auf das kleine Stück meiner Heimat bezieht, das man von dem Haus überblicken konnte, in dem ich geboren bin.

Es ist eine Gegend, die wie die übrigen Abruzzen wenig bürgerliche Geschichte erlebt hat und fast ausschließlich vom Christentum und vom Mittelalter geprägt wurde, eine Gegend, in der es außer Kirchen und Klöstern keine anderen nennenswerten Monumente gibt. Durch viele Jahrhunderte hat sie keine anderen berühmten Söhne gehabt als Heilige und Steinmetze. Die Lebensbedingungen haben es dem Menschen dort immer besonders schwer gemacht, das Leiden ist dort immer als eine Naturnotwendigkeit aufgefaßt worden, und in diesem Sinn wurde das Kreuz angenommen und verehrt. Wenn geistig rege Menschen sich gegen das Schicksal auflehnten, so führte die Rebellion in unserem Lande immer zur Anarchie oder zum Franziskanertum. Unter der Asche des Skeptizismus ist bei denen, die am meisten zu leiden haben, die uralte Hoffnung auf *Das Reich*, in dem die Barmherzigkeit den Platz des Gesetzes einnimmt, der alte Traum des Gioacchino da Fiore, der Spiritualisten, der Coelestiner nie ganz erloschen. Das ist eine Tatsache von grundlegender Bedeutung, die bisher nicht genügend beachtet wurde. In einem enttäuschten, erschöpften, müden Land wie dem unseren ist mir diese Tatsache immer als echter Reichtum erschienen, als wunderbare Reserve. Die Politiker wissen nichts davon, die Geistlichen fürchten sie, vielleicht könnte nur ein Heiliger sie fruchtbar machen. Viel schwieriger, wenn nicht unmöglich, ist es immer für uns gewesen, uns den Geist einer politischen Revolution zu eigen zu machen, deren Ziel es ist, hier und jetzt freie und gesunde Staatsformen zu schaffen.

Das sah ich ein, als ich nach meiner Übersiedlung nach Rom

zum erstenmal mit der revolutionären Arbeiterbewegung in
Berührung kam. Es wurde für mich eine Art Flucht, ein
Notausgang aus unerträglicher Einsamkeit, ein Ruf »Land!
Land!«, die Entdeckung eines neuen Kontinents. Aber es
war nicht leicht, das Gefühl der Auflehnung gegen eine alte,
untragbare soziale Wirklichkeit mit den »wissenschaftlichen« Forderungen einer genau festgelegten politischen
Doktrin in Einklang zu bringen. Ich war mir darüber im
klaren, daß der Eintritt in die Partei der proletarischen Revolution nicht mit der Beitrittserklärung in eine beliebige
andere Partei zu vergleichen war. Für mich wie für viele
andere war es eine Bekehrung, ein bedingungsloser Einsatz,
der eine bestimmte Art zu denken und zu leben in sich schloß.
Sich zum Sozialismus oder Kommunismus zu bekennen bedeutete damals noch, daß man sich in Gefahr begab, mit
Freunden und Verwandten brach, keine Arbeit fand. Die
materiellen Folgen waren also vernichtend und die Schwierigkeiten der geistigen Anpassung nicht minder schmerzhaft.
Die eigene innere Welt, das ererbte, noch in mir verankerte
»Mittelalter«, von dem der ursprüngliche Impuls zur Revolte ausgegangen war, wurde wie von einem Erdbeben bis
auf den Grund erschüttert. Alles wurde in Frage gestellt,
alles wurde zu einem Problem. Im Augenblick des Bruches
fühlte ich, wie sehr ich mit allen Fasern meines Seins an
Christus gebunden war. Ich gestattete mir aber keinerlei
gedankliche Einschränkung. Das kleine Lämpchen vor dem
Tabernakel meiner liebsten Träume wurde von einem
eisigen Windhauch ausgelöscht. Begriffe wie Leben, Tod,
Liebe, Wahrheit, Gut und Böse veränderten ihren Sinn oder
verloren ihn ganz. Dennoch schien es leicht, allen Gefahren
zu trotzen, denn man war nicht mehr allein im Kampf. Aber
wer kann beschreiben, was der halbverhungerte Junge aus
der Provinz in der großen Stadt in seiner elenden Kammer

durchmachte, als er den Glauben an die Unsterblichkeit der Seele endgültig aufgeben mußte. Das war zu ernst, als daß man mit irgend jemand darüber hätte sprechen können. Die Genossen in der Partei hätten vielleicht gelacht, und die alten Freunde waren nicht mehr da. So veränderte sich, von allen unbemerkt, die Welt.

7

Die Eroberung des Staates durch den Faschismus brachte den Kommunisten sehr harte Lebensbedingungen, die aber auch ein Prüfstein für einige ihrer politischen Thesen waren und ihnen Gelegenheit gaben, eine Organisation zu schaffen, die ihrer Mentalität sehr entgegenkam. So richtete auch ich mich darauf ein, als Fremder im Vaterlande zu leben. Man mußte einen anderen Namen annehmen, jede Verbindung mit der Familie und alle früheren Gewohnheiten aufgeben, den ständigen Wohnsitz in eine noch nie besuchte Provinz verlegen und ein Scheindasein führen, um jeden Verdacht einer konspiratorischen Betätigung abzuwenden. Die Partei wurde für uns Familie, Schule, Kirche und Kaserne; die übrige Welt war dafür reif, zerstört zu werden. Der psychologische Mechanismus der fortschreitenden Identifizierung des einzelnen aktiven Kommunisten mit dem kollektiven Organismus ist bekannt. Es ist derselbe, durch den einige religiöse Orden und gewisse Militärschulen fast die gleichen Resultate erzielen.

Die Bindung an die Partei wurde immer fester, nicht trotz, sondern *wegen* der Gefahren und Opfer, die sie mit sich brachte. Das erklärt auch die Anziehungskraft, die der Kommunismus auf viele junge Menschen ausübt und eine ganze Reihe von älteren Personen, denen das Ergehen ihrer Mitmenschen ehrlich am Herzen liegt und die unter dem ziellosen Leerlauf der bürgerlichen Gesellschaft leiden. Wer heute der Meinung ist, dem Kommunismus die ernsthaften, wirklich interessierten jungen Leute »abwerben« zu können, indem er sie auffordert, in gut geheizten Räumen Billard zu spielen, hat eine allzu geringe Meinung von der menschlichen Natur; allerdings sind die Mitglieder einer Massenpartei natürlich nicht mit denen einer Geheimorganisation zu vergleichen.

Es ist nicht verwunderlich, daß die ersten politischen Krisen der Kommunistischen Internationale mich wenig berührten. Sie waren dadurch entstanden, daß die Parteien, welche die neue Internationale bildeten, auch nach der formellen Annahme der berühmten 21 Punkte, die Lenin als Bedingung für die Aufnahme formuliert hatte, keineswegs homogen waren. Sie stimmten überein in der Ablehnung des imperialistischen Krieges und seiner Folgen und in der Kritik an den reformistischen Konzessionen der zweiten Internationale, aber im übrigen spiegelten sie den unterschiedlichen Entwicklungsstand ihrer Länder. Es gab daher erhebliche Meinungsverschiedenheiten zwischen den Linkssozialisten der westlichen Staaten und den russischen Bolschewisten, die aus einem Lande ohne politische Freiheit und mit wenig differenziertem gesellschaftlichen Leben kamen, und die Geschichte der Kommunistischen Internationale wurde zu einer Geschichte der Intrigen und der Anmaßung der herrschenden russischen Gruppe gegenüber jeder unabhängigen Regung der nichtrussischen Parteigruppen. So sahen sich, eine nach der anderen, zahlreiche Gruppen gezwungen, mit der Kommunistischen Internationale zu brechen, unter anderem die Gruppen, die an der parlamentarischen Tradition festhielten (Frossard), die Gruppen, die legal bleiben wollten und über jedes »Putschabenteuer« empört waren (Paul

Levi), die anarchistischen Elemente, die ihre Illusionen über die russische Demokratie verloren hatten (Roland-Holst), die revolutionären Gewerkschaftler, die es ablehnten, die Gewerkschaften der kommunistischen Partei zu unterstellen (Pierre Monatte, Andrés Nin), die Gruppen, die an der Zusammenarbeit mit den Sozialdemokraten festhielten (Brandler, Bringolf, Tasca), und die extreme Linke, die opportunistische Abweichungen mißbilligte (Bordiga, Ruth Fischer, Boris Suwarin). Diese internen Krisen entstanden und entwickelten sich in einem fernen Bereich, zu dem die meisten von uns keinen Zutritt hatten, und wir wurden daher nicht mit hineingezogen. Die zunehmende tyrannische und bürokratische Entartung der Internationale erweckte auch bei mir Widerwillen und Ablehnung, aber es gab wirksame Gründe, die mich veranlaßten, einen Bruch hinauszuschieben: das Solidaritätsgefühl mit den toten und gefangenen Kampfgenossen, das Fehlen einer anderen antifaschistischen Organisation in Italien, das politische und in manchen Fällen auch moralische Absinken mehrerer früherer Genossen, die aus der kommunistischen Partei ausgetreten waren, schließlich die Illusion einer Sanierung der Internationale mit Hilfe des westlichen Proletariats im Fall einer internen Krise des Sowjetregimes.

In den Jahren 1921 bis 1927 hatte ich mehrmals Gelegenheit, nach Moskau zu reisen, um als Mitglied italienischer kommunistischer Delegationen an Kongressen und Besprechungen teilzunehmen. Was mir bei den russischen Kommunisten auffiel, auch bei so außergewöhnlichen Persönlichkeiten wie Lenin und Trotzki, war ihr absolutes Unvermögen, mit einem Minimum an Loyalität über Ansichten zu diskutieren, die nicht den ihrigen entsprachen. Durch die bloße Tatsache, daß man ihnen zu widersprechen wagte, war man zum Opportunisten oder zum Verräter gestempelt. Einen Gegner aus ehrlicher Überzeugung konnten die russischen Kommunisten sich nicht vorstellen. Bei diesen angeblich materialistischen und rationalistischen Polemikern wirkte es als eine merkwürdige Verirrung, daß die Doktrin vor jeglicher kritischer Intelligenz den Vorrang hatte. Es ist mit Recht gesagt worden, daß man bis zu den Ketzerprozessen zurückgehen müsse, um einen solchen Grad von Verblendung wiederzufinden.

Als ich im Jahre 1922 Moskau verließ, sagte Alexandra Kollontai beim Abschied lachend zu mir: »Wenn du in der Zeitung liest, daß Lenin mich hat verhaften lassen, weil ich im Kreml silberne Löffel gestohlen habe, so bedeutet das einfach, daß ich in Problemen der Agrarpolitik oder der Industrialisierung nicht ganz derselben Ansicht war wie er.« Die Kollontai hatte im Westen Sinn für Ironie entwickelt, und im Gespräch mit Menschen aus dem Westen machte sie davon Gebrauch. Aber wie schwierig war es schon damals, in den fieberhaften Jahren, als der neue Staat im Entstehen war und die neue Orthodoxie sich noch nicht des ganzen kulturellen Lebens bemächtigt hatte, mit einem russischen Kommunisten über die einfachsten Fragen zu sprechen. Wie schwierig war es, nicht etwa sich zu einigen, sondern auch nur auf gemeinsamer Basis darüber zu diskutieren, was zum Beispiel für einen westlichen Menschen, auch für einen Arbeiter, die Freiheit bedeutet. Ich erinnere mich, daß ich einmal in einem stundenlangen Gespräch versuchte, der Leiterin einer Abteilung des Staatsverlages klarzumachen, wie unfrei und bedrückend die Atmosphäre war, in der die russischen Schriftsteller arbeiten mußten. Es war ihr nicht möglich zu begreifen, was ich meinte.

»Freiheit«, so mußte ich erläutern, »bedeutet die Möglichkeit zu zweifeln, die Möglichkeit sich zu irren, zu suchen, zu experimentieren, nein zu sagen, jeder Autorität gegenüber, sei sie literarischer, philosophischer, religiöser, sozialer oder auch politischer Art.«

»Aber das ist ja die Gegenrevolution«, murmelte die hohe Beamtin der sowjetischen Kulturbehörde ganz entsetzt. Und dann fügte sie hinzu: »Wir sind glücklich, daß wir nicht eure Freiheit haben. Wir haben statt dessen Sanatorien.«

Als ich ihr zu bedenken gab, daß der Ausdruck »statt dessen« keinen Sinn habe, da die Freiheit kein Tauschartikel sei, und daß ich Sanatorien schon in anderen Ländern gesehen hätte, lachte sie mir ins Gesicht. »Sie sind heute zum Scherzen auf- gelegt«, sagte sie, und ich war so gerührt über ihre gläubige Einfalt, daß ich ihr nicht mehr widersprach. Es gibt keine schlimmere Sklaverei als die, von der man selbst nichts weiß.

Der Enthusiasmus der russischen Jugend in jenen ersten Jahren der Erschaffung einer neuen Welt, von der alle hoff- ten, daß sie menschlicher sein würde als die alte, war wirk- lich ein bewegendes Schauspiel. Und wie bitter war die Ent- täuschung, als im Laufe der Jahre, während das neue Re- gime sich festigte, die Wirtschaft Fortschritte machte und die bewaffneten Angriffe von außen aufhörten, die anfangs versprochene Demokratisierung ausblieb und die Diktatur immer mehr zur Unterdrückung wurde.

Einer meiner besten Freunde, der Führer der russischen kommunistischen Jugend, Lazar Schatzki, vertraute mir eines Abends an, wie sehr er bedauerte, daß er zu spät ge- boren sei, um an der Revolution von 1905 oder der von 1917 teilgenommen zu haben.

»Es wird noch mehr Revolutionen geben«, antwortete ich ihm. »Revolutionen werden immer wieder notwendig sein, auch hier in Rußland.« Wir befanden uns auf dem Roten Platz, nicht weit vom Lenin-Mausoleum.

»Was für welche?« fragte er. »Und wie lange werden wir noch darauf warten müssen?«

Ich wies auf das Mausoleum, an dem wir jeden Tag endlose Prozessionen armer zerlumpter Bauern langsam vorbeiziehen sahen.

»Ich nehme an, daß du Lenin verehrt hast«, sagte ich. »Auch ich habe ihn gekannt und habe einen starken Eindruck von ihm bewahrt. Du mußt aber zugeben, daß dieser abergläubische Kult, den man mit seiner Mumie treibt, eine Beleidigung seines Andenkens und eine Schande für eine revolutionäre Stadt wie Moskau ist.«

Ich schlug ihm kurzerhand vor, uns einige Kanister Benzin zu besorgen, auf eigene Faust eine kleine »Revolution« zu veranstalten und das Mausoleum anzuzünden, das damals noch aus Holz war. Ehrlich gesagt hatte ich nicht erwartet, daß er meinen Vorschlag ohne weiteres annehmen würde, aber ich dachte doch, daß er wenigstens lachen würde und begreifen, was ich mit der Behauptung, Revolutionen seien immer notwendig, gemeint hatte.

Statt dessen wurde mein armer Freund von einem panischen Schrecken befallen und fing an zu zittern wie Espenlaub. Er bat mich, nie wieder so etwas Schreckliches zu sagen, nicht vor ihm und erst recht nicht vor anderen Menschen. (Zehn Jahre später wurde er als Anhänger Sinowjews verfolgt und nahm sich das Leben, indem er sich aus dem fünften Stock seines Hauses stürzte.) Es ist eine seltsame Sache mit dem Gedächtnis: Ich habe auf dem Roten Platz gewaltige Aufmärsche von Volk und Militär gesehen, aber die Erinnerung an die Bestürzung meines jungen Freundes, der ein so tragisches Ende fand, und an seine angsterfüllte Stimme ist stärker als jedes andere Bild. Und vielleicht ist dieses Erlebnis auch objektiv von größerer Bedeutung.

8

Einer der wenigen Menschen, mit denen ich offen zu sprechen wagte, war Anatol Lunatscharski, der bekanntlich seit
der Gründung des neuen Staates das Amt des Volkskommis-
sars für Unterrichtswesen und Kultur innehatte. Unser erstes
Zusammentreffen war auf ungewöhnliche Weise zustande
gekommen, als ich in einem Moskauer Theater einen Vor-
trag hielt, den er wegen seiner guten italienischen Sprach-
kenntnisse zu übersetzen hatte. Es war für mich immer ein
Gewinn, mich mit ihm zu unterhalten, nicht nur weil er ein
so ausgezeichneter Kenner unserer Sprache und Kultur war,
sondern auch, weil er entscheidende Jahre außerhalb des into-
leranten, engen Kreises um Lenin in der Emigration verbracht
hatte, was sich unter anderem in seiner herzlichen, aufge-
schlossenen, geradezu westlichen Diskussionsweise offenbarte.
»Machen Sie uns nicht zum Sündenbock für unsere Geschichte«, sagte er eines Tages, als ich mich über die geistige
Beschränktheit seiner Beamten beklagte.
»Wir sind nicht nur auf technischem Gebiet hinter euch
zurückgeblieben. Wir müssen mit den Kräften der proletarischen Revolution nicht nur die industrielle Revolution
durchführen, die im Westen vom Bürgertum gemacht worden ist, sondern das russische Volk muß mit unserer Hilfe
auch die geistige Entwicklung nachholen, die es hier nicht
gegeben hat. Wir haben keinen Machiavelli gehabt, wir
haben keinen Galilei gehabt, keinen Giordano Bruno und
keinen Beccaria, um nur von den Italienern zu reden. Und
um sie zu ›haben‹, genügt es nicht, ihre Schriften ins Russische zu übersetzen.«
»Dann verstehe ich nicht«, erlaubte ich mir zu erwidern, »warum die Komintern gewisse Personen, die selbst noch viel zu
lernen hätten, nach Italien schickt, damit sie uns belehren.«

Lunatscharski unterbrach mich.

»Das geht Gregor Sinowjew an«, sagte er und ging zu einem anderen Thema über.

Es wird nicht leicht sein, die Geschichte der Kommunistischen Internationale zu schreiben, und ohne Zweifel wäre es noch verfrüht. Wie soll man in den Kongreßakten, in denen die endlosen Diskussionen aufgezeichnet sind, das Unwichtige vom Wesentlichen unterscheiden? Welche Teile soll man in den Archiven der Kritik der Mäuse überlassen, und welche soll man intelligenten Menschen, die die Zusammenhänge verstehen wollen, zum Studium empfehlen? Ich könnte es nicht sagen, und ich gebe ohne weiteres zu, daß das persönliche Empfinden nicht immer mit dem Urteil der Geschichte übereinstimmt. Manches, was mir unauslöschlich in Erinnerung geblieben ist, mag anderen nur als ein kurioser Vorfall erschienen sein.

In einer Sonderkommission der Exekutive wurde eines Tages über ein Ultimatum diskutiert, in dem die Leitung der englischen *Trade Unions* den lokalen Sektionen mit Ausschluß drohte, wenn sie sich der von Kommunisten geleiteten Minderheitsbewegung anschließen würden. Nachdem der Vertreter der Englischen Kommunistischen Partei dargelegt hatte, wie ernst das Dilemma war – denn eine Annahme des Ultimatums würde zur Auflösung der Minderheitsbewegung führen und eine Zurückweisung zum Austritt der kommunistischen Gruppen aus den Trade Unions –, schlug der russische Delegierte Piatnitzky eine Lösung vor, die ihm so einleuchtend erschien wie das Ei des Kolumbus.

»Die Sektionen«, sagte er, »sollen erklären, daß sie sich der geforderten Disziplin unterwerfen, und in der Praxis genau das Gegenteil tun.«

Der englische Kommunist unterbrach ihn.

»Aber das wäre eine Lüge«, sagte er.

Ein schallendes Gelächter beantwortete diese naive Bemerkung, ein offenes, herzliches, nicht enden wollendes Gelächter, wie es die düsteren Büroräume der Internationale sicher noch nie gehört hatten, ein Gelächter, das sich in Windeseile durch ganz Moskau fortsetzte, denn die erheiternde, unglaubliche Antwort des Engländers wurde sofort an die wichtigsten staatlichen Stellen und Stalin selbst telephonisch weitergegeben und löste, wie wir später erfuhren, überall neue Wellen der Heiterkeit und des Erstaunens aus.

»Wenn man ein Regime beurteilen will«, sagte Togliatti, mit dem ich zusammen war, »ist es sehr wichtig zu wissen, worüber die führenden Leute lachen.«

Wie schon erwähnt, bin ich nur selten in Moskau gewesen und immer nur als Mitglied der italienischen Delegation. Ich habe nie zum Apparat der Kommunistischen Internationale gehört, aber ich habe ihren raschen Verfall an der Veränderung beobachten können, die mit mehreren mir bekannten Personen vor sich ging. Ein charakteristisches Beispiel dafür war der Franzose Jacques Doriot. Als ich ihm 1921 in Moskau zum erstenmal begegnete, war er noch ein bescheidener, begeisterungsfähiger junger Arbeiter voll guten Willens. Er wurde wegen seiner Lenkbarkeit und seiner gutmütigen Art für den internationalen Apparat geeigneter befunden als andere junge französische Kommunisten, die intelligenter und gebildeter, aber auch eigenwilliger waren. Doriot erfüllte alle Erwartungen. Von Jahr zu Jahr wurde er mehr zu einer Autorität unter den Funktionären des internationalen Kommunismus, und von Jahr zu Jahr fand ich, daß er sich zu seinem Nachteil veränderte, immer zynischer, skrupelloser und in seinen politischen Ansichten über Menschen und Staat immer »faschistischer« wurde.

Wenn ich einen verständlichen Widerwillen überwinden und eine Biographie über Doriot schreiben würde, müßte mein Thema heißen: »Wie man bei der Arbeit für die kommunistische Bewegung zum Faschisten werden kann.« Im Jahre 1927 traf ich Doriot in Moskau, als er gerade von einer politischen Mission aus China zurückgekehrt war. Er gab einigen Freunden und mir einen besorgniserrregenden Bericht über die Fehler, die die Internationale und der russische Staat im Osten begangen hatten; aber am Tag darauf in der Plenarsitzung der Exekutive behauptete er mit großem Nachdruck das Gegenteil. Wir waren sehr betroffen. »Das war ein Akt politischer Klugheit«, erklärte er uns nach der Sitzung mit überlegenem Lächeln. Sein Fall verdient es, erwähnt zu werden, weil er keineswegs allein steht. Die internen Angelegenheiten des französischen Kommunismus führten später dazu, daß Doriot sein Amt bei der Internationale aufgab und Gelegenheit hatte, sich als der Abenteurer zu erweisen, der er mittlerweile geworden war, aber viele andere, die sich in nichts von ihm unterschieden, sind in leitenden Stellen der Kommunistischen Partei geblieben. Auf diese Beispiele von Doppelzüngigkeit und Demoralisierung in den Reihen der Internationale und auf die immer drückender werdende Atmosphäre voller Intrigen und Betrügereien spielte Togliatti an, als er in seiner Rede vor dem V. Kongreß der Internationale mit den Worten des sterbenden Goethe schloß: »Licht, mehr Licht.«

Die Internationale hatte nicht nur unter den Gegensätzen zwischen den heterogenen Elementen zu leiden, aus denen sie zusammengesetzt war, sondern auch darunter, daß sich alle Schwierigkeiten des Sowjetstaates unmittelbar auf sie auswirkten. Nach Lenins Tod erwies es sich, daß der Sowjetstaat dem Schicksal nicht entgehen würde, das offenbar jeder Diktatur beschieden ist: der schrittweisen Ein-

engung des Personenkreises, der die politische Macht ausübt oder zumindest kontrolliert. Die Russische Kommunistische Partei, die alle konkurrierenden Parteien unterdrückt
und jede Möglichkeit einer Diskussion über allgemeine politische Probleme in den Sowjetversammlungen unmöglich gemacht hatte, geriet nun selbst in einen Ausnahmezustand: der
politische Wille ihrer Mitglieder wurde immer mehr durch
den des Apparates ersetzt. Von diesem Augenblick an mußte
jede Meinungsverschiedenheit innerhalb der führenden
Gruppe mit der physischen Vernichtung der Minderheit
durch den Staat enden. Die Revolution, die ihre Gegner vernichtet hatte, fing an, ihre liebsten Kinder zu verschlingen.
Die blutdürstigen Götter gaben keine Ruhe mehr. Der
optimistische Ausspruch von Marx über das natürliche Zu-
rücktreten und Dahinschwinden des Staates in der sozialistischen Gesellschaft erwies sich als eine fromme Illusion.

9

Im Mai 1927 nahm ich als Vertreter der Italienischen Kommunistischen Partei zusammen mit Togliatti an einer außer-
ordentlichen Sitzung der erweiterten Exekutive der Internationale teil. Togliatti kam aus Paris, wo er der emigrierten
Parteileitung vorstand, ich aus Italien, wo ich die innere
Organisation leitete. Wir trafen uns in Berlin und reisten
zusammen weiter nach Moskau. Die Sitzung war angeblich
einberufen worden, um über die Richtlinien für den Kampf
gegen den bevorstehenden imperialistischen Krieg zu beraten, in Wirklichkeit aber, um Trotzki und Sinowjew zu
»liquidieren«, die noch Mitglieder der internationalen Exekutive waren. Wie gewöhnlich wurden, um Überraschungen
zu vermeiden, die Plenarsitzungen in allen Einzelheiten von
dem sogenannten Seniorenkonvent vorbereitet, der sich aus

den Führern der wichtigsten Delegationen zusammensetzte. Togliatti bestand darauf, daß ich ihn zu diesen Sitzungen im kleinen Kreise begleitete. Eigentlich war er der einzige Italiener, der das Recht hatte, daran teilzunehmen, aber im Hinblick auf die Schwierigkeiten, die jederzeit auftauchen konnten, lag ihm an der Unterstützung durch den Vertreter der Geheimorganisation. Als wir zu der ersten Sitzung kamen, hatten wir den Eindruck, uns verspätet zu haben. Sie fand in einem kleinen Saal im Hauptgebäude der Kommunistischen Internationale statt. Der deutsche Kommunistenführer Ernst Thälmann hatte den Vorsitz. Er begann sofort eine Resolution gegen Trotzki zu verlesen, die in der Plenarsitzung vorgelegt werden sollte. In den schärfsten Ausdrükken wurde ein Schreiben verurteilt, das Trotzki an das Politbüro der Russischen Kommunistischen Partei gerichtet hatte. In dieser Sitzung des Seniorenkonvents bestand die russische Delegation, was sehr ungewöhnlich war, aus Stalin, Rykow, Bucharin und Manuilski. Nachdem Thälmann die Resolution zu Ende gelesen hatte, fragte er uns, ob wir mit dem Entwurf einverstanden seien. Der Finne Ottmar Kuusinen, der »Quisling« des Jahres 1941, fand ihn nicht scharf genug. »Man muß es offen aussprechen«, sagte er, »daß Trotzkis Schreiben an das Politbüro einen deutlich kontrarevolutionären Charakter hat und klar beweist, daß den Verfasser nichts mehr mit der Arbeiterklasse verbindet.«
Da nach ihm niemand mehr ums Wort bat, tat ich es, nachdem ich mich mit Togliatti verständigt hatte. Ich sagte, ich sei zu meinem Bedauern zu spät gekommen und habe daher nicht die Möglichkeit gehabt, das Dokument einzusehen, über das wir urteilen sollten.
»Wir kennen das Dokument auch nicht«, erklärte Thälmann, ohne mit der Wimper zu zucken.
Obwohl diese Antwort mehr als eindeutig war, traute ich

meinen Ohren nicht und brachte meinen Einwurf mit anderen Worten noch einmal vor.

»Es ist sehr wohl möglich«, sagte ich, »daß das Schreiben von Trotzki verdammenswert ist, aber schließlich können wir es nicht verdammen, ohne es gelesen zu haben.«

»Auch wir«, wiederholte Thälmann, »haben es nicht gelesen und ebensowenig die meisten der hier anwesenden Delegierten, mit Ausnahme der russischen Delegation.«

Thälmann sprach deutsch, und was er sagte, wurde für Stalin ins Russische und für einige von uns ins Französische übersetzt. Ich fand die mir übersetzte Antwort so unglaublich, daß ich die Schuld beim Dolmetscher suchte.

»Es ist unmöglich, daß Thälmann sich so ausgedrückt hat«, sagte ich. »Ich muß dich bitten, mir Wort für Wort zu wiederholen, was er gesagt hat.«

An diesem Punkt griff Stalin ein. Er hatte stehend zugehört und wirkte als einziger von allen Anwesenden ruhig und unbekümmert.

»Das Politbüro der Partei«, sagte Stalin, »hat es nicht für zweckmäßig erachtet, das Dokument zu übersetzen und unter die Delegierten der internationalen Exekutive zu verteilen, weil es Anspielungen auf die Politik des Sowjetstaates in China enthält.«

(Stalin sagte nicht die Wahrheit. Das geheimnisvolle Dokument wurde später von Trotzki selbst im Ausland veröffentlicht, in einer kleinen Schrift, die den Titel *Probleme der chinesischen Revolution* trug. Wie jeder noch heute feststellen kann, enthielt das Dokument keinerlei Staatsgeheimnisse, es war allerdings eine scharfe Kritik an der Politik, die Stalin und die Komintern in China verfolgt hatten. Tatsächlich hatte Stalin in einer Rede vor dem Sowjet am 5. April 1927 Tschiang Kai-schek gerühmt und der Kuomintang sein Vertrauen ausgesprochen, und das knapp eine Woche vor der berühmten antikommunistischen Schwenkung des national-chinesischen Führers und seiner Partei, nach der die Kommunisten plötzlich aus der Kuomintang ausgeschlossen und Zehntausende ihrer Anhänger in Schanghai und Wohan getötet worden waren. Es ist also verständlich, daß Stalin eine Debatte über seinen Fehler vermeiden wollte und die Staatsraison vorschob.)

Thälmann fragte mich, ob mir Stalins Erklärung genüge.

»Ich bestreite nicht, daß das Politbüro der Russischen Kommunistischen Partei das Recht hat, jedes beliebige Dokument geheimzuhalten«, sagte ich. »Aber ich verstehe nicht, daß wir aufgefordert werden können, ein uns unbekanntes Dokument zu verurteilen.«

Die Empörung gegen mich und gegen Togliatti, der meinen Worten zustimmte, kannte keine Grenzen, besonders von seiten des schon erwähnten Finnen und einiger Bulgaren und Ungarn.

»Es ist unerhört«, schrie Kuusinen, feuerrot im Gesicht, »daß wir hier, in der Hochburg der Weltrevolution, noch solche Kleinbürger unter uns dulden müssen.«

Er sprach das Wort »Kleinbürger« mit einem sehr komischen, verächtlichen und angeekelten Gesichtsausdruck aus. Der einzige, der ruhig und unerschüttert blieb, war Stalin.

»Wenn auch nur ein einziger Delegierter den Resolutionsentwurf ablehnt, darf und wird er nicht vorgelegt werden«, sagte er und fügte noch hinzu: »Vielleicht sind die italienischen Genossen nicht ganz auf dem laufenden über unsere interne Lage. Ich schlage vor, die Sitzung auf morgen zu vertagen und einen der Anwesenden zu beauftragen, den heutigen Abend mit den italienischen Genossen zu verbringen und ihnen unsere Lage zu erklären.«

Der Bulgare Wasil Kolaroff mußte die undankbare Aufgabe übernehmen und entledigte sich ihrer mit gutmütiger

Freundlichkeit. Er lud uns ein, am Abend auf seinem Zimmer im Hotel Lux ein Glas Tee mit ihm zu trinken, und nahm das heikle Thema ohne Umschweife sofort in Angriff. »Wir wollen klar und deutlich reden«, sagte er lächelnd. »Ihr glaubt vielleicht, daß ich das Dokument gelesen habe? Keine Spur. Soll ich euch die Wahrheit sagen? Es interessiert mich nicht einmal. Soll ich euch noch mehr sagen? Wenn Trotzki mir heimlich eine Abschrift schicken würde, so würde ich mich weigern, sie zu lesen. Meine lieben Freunde, hier handelt es sich nicht um Dokumente. Ich weiß wohl, daß Italien das klassische Land der Akademien ist, aber hier sind wir nicht in einer Akademie. Wir sind hier mitten in einem Machtkampf zwischen zwei rivalisierenden Gruppen innerhalb der russischen Führung. Zu welcher Gruppe wollen wir uns halten? Das ist die Frage. Mit Dokumenten hat das nichts zu tun. Es handelt sich nicht darum, die historische Wahrheit über die gescheiterte chinesische Revolution zu finden. Es handelt sich um den Machtkampf zweier unversöhnlicher Gruppen. Man muß sich entscheiden. Ich für meine Person habe mich schon entschieden. Was auch die Minderheit sagen oder tun mag, ich bin für die Gruppe, die in der Mehrheit ist.«

Er goß Tee ein und sah uns an, wie etwa ein Lehrer zwei unartige Schüler ansehen könnte.

»Habe ich mich klar ausgedrückt?« fragte er, zu mir gewandt.

»Gewiß«, antwortete ich. »Sehr klar.«

»Habe ich dich überzeugt?« fragte er.

»Nein«, antwortete ich.

»Warum denn nicht?« wollte er wissen.

»Ich müßte dir erklären«, sagte ich, »warum ich gegen den Faschismus bin.«

Kolaroff tat so, als sei er empört, während Togliatti seine

Meinung maßvoller, aber nicht weniger entschieden aus-
drückte.

»Man kann sich nicht von vornherein für die Mehrheit oder
für die Minderheit aussprechen«, sagte Togliatti. »Man darf
das zugrunde liegende politische Problem doch nicht einfach
ignorieren.«

Kolaroff hörte ihn mit einem gutmütigen, mitleidigen Lächeln an.

»Ihr seid noch zu jung«, sagte er, als er uns hinausbegleitete.
»Ihr habt noch nicht begriffen, was Politik ist.«

Am nächsten Morgen wiederholte sich im Seniorenkonvent
die Szene vom Vortage. In dem kleinen Raum, in dem wir,
etwa zwölf Personen, dicht nebeneinander saßen, herrschte
eine ungewöhnliche Nervosität. Die russische Delegation
war wieder vollzählig erschienen.

»Hast du den italienischen Genossen erklärt, worum es sich
handelt?« fragte Stalin den Bulgaren.

»In aller Ausführlichkeit«, versicherte Kolaroff.

»Wenn auch nur ein einziger Delegierter gegen das Projekt
ist«, wiederholte Stalin, »kann es in der Plenarsitzung nicht
vorgelegt werden. Eine Resolution gegen Trotzki muß einstimmig angenommen werden. Sind die italienischen Genossen«, fragte er, zu uns gewandt, »mit dem Projekt einverstanden?«

Nachdem ich mich mit Togliatti besprochen hatte, erklärte
ich:

»Bevor wir uns zu einem Resolutionsentwurf äußern, müssen wir das Dokument kennen, das in der Resolution verurteilt wird.«

Der Franzose Albert Treint und der Schweizer Jules Hum-
bert-Droz gaben eine gleichlautende Erklärung ab. (Beide
sind einige Jahre später ebenfalls aus der Kommunistischen
Internationale ausgetreten.)

»Der Resolutionsentwurf wird zurückgezogen«, erklärte Stalin.

Darauf erlebten wir noch einmal das hysterische Schauspiel vom Vortage mit den empörten, wütenden Protesten der Kuusinen, Rakosi und Pepper. Thälmann zog aus unserem skandalösen Verhalten den Schluß, daß unsere gesamte antifaschistische Arbeit in Italien nicht linientreu ausgerichtet sei und daß es unsere Schuld sei, wenn der Faschismus das Ruder noch fest in der Hand habe; er verlangte daher, daß die Politik der Italienischen Kommunistischen Partei einer strengen Prüfung unterzogen werde.

Die Prüfung wurde auf später verschoben, und es begannen nun die Plenarsitzungen der Exekutive, in denen es ebenfalls nicht an aufschlußreichen Episoden fehlte. In der ersten Plenarsitzung ereignete sich ein Zwischenfall, der uns bewies, wie ernst die Gegensätze innerhalb der russischen Führungsgruppe waren und mit was für brutalen Mitteln man bereits dabei war, sie auszutragen. Die Sitzung war gerade eröffnet worden, als Grigori Sinowjew, der zur Exekutive gehörte, an der Tür erschien, wo er jedoch von zwei uniformierten Polizisten daran gehindert wurde, den Saal zu betreten. Trotzki, der neben Togliatti und mir saß, hatte die Szene beobachtet, sprang auf und meldete der Versammlung den unerhörten Übergriff.

»Sinowjew«, rief er, »ein ordentliches Mitglied dieser Exekutive, Sinowjew, der auf Vorschlag von Lenin zum Vorsitzenden der Internationale ernannt wurde und dieses Amt bis vor wenigen Monaten bekleidet hat, wird von der Polizei daran gehindert, diesen Saal zu betreten.«

Die übrigen Mitglieder der russischen Delegation zeigten sich unbewegt und hatten offensichtlich mit diesem Auftritt gerechnet.

»Sinowjew«, erklärte Piatnitzky, »ist während der letzten

Session als Vorsitzender und als Mitglied der Exekutive zurückgetreten.«

Zur allgemeinen Überraschung meldete sich Togliatti zu Wort.

»Ich leitete damals die Sitzung«, erklärte er. »Ich wurde von der russischen Delegation beauftragt, der Versammlung mitzuteilen, daß Sinowjew zwar das Amt als unser Vorsitzender niederlege, daß er aber, so wurde ich beauftragt zu erklären, Mitglied der Exekutive bleibe, da er von einem Kongreß ernannt worden sei.«

Während der ganzen Zeit stand Sinowjew, immer noch von den Polizisten festgehalten, an der Tür.

»Der Zwischenfall ist erledigt«, sagte Thälmann, der die Sitzung leitete.

»Sinowjew ist selbstverständlich nicht mehr Mitglied der Exekutive.«

Es herrschte unverhüllte Willkür.

Meine Reaktionen auf derartige unglaubliche Vorfälle waren, wie ich zugeben muß, oft etwas unbesonnen. Sie entsprangen keineswegs dem Gefühl moralischer Überlegenheit, sondern der naiven Spontaneität eines jungen Widerstandskämpfers aus der Provinz, der noch wenig mit der kalt berechnenden Politik auf höchster Ebene in Berührung gekommen war. Ich fragte Togliatti: »Glaubst du, daß ähnliche Machenschaften auch im Kardinalskollegium häufig vorkommen? Oder im Großen Faschistischen Rat?« Bis zu diesem Zeitpunkt hatte ich gegenüber Trotzki, der sich auch weiterhin bei den Sitzungen neben uns setzte, eine gewisse Zurückhaltung bewahrt, da ich nicht mehr Sympathie für ihn empfand als für Stalin. Aber der auf unverschämte Art zur Schau getragene Haß der abgerichteten Kreaturen des Apparates weckte in mir den verständlichen Impuls zu einer entgegengesetzten Haltung. Trotzki war nicht mehr wie im Jahre 1921, als ich ihm zum erstenmal begegnete, der volkstümliche Führer des russischen Heeres und der gefeierte Retter von Petrograd, er war ein alter Löwe, den man in eine Falle gelockt hatte, um ihn zu töten. In den Augen derer, die ihn unablässig überwachten, gewann jede Bewegung, jedes Wort von ihm eine unverhältnismäßig große Bedeutung. Ich erinnere mich, daß ich ihm einmal einige Nummern einer kleinen illegalen Zeitung mitbrachte, die in Turin gedruckt wurde. Er war darüber sehr gerührt und erzählte mir, daß er ein ähnliches Blättchen gegen den Zarismus redigiert hätte, als er noch Schüler in Nikolajew war. Er kannte Italien wenig, da er nur vorübergehend dort gewesen war, aber er dachte mit Vergnügen daran zurück, denn er hatte dort, wie er mir erzählte, »eine schöne Freundschaft« gehabt. Tatsächlich klangen die wenigen italienischen Worte, die er gebrauchte, sehr liebenswürdig und verrieten einen weiblichen Lehrmeister. Unsere freundschaftlichen Unterhaltungen spielten sich in den Pausen ab oder wenn die Reden gedolmetscht wurden und entgingen natürlich nicht den mißtrauischen Blicken der Beobachter. Aber es schien noch klarer zu sein, daß Togliatti und ich mit Trotzki unter einer Decke steckten, als er eine lange heftige Rede, in der er sich unter anderem über die beleidigenden Ausfälle des Bulgaren Bela Kun beklagte, mit einem Satz »in der Sprache Dantes und Togliattis« schloß. Der Satz lautete: »La maniera di Bela non è una bella maniera.« Obwohl Trotzki dieses Wortspiel selbst improvisiert hatte (so weit reichten seine Italienischkenntnisse) und wir genauso überrascht waren wie die übrigen Anwesenden, hielt man uns für die Urheber, und diese Tatsache wurde zu unseren politischen Missetaten hinzugezählt. Kurzum, der Boden unter unseren Füßen fing an heiß zu werden. Wir wurden dauernd beschattet, und es fehlte nicht an anderen Belästigungen von seiten der Polizei und heftigen Reaktionen von meiner Seite. Aber Togliattis scheinbare Ruhe wirkte schließlich besänftigend auf mich. Togliatti hielt es für angebracht, daß wir beide vor unserer Abreise in einem Brief an das Politbüro den Sinn unseres Verhaltens während der bewußten Sitzungen der Exekutive erklärten. Kein Kommunist, das war der Inhalt unseres Schreibens, werde jemals den historisch bedingten Vorrang der russischen Kommunisten in der Leitung der Internationale in Frage stellen, aber diese Tatsache erlege den Russen besondere Verpflichtungen auf, und sie könnten ihr Recht nicht auf mechanische und autoritäre Art ausüben. Der Brief wurde von Bucharin in Empfang genommen, der uns sofort rufen ließ und uns den freundschaftlichen Rat gab, ihn zurückzuziehen, um unsere persönliche Lage, die schon anfing gefährlich zu werden, nicht weiter zu verschlechtern.

Es folgten für mich düstere Tage der Entmutigung. War dies das wahre Gesicht des Kommunismus? Dienten die Menschen, die ihr Leben aufs Spiel setzten oder im Gefängnis dahinsiechten, einem solchen Ideal? Führten wir *dafür* unser gefährliches Leben als Fremde im eigenen Vaterland?
Hinter der Fassade der von der Revolution geschaffenen Institutionen hatte sich die russische Wirklichkeit nach einem Gesetz der Dekadenz, das in der offiziellen Doktrin nicht vorgesehen war, von Grund auf verändert. War diese rasche Entartung einer der größten Revolutionen der Geschichte zu Tyrannei und Diktatur im Wesen des Sozialismus selbst und im Prinzip des Staatseigentums begründet? Oder war sie das Resultat von Lenins Ideologie und der besonderen Form ihrer Organisation? Oder lag es an der Rückständigkeit der russischen Welt?

Vor meiner Abreise aus Moskau besuchte mich, in der Hoffnung, bei mir Trost und Ermutigung zu finden, ein junger italienischer Kommunist, der seit mehreren Jahren als Fabrikarbeiter in Rußland lebte, da er von einem faschistischen Gericht zu einer langen Gefängnisstrafe verurteilt worden war. Er beklagte sich bitter über die demütigenden Bedingungen, unter denen er und seine Genossen arbeiten mußten. Er war bereit, materielle Einschränkungen aller Art zu ertragen, weil der gute Wille der Fabrikleitung ohnehin nicht genügt hätte, die wirtschaftlichen Verhältnisse zu verbessern; aber er konnte nicht begreifen, warum die Arbeiter ganz und gar der Willkür der Direktion ausgeliefert waren und über kein Organ verfügten, das ihre Interessen vertrat, so daß sie sich auch in dieser Hinsicht schlechter standen als in den kapitalistischen Ländern. Die meisten der vielgepriesenen Rechte der russischen Arbeiterklasse standen nur auf dem Papier. Die Idee hatte also auch hier Bankrott gemacht.

Als ich auf der Rückreise in Berlin Station machte, las ich in den Zeitungen, daß die Exekutive der Kommunistischen Internationale wegen einer Schrift über die Ereignisse in China einen scharfen Tadel gegen Trotzki ausgesprochen hatte. Ich begab mich zur Zentrale der Deutschen Kommunistischen Partei und verlangte von Thälmann eine Erklärung darüber. »Hier stimmt etwas nicht«, sagte ich zu ihm. »Du weißt, daß keine Abstimmung über die Resolution stattgefunden hat.« Aber er erklärte mir, daß die Statuten der Internationale den Vorstand ermächtigen, im Notfall jeden beliebigen Beschluß im Namen der Exekutive zu fassen. Man hatte also nur unsere Abreise aus Moskau abgewartet, um in unserem Namen für einen Text zu stimmen, den wir ablehnten. Das erklärte auch den Gleichmut Stalins in der Sitzung des Seniorenkonvents.

In den nächsten Tagen, die ich in Berlin verbringen mußte, während meine falschen Papiere instand gesetzt wurden, las ich in den Zeitungen, daß die kommunistischen Parteien in Amerika, in Ungarn und in der Tschechoslowakei Trotzkis Schreiben an das russische Politbüro in scharfen Ausdrücken verurteilten. »Ist das geheimnisvolle Dokument nun endlich bekanntgemacht worden?« fragte ich Thälmann.

»Nein«, antwortete er. »Aber du solltest von den Amerikanern, Ungarn und Tschechoslowaken lernen, was kommunistische Disziplin bedeutet.«

Das sagte er nicht etwa ironisch, sondern mit einem finsteren Ernst, der mit der beklemmenden Wirklichkeit übereinstimmte, auf die seine Worte sich bezogen.

10

Es war im Sommer des Jahres 1927. Ich blieb noch, mit wichtigen Aufgaben voll beschäftigt, bis zum Frühling 1929 in der Parteispitze, dann erbat und erhielt ich einen unbefristeten Urlaub aus Gesundheitsgründen, und erst im Sommer 1931 brach ich endgültig mit der Partei und wurde daraufhin »ausgestoßen«.

Ich habe mir später oft die Frage gestellt, was die wahren Motive dafür waren, daß ich nach dem letzten Aufenthalt in Moskau noch so lange in der Partei geblieben bin. Es ist nicht leicht, darauf zu antworten. Am Anfang der Krise ging es mir weniger um abstrakte Werte als um dringende psychologische und politische Fragen. Die grotesken Moskauer Episoden boten mir eine weitere Bestätigung dafür, wie schwierig es war, den europäischen Sozialismus mit dem in voller Rückbildung begriffenen russischen Kommunismus in Einklang zu bringen. Zu diesen Schwierigkeiten gehörte außer der unterschiedlichen Meinung über lokale Gegebenheiten sicherlich auch die Verschiedenartigkeit der sittlichen Haltung. Aber erst in der Endphase der Krise ergab sich für mich aus diesem Konflikt die zwingende Notwendigkeit einer moralischen Entscheidung. Übrigens haben sich, bis auf Togliatti, sämtliche Mitglieder der Exekutive, die es damals ablehnten, ein ihnen unbekanntes Dokument zu verurteilen, in späteren Jahren vom Kommunismus losgesagt.

Aus eigener Erfahrung kannte ich in Wirklichkeit nur einen Sektor des Kommunismus, den des illegalen Widerstandskampfes gegen den Faschismus. Der letzte Aufenthalt in Moskau hatte mir die Kehrseite der Medaille gezeigt. Der Kommunismus, der aus den tiefsten Gegensätzen und Widersprüchen der modernen Gesellschaft hervorgegangen war, erzeugte, wenn auch in einem anderen staatlichen und sozialen Rahmen, mit noch größerer Schärfe in seinen eigenen Reihen die gleichen Gegensätze. Für ihn kämpften Rebellen und Verfolger, Helden und Meuchelmörder, Ausgebeutete und Ausbeuter; unter seinem Banner versammelten sich Journalisten, die ihr Leben für eine unbegrenzte Freiheit der Presse einsetzten, und andere, die Zensur und Unterdrückung der gegnerischen Presse in ihren Artikeln verteidigten; Angeklagte, die vor der Willkür der faschistischen Sondergerichte für die elementarsten Rechte kämpften, aber auch Richter, die ihren Angeklagten jede Möglichkeit versagten, sich zu verteidigen; Vertreter der Gewerkschaften, die Streiks organisierten, um die Lebensbedingungen der Arbeiter zu verbessern, aber auch andere, die die Abschaffung des Streikrechts und die Einführung der Zwangsarbeit als integralen Bestandteil der neuen Wirtschaftsordnung rechtfertigten; Abgeordnete, die auf allen Gebieten eine öffentliche Kontrolle der Regierung verlangten, aber auch Regierende, die unkontrollierbar und unabsetzbar waren, abgesehen von den leider nicht seltenen Fällen, in denen ihre eigenen Kollegen sie als angebliche Verräter umbringen ließen. Diese ungeheuren Gegensätze spiegelten die unterschiedliche Einstellung der Kommunisten zur Macht, wobei man nicht annehmen darf, daß in Rußland nur die eine und anderswo nur die andere Einstellung anzutreffen war. Aber ich kann nicht leugnen, daß ich bei meiner Rückkehr aus Rußland durch Landstriche kam, in denen die Kommunisten sich immer weniger von gewöhnlichen Linkssozialisten unterschieden, bis ich bei den französischen, den italienischen und den Schweizer Arbeitern und Bauern die unbefangene Aufgeschlossenheit, Solidarität und Unvoreingenommenheit wiederfand, die seit jeher die echten Kraftquellen des Sozialismus im Kampf gegen die Dekadenz des Bürgertums und den Leerlauf des bürgerlichen Lebens gewesen sind. Im Kreise dieser Genossen dachte ich an die Erlebnisse in Moskau wie an einen Alptraum zurück.

Als ich in Mailand bei einer geheimen Versammlung in engerem Kreise davon sprach, wurde mir anfangs kaum geglaubt und dann der naive Vorschlag gemacht, man solle Plakate mit der Aufschrift »Es lebe Trotzki« drucken lassen und an allen Mailänder Fabriken anschlagen. Aber bei genauer Betrachtung trugen ernstere Erwägungen den Sieg davon. Pietro Tresso, einer der besten Führer unserer Geheimorganisation – übrigens einer von denen, die sich zwei Jahre später der Trotzki-Gruppe anschlossen –, schrieb mir damals: »Unsere Verantwortung liegt in Italien, nicht in Rußland. Unser Kampf gegen den Faschismus darf nicht darunter leiden, daß die Russen untereinander uneinig sind. Die Bedingungen des Kampfes in Italien und in Rußland können auf den ersten Blick so aussehen wie ein Ausgangspunkt und ein Endpunkt, aber niemand kann behaupten, daß zwischen diesen beiden Polen eine unlösbare Bindung besteht. Darum wollen wir weitermachen und hoffen, daß es um die zukünftige kommunistische Revolution in Italien etwas besser bestellt sein möge.« Ich antwortete ihm, daß ich der gleichen Ansicht sei. »Die Vorstellung von einem historisch bedingten Verhängnis flößt mir keinen Respekt ein«, schrieb ich ihm. »Und in unserem besonderen Fall gilt die Maxime von Lenin: den wahren Revolutionär erkennt man daran, wie er sich im eigenen Lande verhält.«

Auch mit Togliatti hatte ich mich, als wir uns trennten, in diesem Sinn geeinigt. Über uns hing allerdings, zur Strafe für Togliattis positive Einstellung zu Bucharin und unser skandalöses Verhalten in Moskau, das Damoklesschwert einer Untersuchung unserer ganzen politischen »Ausrichtung« und Organisation. Aber wie, wann und von wem diese Untersuchung durchgeführt werden würde, war nicht vorauszusehen, da die Kämpfe zwischen den einzelnen Gruppen in Moskau noch in vollem Gange waren. Es war nicht unsere Aufgabe, und wir hatten nicht die Möglichkeit, darauf einen Einfluß auszuüben. Dagegen war es unsere Pflicht und lag auch, wenn wir alle einig blieben, in unserer Macht, unsere Organisation und unsere Politik gegen unangebrachte Kritik zu verteidigen und uns gegen ungerechtfertigte Eingriffe und Änderungen zur Wehr zu setzen. Togliatti schien ehrlich dazu entschlossen zu sein, wenn er auch in privaten Gesprächen etwas zu sehr die notwendige Einstimmigkeit betonte. Er wies dabei zu seiner Rechtfertigung auf das Beispiel der kommunistischen Partei in Spanien hin, wo kürzlich nicht alle Mitglieder, sondern nur eine Mehrheit sich den willkürlichen Forderungen Moskaus widersetzt hatte, worauf die Partei aufgelöst worden war und einige junge Vertreter der Moskau hörigen Minderheit mit der Neubildung beauftragt wurden. Auch im italienischen Kommunismus bestand die Möglichkeit, daß eine Minderheit (durch Longo und Secchia vertreten) bereit sein würde, im Auftrage Moskaus eine linientreue Gleichschaltung durchzuführen. Nur wenn auch diese Genossen sich mit uns solidarisch erklärten, hielt Togliatti es für angebracht, daß wir im Falle eines Übergriffs von Moskau unser gutes Recht verteidigten.

11

Die Stellung, die wir bei dieser Lage der Dinge notgedrungen einnehmen mußten, war zweideutig und unklar und erwies sich auf die Dauer als unhaltbar. Die einzigen, die dadurch nicht in Schwierigkeiten gerieten, waren die Kommunisten an der »Front«, die für die illegale Tätigkeit in Italien eingesetzt waren. Viele von ihnen weigerten sich, den Nachrichten über die Gegensätze zwischen den russischen Führern Glauben zu schenken, und eines ihrer illegalen Blätter ging so weit, die von der faschistischen Presse gemeldete Nachricht von Trotzkis Verbannung nach Alma-Ata in Zentralasien als Lüge zu bezeichnen. Aber die Situation der Parteiführer im Ausland, besonders derer, die internationale Aufgaben zu erfüllen hatten, war sehr heikel. In Berlin sollte für die europäischen Länder eine Zweigstelle der Internationale gegründet werden, und Manuilski suchte Togliatti auf, um ihm persönlich eine leitende Stellung anzubieten. Togliatti war klug genug, sie abzulehnen, und er war auch klug genug, Angelo Tasca, einen Mann, den er nicht mochte und auf den er eifersüchtig war, zur Annahme der neugeschaffenen Stellung eines ständigen italienischen Delegierten in Moskau zu bewegen, die mit unausbleiblichen Schwierigkeiten und Gefahren verbunden war. Wir befanden uns in einer Phase, in der die menschlichen Beziehungen primitiv und undifferenziert geworden waren, in der List und Berechnung wichtiger waren als Klugheit, und taktische Fragen den Vorrang hatten vor grundsätzlichen Problemen. Zu einem bestimmten Zeitpunkt wurde es klar, daß die Strafaktion, die wegen der engen politischen Beziehungen zwischen Bucharin und Togliatti gegen uns geplant war, bis zu dem Augenblick aufgeschoben wurde, wo Rußland nach der Ausrottung der Opposition von links zum Kampf gegen die gemäßigteren Strömungen übergehen würde, der alten Taktik entsprechend, nach der man die Gegner einzeln und nacheinander schlagen soll. Das bedeutete für uns einen Aufschub von zwei Jahren.

Die letzten Akte der Tragödie sind bekannt. Nach einem weiteren Jahr der Polemiken und heftigen Zusammenstöße tat Stalin den entscheidenden Schritt zur absoluten Macht: er verbannte Trotzki nach Zentralasien und setzte sämtliche Führer des linken Blocks, der sich um Trotzki, Sinowjew und Kamenew gebildet hatte, ab oder entfernte sie aus Moskau. Um sich und seiner Gruppe die unangefochtene Führung zu erhalten, begann Stalin sofort den Kampf gegen die Überreste des rechten Flügels, in erster Linie gegen Bucharin und seine Anhänger, die vor allem Bauern waren. So verkündete er die Zwangskollektivierung des kleinen und mittleren Landbesitzes, der nach 1923 dank Lenins neuer Wirtschaftspolitik mühsam aufgebaut worden war, und sechs bis sieben Millionen Bauern wurden von ihren Höfen gejagt und getötet oder zur Zwangsarbeit nach Sibirien geschickt.

Über die wahrhaft babylonischen Ausmaße und die Grausamkeit dieses Krieges gegen die Bauern fehlten uns zu der Zeit, als er vor sich ging, die genauen Daten, die später allgemein bekannt geworden sind. Aber auch das wenige, was wir sofort erfuhren, hätte genügt, um bei vielen von uns Empörung und Opposition hervorzurufen, wenn unser Urteil und unser Wille nicht durch den festen Vorsatz gehemmt gewesen wären, in unserer Geheimorganisation keine Krise entstehen zu lassen. So gerieten wir sehr in Verlegenheit, als Angelo Tasca nach seiner Rückkehr aus Moskau berichtete, daß er als unser Vertreter genötigt gewesen sei, an Stalins neuer Agrarpolitik offene Kritik zu üben. Wegen der Verantwortung, die wir als italienische Kommunisten trugen, wollten wir einen Konflikt mit dem russischen Kommunismus und der Internationale vermeiden und uns untereinander nicht über ein Problem entzweien, das unsere Mitglieder nicht direkt anging und ihnen seiner Natur nach nicht zur Entscheidung vorgelegt werden konnte. Mit der Begründung, es sei nicht mit unserer nationalen Verantwortung zu vereinbaren – immerhin kein reiner Vorwand, denn diese lag uns hundertmal mehr am Herzen –, entzogen wir uns einer schweren, aber unabweisbaren übernationalen Pflicht und wurden auf diese Weise Opfer des gleichen Sophismus, den wir zwei Jahre zuvor bei dem Bulgaren Wasil Kolaroff verurteilt hatten. So begingen auch diejenigen von uns, die im Grunde mit Angelo Tasca übereinstimmten und seine Freunde waren, den Fehler, ihn auf sehr unkameradschaftliche Art im Stich zu lassen. Unsere Haltung hätte eine nachträgliche Rechtfertigung erfahren können, wenn wir im Jahr darauf einig gewesen wären in der Zurückweisung der Anklage, die von der Exekutive in Moskau nun endlich gegen uns erhoben wurde, und in der unsere ganze Politik seit 1924, das heißt die ganze, vorwiegend von Antonio Gramsci inspirierte Politik verurteilt wurde. Wir hatten uns vorgenommen, unseren Standpunkt zu verteidigen, aber die lange Periode einer zweideutigen Haltung, das Mißtrauen gegen einige unter uns, die geneigt schienen, vor jedem Anspruch von Moskau zu kapitulieren, sowie das Beispiel dessen, was sich in den kommunistischen Parteien anderer Länder abspielte, hatte uns zu sehr demoralisiert. Auch die wenigen, die Protest erhoben und daraufhin aus der Partei ausgestoßen wurden, handelten unter unvorhergesehenen, äußerst schwierigen und verworrenen Umständen, ohne die Möglichkeit einer gründlichen Aussprache über die Probleme und, was schlimmer war, ohne sich Rechenschaft abzulegen über die Tragweite ihrer Handlungen und deren Folgen. Unsere Enttäuschung über die Tatsache, daß in einer totalitären Organisation eine ehrliche und unvoreingenommene Diskussion umstrittener Themen nicht möglich ist, beweist, bis zu welchem Grade wir uns noch im unklaren befanden über die wahre Natur der Wandlung, die der russische und der internationale Kommunismus in den letzten Jahren durchgemacht hatten, und wie wenig wir das Gewirr von Widersprüchen durchschauten, in das wir verstrickt waren.

Vieles erklärt sich dadurch, daß die Trennung vom Kommunismus nicht mit dem Austritt aus einer liberalen Partei zu vergleichen ist. Die Bindung an eine Partei steht im direkten Verhältnis zu den Opfern, die sie fordert, und außerdem ist, wie schon gesagt wurde, die kommunistische Partei für ihre aktiven Mitglieder nicht nur und nicht hauptsächlich ein politischer Organismus, sondern Schule, Kirche, Kaserne und Familie; sie ist eine totalitäre Institution im weitesten und wahrsten Sinne des Wortes und nimmt den, der sich ihr unterwirft, ganz und gar in Anspruch. Jeder totalitäre Organismus, jedes Regime, das auf Zwang beruht, enthält eine reichliche Dosis an Lügen, Unaufrichtigkeit und doppelter Moral. Der ehrliche Kommunist, der sich wunderbarerweise seine angeborenen kritischen Fähigkeiten erhalten hat und darauf besteht, sie auf die Angelegenheiten der Partei anzuwenden, im guten Glauben, ihr so am meisten zu nützen, gerät daher als Nonkonformist in eine überaus mißliche Lage und muß schwere seelische Konflikte mit sich austragen, bis er sich zur endgültigen Unterwerfung entschließt oder seinem Glauben abschwört und sich befreit. Solange er sich noch in derselben psychologischen Sphäre bewegt wie bisher, kann er sich der Illusion hingeben, daß seine Ablehnung nur diesen oder jenen einzelnen Punkt betrifft, und wird versuchen, in Erinnerung an die idealistische Zeit der Anfänge und im Namen der gemeinsamen Grundsätze darüber zu diskutieren. Aber später, wenn er aus der Gemeinde der Gläubigen ausgestoßen und von der Parteidisziplin entbunden ist und wenn er den Mut aufbringt, von den Folgen zu den Ursachen zurückzugehen, um zu verstehen, was ihn an der Kapitulation gehindert hat, wird ihm klarwerden, daß die Motive für seine Ablehnung in Wirklichkeit tiefer liegen, und die Dogmen, die er früher verehrt hat, werden ihm plötzlich in einem ganz anderen Licht erscheinen. Schließlich befreit man sich vom Kommunismus wie man eine Neurose überwindet.

12

Die Unterdrückung der gemäßigten Strömungen im russischen Kommunismus wurde gleichzeitig auf alle Sektionen der Internationale ausgedehnt: es wurde ihnen von Moskau befohlen, ihre Politik im Sinne einer scharfen Linkswendung zu ändern, was mit einer angeblich schon begonnenen Krise der Weltrevolution motiviert wurde. Die neue Taktik zielte, wie ihre Anhänger sagten, vor allem darauf, den Geist der Arbeiter von den verweichlichenden demokratischen Illusionen zu befreien. Daher wurde die parlamentarische Demokratie als das größte Hindernis für den Sieg der Revolution hingestellt und ihr Verschwinden als Fortschritt gefeiert. Der traditionelle demokratische Sozialismus wurde in Sozialfaschismus umgetauft und damit als eine Variante des Faschismus abgetan, und jedes Einverständnis mit ihm wurde für die Zukunft streng untersagt. Infolgedessen mußte die Zusammenarbeit mit den Reformisten innerhalb der Gewerkschaften in den wenigen Ländern, wo sie noch bestand, sofort aufhören, und statt dessen mußten rote Gewerkschaften unter kommunistischer Führung gegründet werden. Als Resultat dieser neuen Taktik – ein historisch bedeutsames Resultat, das alle anderen einschloß – wurde bekanntlich einige Jahre später Hitlers Aufstieg zur Macht wesentlich erleichtert. Tatsächlich bezeichnete *Die Internationale Korrespondenz*, eine offizielle Veröffentlichung der Komintern, den Aufstieg des Nationalsozialismus als einen Schritt vorwärts auf dem Wege der proletarischen Revolution, mit der Begründung, daß der politische Horizont der Deutschen dadurch von jeder demokratischen Illusion gereinigt werde. Auf die italienischen Verhältnisse angewandt, bedeutete diese Wendung, die Moskau auch von uns gebieterisch forderte, eine radikale Ablehnung der Politik, die wir in den letzten Jahren verfolgt hatten. Die Mehrheit der italienischen Parteiführer unterwarf sich und akzeptierte notgedrungen die Verurteilung der Thesen Gramscis über die italienische Situation. Man könnte sich heute fragen, ob ein gemeinsamer Widerstand gegen diese unberechtigten Forderungen überhaupt möglich gewesen wäre. Aber es ist eine völlig akademische Frage. Da die Einstimmigkeit fehlte, die die Verantwortlichen für eine Conditio sine qua non hielten, wurde die leitende Gruppe von der Pflicht entbunden, den Kampf zu versuchen.

Seit mehr als einem Jahr nahm ich aus Gesundheitsgründen an der Parteiarbeit nicht mehr teil und war nur durch Privatbriefe und gelegentliche Besucher über die Entwicklung der inneren Krise orientiert. Aber auch diejenigen, die an allen Sitzungen teilgenommen hatten, waren über den Ausgang nicht weniger überrascht als ich. Drei der besten Vertreter unserer Organisation in Italien, Alfonso Leonetti, der Leiter der illegalen Presse, Paolo Ravazzoli, der Führer der Gewerkschaftsbewegung, und Pietro Tresso, der Leiter des Organisationsbüros, kritisierten die Forderungen der Internationale und bewiesen, wie sinnlos ihre Bedingungen in Italien waren. Sie wurden daraufhin sofort aus dem Zentralkomitee ausgeschlossen und später auch aus der Partei. Mit einer völlig unbegründeten grotesken Motivierung opferte man sie als Sündenböcke dem Groll Moskaus über Togliattis frühere Beziehungen zu Bucharin. Leider ließen sich die drei Ausgestoßenen aus Ärger über dieses unerwartete Vorgehen sehr bald zu Worten und Taten hinreißen, welche die erlittene Behandlung nachträglich zu rechtfertigen schienen.

Eines Tages traf ich mich mit Togliatti in einem kleinen Dorf nicht weit von meinem Aufenthaltsort in der Schweiz. Er setzte mir ausführlich und in aller Offenheit die Beweggründe für seine Verhaltensweise auseinander, die er sich lange überlegt hatte. Der gegenwärtige Zustand der Internationale, so sagte er im wesentlichen, sei gewiß sehr unerfreulich. Es liege aber nicht in unserer Macht, ihn zu bessern. Es handle sich um historische Gegebenheiten, mit denen wir uns abfinden müßten. Die Formen der proletarischen Revolution seien nicht willkürlich. Wenn sie unseren Wünschen nicht entsprächen, so sei das unser eigener Schade. »Und wie sieht die Alternative aus?« fuhr er fort. »Was ist aus den Genossen geworden, die mit der Partei gebrochen haben?

Und wie katastrophal ist die Lage der Sozialdemokratie.«
Ich muß zugeben, daß meine Einwände gegen diese Argumente nicht wirklich überzeugten, besonders weil Togliattis
Erwägungen rein politischer Natur waren, während das,
was mir nach den letzten Erfahrungen zu schaffen machte,
über die Politik hinausging. Die »unerbittlichen historischen
Gegebenheiten und Formen«, denen wir uns zu fügen hatten, waren ja nichts anderes als eine neue Seite der un-
menschlichen Wirklichkeit, gegen die wir uns aufgelehnt
hatten, als wir Sozialisten wurden. Darf man, um den
Kampf zu gewinnen, die Motive vergessen, um derentwillen
man ihn begonnen hat? Mir ging es damals wie einem Menschen, der einen heftigen Schlag auf den Kopf bekommen
hat und sich weiter auf den Füßen hält, weiter spricht und
sich bewegt, ohne recht zu verstehen, was ihm geschieht.

Ich teilte Togliatti mit, daß ich die Absicht hätte, in der
Partei zu bleiben, ohne ein politisches Amt zu bekleiden.
Sobald meine Gesundheit es erlaubte, würde ich zu einer
Mitarbeit auf journalistischem Gebiet oder dergleichen bereit sein.
Togliatti erklärte sich damit einverstanden. Die Ursachen
meiner Unschlüssigkeit waren sehr verschiedener, teils politischer, teils persönlicher Art. Die Polemik zwischen der
Partei und den drei Ausgestoßenen hatte in der Emigrations-
presse einen scharfen, geradezu abstoßenden Ton angenommen. Männer, die bis vor kurzem Freunde gewesen waren
und in der gemeinsamen Gefahr fest zusammengehalten
hatten, bezeichneten sich gegenseitig als Verräter, Feiglinge,
Lügner, Heuchler, sogar als Diebe und gekaufte Spione.
Mir grauste beim bloßen Gedanken, einen – vielleicht not-
wendigen, vielleicht sogar unvermeidlichen – Schritt zu tun,
welcher Menschen, die ich gern hatte, veranlassen würde,

mich zu beschimpfen und zu verleumden, und der mich zwingen würde, in der gleichen Tonart zu antworten. Wenn es nur möglich gewesen wäre, in aller Stille zu verschwinden! Und es gab noch ein ernsteres Motiv; es fällt mir nicht leicht, davon zu sprechen. Seit mehr als zwei Jahren, seit dem April 1928, befand sich ein jüngerer Bruder von mir, der einzige, der mir geblieben war, in Italien im Gefängnis. Er war angeklagt, Mitglied der illegalen kommunistischen Partei zu sein. Bei seiner Verhaftung war er so mißhandelt worden, daß er schwere innere Verletzungen davongetragen hatte, aber er mußte bis 1932 warten, bis der Tod ihn – in der Strafanstalt auf Procida – von seinen Leiden erlöste. Die besondere Tragik dieses Schicksals lag darin, daß mein Bruder, jedenfalls bis zum Augenblick seiner Verhaftung, niemals Mitglied der kommunistischen Partei gewesen war, niemals um Aufnahme ersucht, niemals an einer Versammlung teilgenommen hatte oder sonst irgendwie aktiv gewesen war und nicht einmal das Programm und die Parteistatuten kannte. Er war seiner Erziehung und seinem Gefühl nach katholisch und antifaschistisch eingestellt, aber er interessierte sich sehr viel mehr für Sport als für Politik, und gerade vom Sport her hatte er neben seinem natürlichen Stolz ein besonders starkes Gefühl für Tapferkeit und Ehre. So gestand er, Kommunist zu sein und bestätigte es vor dem Sondergericht, das ihn daraufhin zu 12 Jahren Gefängnis verurteilte. »Ich habe versucht, mich so zu verhalten, wie ich glaube, daß du dich an meiner Stelle verhalten hättest«, schrieb er mir. Es war nicht leicht für mich, die Partei zu verlassen, denn mein Bleiben hätte dazu gedient, das freiwillige Opfer meines Bruders zu rechtfertigen.

Es war bei der Kommunistischen Internationale nicht vorgesehen, daß ein Mitglied sich passiv verhielt, ohne die ausgestoßenen Verräter ausdrücklich zu verdammen. Tatsächlich erhob ein russischer Delegierter auf einer Versammlung in Moskau gegen die italienische Partei eine Anklage, deren Wortlaut Togliatti mir übermittelte. Er suchte mich noch einmal in der Schweiz auf, diesmal in Begleitung eines anderen Funktionärs. Das Zusammentreffen fand im Roten Kreuz in Zürich statt. Ich muß einige Einzelheiten richtigstellen, die in der kommunistischen Presse verzerrt wiedergegeben worden sind.

»Es ist unerläßlich«, sagte Togliatti, »daß du eine Erklärung abgibst, in der du die drei Ausgeschlossenen verdammst und dich zu absoluter Disziplin gegenüber der Internationale verpflichtest.«

»Du weißt, daß das nicht meiner Überzeugung entspricht«, antwortete ich.

»Ich weiß«, sagte er. »Aber man kann die Partei auch dadurch ehren, daß man sich um ihretwillen einem Zwang fügt.«

Um mir die Sache zu erleichtern, setzte Togliatti sich an eine Schreibmaschine, schrieb in fünf oder sechs Zeilen die üblichen Formeln hin und setzte in Maschinenschrift meinen Parteinamen darunter. Wir glaubten beide, daß ich mit dieser Zeremonie den Kelch der widerwärtigen Läuterung bis zur Neige geleert hätte, aber dem war nicht so.

Mit einem der Ausgestoßenen, Pietro Tresso, war ich in freundschaftlichem brieflichen Verkehr geblieben. Ich verbarg ihm nicht meine Besorgnis darüber, daß er und seine beiden Gefährten sich dem internationalen Trotzkismus angeschlossen hatten, und erklärte ihm ehrlich die Motive, um derentwillen ich mich am liebsten am Rande der Partei still verhalten wollte, da ich weder Trotzkis Politik noch die neuen Direktiven aus Moskau gutheißen konnte. Diese persönlichen Briefe gab Tresso zur Information an seine trotzkistischen Freunde weiter. Diese aber veröffentlichten ohne

Wissen des Schreibers und des Empfängers einige Teile daraus in einem in Paris erschienenen trotzkistischen Bulletin, wobei sie alles Persönliche und jede kritische Bemerkung über Trotzki und seine Politik ausmerzten, so daß nur die Bedenken über Stalins Maßnahmen übrigblieben. Die Brieffragmente erweckten den Eindruck, auf den die Anhänger Trotzkis gehofft hatten, denn in den Augen der Partei »bewiesen« sie, daß ich ein doppeltes Spiel trieb und heimlich zu der trotzkistischen Organisation gehörte. Ich erhielt sofort Nachricht, daß eine neue Delegation, diesmal von Ruggero Grieco geführt, in die Schweiz kommen werde, um mich zu verhören. »Es wird von dir verlangt werden, daß du eine neue, endgültig bindende Erklärung abgibst«, wurde mir geschrieben. »Es wird von dir verlangt werden, daß du am Kampf gegen den Trotzkismus aktiv teilnimmst. Und es wird auch verlangt werden, daß du in den Parteiapparat zurückkehrst und wieder eine verantwortungsvolle Stellung übernimmst.« Es war im Sommer des Jahres 1931.

Schon vor zwei Jahren hatte ich meine Arbeit bei der Partei aufgegeben. Ich hätte mich verteidigen können. Ich hätte beweisen können, daß ich nicht der trotzkistischen Fraktion angehörte. Ich hätte darauf hinweisen können, daß meine Ablehnung der neuen Direktiven aus Moskau selbst von den Genossen geteilt wurde, die den Auftrag erhalten hatten, mich zu verhören. Ich hätte versuchen können, sie davon zu überzeugen, daß Ämter und Hierarchie mich absolut gleichgültig ließen. Ich hätte es gekonnt, aber ich wollte es nicht. Plötzlich wurde mir klar, daß jede Art von Kompromiß, Aufschub, Taktik oder List sinnlos war. Nach einem Monat, nach zwei Jahren hätte alles von neuem begonnen. Es war besser, ein für allemal Schluß zu machen. Ich durfte mir diese Gelegenheit, diesen »Notausgang« nicht entgehen lassen. Es war zu Ende. Gott sei Dank.

13

In den Statuten der Kommunistischen Partei ist es bekanntlich nicht vorgesehen, daß ein Mitglied aus der Partei austritt; es gibt nur den Ausschluß. Der Wortlaut des Ausschlußdekretes hat, ebenso wie die Urteile bei den politischen Prozessen in Rußland, rein polemischen Charakter. Die Ausdrücke Verräter, Renegat und Spion bedeuten nichts anderes als »Gegner«. Die Diffamierung ist um so schwerer, je gefährlicher das Opfer erscheint.

Im Vergleich zu den Begründungen, mit denen Hunderttausende von andersdenkenden Kommunisten durch Ausschluß, Deportation oder Erschießen »liquidiert« worden sind, erscheint die in meinem Fall angewandte Formulierung relativ milde. In gewissem Sinne habe ich selbst die Anregung dazu gegeben. Zu der offiziellen Delegation, vor der ich erscheinen mußte, gehörte unter anderem Giuseppe Di Vittorio, der es im Verlauf der Verhandlung unternahm, mir in wohlwollendem und fast freundschaftlichem Ton die Schwierigkeiten aufzuzählen, die mich außerhalb der Partei erwarteten.

»Nach Italien kannst du nicht zurückkehren, solange der Faschismus am Ruder ist. Im Ausland kannst du ohne Papiere nicht leben. Du weißt nicht, wovon du existieren sollst. Du bist nicht gesund. Dein Bruder ist wegen der Partei im Gefängnis. Alle deine Freunde sind in der Partei und werden mit dir brechen, wenn du austrittst. Wenn du noch eine Spur von gesundem Menschenverstand hast, wenn du noch imstande bist, es dir genau zu überlegen und wie ein normaler Mensch zu handeln . . .«

Hier unterbrach ich ihn.

»Ich weiß nicht, ob du mich verstehst«, sagte ich, »aber in dem Sinne, wie du es meinst, bin ich politisch kein normaler Mensch und werde es wahrscheinlich niemals sein.«

Ich erklärte, daß wir einander nichts mehr zu sagen hätten, und verließ die Sitzung. In dem Ausschlußdekret, das darauf folgte, hieß es nach einer Aufzählung der vorausgegangenen Episoden, über die ich hier berichtet habe: »... da er selbst zugegeben hat, daß er politisch unnormal ist, ein klinischer Fall ... usw.«

Es war ein diffamierendes und beleidigendes Dokument, und es versteht sich von selbst, daß die Verfasser nicht an die Richtigkeit ihrer Behauptungen glaubten, sonst hätten sie diesen letzten Versuch, mich in der Partei zu halten, nicht unternommen. Es handelte sich einfach um eine polemische Waffe, die eine mögliche zersetzende Tätigkeit meinerseits im Inneren der Partei neutralisieren sollte. Als eine derartige Aktion ausblieb und bei einigen früheren Genossen der Gedanke auftauchte, daß ich in die Partei zurückkehren oder wenigstens auf irgendeine Weise wieder mitarbeiten könnte, billigten dieselben Männer, die das diffamierende Urteil formuliert hatten, eine andere, mildere Fassung für den offiziösen oder mündlichen Gebrauch: meine Trennung von der Partei sei die bedauerliche Folge einer vorübergehenden Entmutigung im Kampf gegen den Faschismus.

Die beiden Fassungen sind in der Folgezeit abwechselnd verwandt worden, je nachdem ob meine Schriften oder Vorträge die Kommunisten reizten oder ob sie ihnen gefielen. Keine der beiden Formulierungen ist richtig, und keine trägt zum Verständnis der Krise bei, die mich aus der Partei herausgeführt hat.

Die Trennung vom Kommunismus war für mich ein sehr trauriges Erlebnis, und ich komme aus einem Lande, wo man länger Trauer trägt als anderswo. Ich habe schon früher gesagt, daß man sich nicht leicht von einem so intensiven Eindruck befreit, wie es das Leben in der kommunistischen

Organisation ist. Ein solcher Eindruck hinterläßt seine Spuren, und tatsächlich sind die ehemaligen Kommunisten überall zu erkennen; sie bilden eine besondere Kategorie wie die ehemaligen Priester und die ehemaligen Berufsoffiziere.

Die Zahl der ehemaligen Kommunisten ist heute Legion. »Der Endkampf wird zwischen den Kommunisten und den ehemaligen Kommunisten stattfinden«, habe ich einmal zu Togliatti gesagt. Diese Bemerkung hat später zu Diskussionen Anlaß gegeben. Ich wollte einfach sagen, daß die »Erfahrung« des Kommunismus den Kommunismus vernichten wird. Daher scheint es mir nicht ausgeschlossen, daß der Gnadenstoß eines Tages aus Rußland kommen wird.

Nachdem ich aus der Partei ausgeschieden war, vermied ich es absichtlich, in eine der zahlreichen Gruppen von ehemaligen Kommunisten zu geraten, denn ich wußte nur zu gut, wie leicht sie zu Sekten werden, in denen alle Mängel des offiziellen Kommunismus – der Fanatismus, die Zentralisierung, das Abstrakte – bestehenbleiben, während der Ausgleich fehlt, den der Zustrom großer Arbeitermassen für die Partei bedeutet.

Was ist mir von dem langen, enttäuschenden Abenteuer geblieben? Eine unausgesprochene Sympathie für einige Männer, die ich dabei kennengelernt habe, und der bittere Nachgeschmack einer vergeudeten Jugend. Es war zum Teil meine eigene Schuld. Von Anfang an beging ich den Fehler, von einer politischen Aktion etwas zu verlangen, was sie nicht geben kann. Auch der Freiheitsdrang, der die Auflehnung bewirkt, kann also in eine Falle führen, aber selbst eine solche Erfahrung ist der Resignation vorzuziehen.

14

Mein Glaube an den Sozialismus ist unerschüttert geblieben; das beweist, wie mir scheint, mein späteres Verhalten. Im wesentlichen hat er sich seit damals, als ich mich zum erstenmal gegen die alte Gesellschaftsordnung auflehnte, nicht geändert. Er beruht auf der Erkenntnis, daß es notwendig ist, die ethischen Forderungen, die für die persönliche Sphäre gelten, auf den ganzen Bereich der menschlichen Aktivität auszudehnen; er beruht auf einem Bedürfnis nach echter Brüderlichkeit und auf der Überzeugung, daß der Mensch den wirtschaftlichen und sozialen Mechanismen, die ihn bedrücken, letzten Endes überlegen ist.

Ich glaube nicht, daß ich damit einen besonderen, eigenen Sozialismus verkünde. Diese ewigen Wahrheiten sind älter als der Marxismus. In der zweiten Hälfte des vorigen Jahrhunderts fanden sie Aufnahme in der Arbeiterbewegung, die als Folge des industriellen Kapitalismus entstanden war, und bis heute sind sie die wirksamste Kraft dieser Bewegung geblieben. Jeder echte Sozialist trägt sie in sich, auch wenn er sich dessen nicht immer bewußt ist. Ich habe schon mehrmals darauf hingewiesen, daß die Beziehungen zwischen der sozialistischen Bewegung und der Theorie des Sozialismus sicherlich nicht festgelegt und unabänderlich sind. Sie entsprechen den Beziehungen, die zwischen den philosophischen Lehren und den großen historischen Bewegungen bestehen. Theorien können durch den Fortschritt der Wissenschaft überholt und verworfen werden, aber die Bewegung lebt weiter. Ich bin davon überzeugt, daß der Sozialismus den Marxismus überdauern wird. Nach meiner Auffassung ist die sozialistische Politik nicht an eine Theorie gebunden, wohl aber an einen Glauben. Je mehr die sozialistischen Theorien den Anspruch erheben, »wissenschaftlich« zu sein, um so vergänglicher sind sie; aber die sozialistischen *Werte* bleiben bestehen. Der Unterschied zwischen Theorien und Werten scheint mir fundamental. Auf der Grundlage von Theorien kann man eine Schule und eine Propaganda aufbauen, aber nur auf der Grundlage von Werten kann eine Kultur entstehen, ein neues Zusammenleben der Menschen.

Eine frühere Fassung dieses Textes *Notausgang* erschien zusammen mit Beiträgen von Arthur Koestler, André Gide, Richard Wright, Louis Fisher und Stephen Spender in dem Sammelwerk *Ein Gott, der keiner war*. Für den vorliegenden Band wurde der Text erweitert und revidiert.

Die Situation der Ehemaligen

Unter den vielen Flüchtlingen, die in den letzten Jahren aus fast allen Ländern Europas in die Schweiz gekommen sind, gibt es eine gewisse Anzahl von einer besonderen Art, die, wenn ihnen auch verschiedene Orte als Aufenthalt zugewiesen sind, eine Kategorie für sich bilden. Was sie gemeinsam haben oder, um mich genauer auszudrücken: was *wir* gemeinsam haben, ist weder das Geburtsland noch die Sprache oder die Religion und auch nicht mehr das gleiche politische Ideal, sondern eine Erfahrung. Wir werden als »Ehemalige« angesehen, und wir sind es tatsächlich. Die Erfahrung, auf die sich das »ehemalig« bezieht, hat unsere Individualität zwar nicht ausgelöscht, wohl aber in einem gewissen Sinn gezeichnet, wenigstens für eine bestimmte Zeit, und wir haben keinen Grund, das zu verbergen.

In mehr als einer Beziehung ist unsere Situation als merkwürdig zu bezeichnen. In einer Zeit, in der der Mensch vor allem durch seinen Ausweis bestimmt wird, müssen wir ohne Paß auskommen. Aus verständlichen Gründen wird er uns sowohl von den Konsulaten unserer Heimatländer verweigert als auch von unserer ehemaligen Partei, die bekanntlich für die Bedürfnisse ihres Apparates den Konsulaten immer ernstlich Konkurrenz gemacht hat. Es wäre lächerlich, von der einen oder der anderen dieser Institutionen jetzt noch irgendeine Hilfe zu erwarten; im Gegenteil, wir müssen uns vor ihnen in acht nehmen, da sie erbittert Jagd auf uns machen. Die Schweizer Polizei hat uns ihrerseits in einer besonderen Sparte registriert, als »Schriftenlose«, womit außer dem Recht auf Asyl zahlreiche Pflichten verbunden sind. Mit großer Umsicht haben die Behörden dieses

Landes zur Überwachung der Schriftenlosen die am wenigsten mit Phantasie begabten Beamten ausgewählt, was uns zusätzliche Schwierigkeiten und Scherereien verursacht. Zu unserem Glück hat die Neutralität der Eidgenossenschaft jedoch nicht zur Neutralisierung von Kopf und Herz ihrer Bürger geführt.

In der provisorischen Situation, in der wir uns befinden, müssen wir mit großen und kleinen Schwierigkeiten aller Art fertig werden, auch mit ganz primitiven, die gewöhnlichen Sterblichen unbekannt sind, angefangen mit der Frage des Namens. Wie sollten wir uns nennen? Viele von uns haben das auf eigene Faust entscheiden müssen. Wenn unsere Gegner auch nicht sehr scharfsinnig waren, so haben wir uns doch nicht »Niemand« nennen können wie Odysseus gegenüber Polyphem; einen Vor- und Familiennamen mußten wir immer haben. Das schlimme ist nur, daß wir unter Umständen zu viele Namen gehabt haben, von denen einer, vielleicht gerade der, der uns am wenigsten lieb war, gewöhnlich an uns hängengeblieben ist. So kann es manchmal vorkommen, daß wir eine bestimmte Person nicht als gemeinsamen Freund erkennen können, weil jeder von uns den Betreffenden unter einem anderen Namen kennt. Die Regeln der illegalen Partei schreiben den Aktivisten vor, auf den Namen, unter dem sie polizeilich gemeldet sind, zu verzichten – aus Gründen der Sicherheit und um die Polizei irrezuführen und ihre Nachforschungen zu erschweren. Aber für die persönliche Identität können die Folgen auf die Dauer sehr viel ernster sein. Ebenso wie für den Mönch beim Eintritt ins Kloster bedeutet die Annahme eines neuen Namens für den »berufsmäßigen Revolutionär« beim Austritt aus der bürgerlichen Welt den Bruch mit der Familie, das Aufgeben jeder anderen privaten Bindung und die Einordnung in eine Welt für sich. Sie eines Tages wieder verlassen ist so etwas wie sterben. Daher befindet sich der ehemalige Kommunist in einem traumatischen Zustand, der an den eines ehemaligen Mönchs erinnert.

Wenn man jahrelang falsche Papiere und angenommene Namen benutzt hat, ist es ein merkwürdiges Gefühl, die richtigen zurückzuerhalten. Es kann leicht geschehen, daß uns nun diese gefälscht erscheinen oder zum mindesten fremder als die anderen, denn die richtigen Namen versetzen uns in eine Zeit zurück, in der wir noch nicht wir selbst waren. Manch einem mögen die eigenen Personalien als ein weiteres Pseudonym erschienen sein, aus einer neuen, entgegengesetzten Notwendigkeit heraus.

Zum Bruch mit der Partei sind wir jeder auf seine Weise, aber fast alle, das dürfen wir ruhig zugeben, auf die schlechteste Weise gelangt, das heißt ohne eine schöne Erklärung, wie wir sie jetzt zu schreiben wüßten. Im Gegenteil, wir haben den Akt der Befreiung, auf den wir heute stolz sind, mehr oder weniger widerwillig in einem Zustand der Verwirrung vollzogen, aus beiläufigen, manchmal geringfügigen Motiven, wegen Meinungsverschiedenheiten, wegen taktischer Probleme, und dabei gaben wir uns womöglich der Illusion hin, daß wir die echten Kommunisten seien. Erst später haben wir uns rückblickend von der absoluten Notwendigkeit der Trennung überzeugt und den inneren Reifungsprozeß begriffen, durch den sie unaufschiebbar wurde. Jetzt mag der eine oder andere sich sogar fragen, wie es möglich war, so lange in dieser Galeere zu bleiben. Wer wird bereit sein zu glauben, daß wir *bona fide* gehandelt haben? Wahrscheinlich nur ein Mönch, der aus seinem Orden ausgetreten ist.

Als Ehemalige haben wir jetzt eine schwierige Pflicht zu erfüllen. Es ist nicht angenehm, von sich selbst zu sprechen, von den eigenen Irrtümern, den eigenen Torheiten, der eigenen Hysterie; es ist nicht leicht, jene Jahre des Alpdrucks noch einmal zu durchleben, sei es auch nur in der Erinnerung; aber wir haben die Verpflichtung, Zeugnis abzulegen. Viele Menschen sind, mit durch unsere Schuld, in diese Partei eingetreten. Ihnen sind wir vor allem verpflichtet – und den jungen Menschen, die auf der Suche sind nach einer Fahne und einem Ziel, das den Kampf wert ist. Was sollen wir sagen? Ganz einfach die Wahrheit. Die Wahrheit, das sind nicht die sensationellen Skandalberichte, denen die Presse nachjagt, sondern das ist die tragische Wirklichkeit hinter der Fassade des Kommunismus, die ein wesentliches Element unserer Epoche darstellt.

Wenn ich heute zurückdenke an die Gruppe junger Gefährten, Italiener und Ausländer, die ich bei den internationalen Treffen der Kommunistischen Jugend gleich nach dem ersten Weltkrieg kennenlernte, an das brüderliche Gefühl, das uns verband, an die mutige Solidarität, die sich nicht um Landesgrenzen kümmerte, an unseren leidenschaftlichen Glauben an eine neue Ordnung, die freier und menschlicher sein sollte; wenn ich an all das zurückdenke, dann ist es nicht die schwere Niederlage in Italien und Deutschland, die mich am meisten bewegt, nicht die Erinnerung an Gaston Sozzi, der im Kerker von Perugia getötet wurde, an Eugen Schönhaar, der in Berlin hingerichtet wurde, an den sterbenden Gramsci im Gefängnis von Turin oder an all die anderen, die für das gemeinsame Ideal gekämpft haben. Es ist etwas Ungeklärtes, etwas, das sehr viel komplizierter und undurchsichtiger ist: Vor dem Hintergrund der ungeheuerlichen Moskauer Prozesse, bei denen fast alle überlebenden Führer der Oktoberrevolution als Spione, Verräter und Agenten des Imperialismus hingestellt wurden, und der Deportation von Millionen von Arbeitern in die Zwangslager von Sibirien ist es die Ermordung von Vujowitsch, dem Gründer der Jugoslawischen Kommunistischen Jugend, der Selbstmord von Schatzki, dem Führer der Russischen Kommunistischen Jugend, die Ermordung von Andrea Nin und Camillo Berneri in Spanien, der noch unaufgeklärte Tod von Will Münzenberg, der in einem Wald bei Marseille erhängt aufgefunden wurde; es ist die Erniedrigung, der tödliche Ekel, in dem hier und da in der Welt die wenigen Überlebenden dieser Elite dahinvegetieren.

Angesichts einer solchen Tragödie wäre es zu bequem zu erklären, »die Geschichte wird das Urteil fällen«, und zu schweigen. Ich habe tatsächlich Freunde, die auf die Nemesis warten, wie man auf die Straßenbahn wartet. Ohne Zweifel wird die Nachwelt urteilen, und da die Chronisten nichts anderes tun können, als Tatsachen zu registrieren und Erklärungen von Freunden der Opfer und von Handlangern der Henker wiederzugeben, so kann sogar eine gewisse Erleichterung in dem Gedanken liegen, daß es vielleicht eines Tages möglich sein wird, die ganze Wahrheit zu erkennen, und daß um Objektivität bemühte Menschen ein leidenschaftsloses Urteil fällen werden. Aber wir sind weder Chronisten noch Historiker, wir waren aktiv beteiligt, wir durften nicht schweigen. Der Gedanke an die Nachkommen genügte uns nicht, wir konnten ja nicht aufhören zu leben, während wir auf sie warteten. Als unsere Freunde und Gefährten anfingen, sich gegenseitig totzuschlagen, konnten wir nicht wie Papageien die stereotypen Erklärungen der Propaganda wiederholen, und ebensowenig konnten wir unsere Hände in Unschuld waschen. In dem Chaos, in das wir geraten waren, mußten wir versuchen, klar zu sehen. Um weiter leben, hoffen, kämpfen zu können, hatten wir das unbedingte Bedürfnis, zu wissen, was die Sache noch wert war, der wir unser Leben gewidmet hatten – das *eine* Leben, über das der Mensch verfügt und das er nicht leichtfertig verschleudern kann. Wir hatten das Bedürfnis, wirklich zu wissen, was für die Menschen die neue Ordnung der staatlichen Wirtschaft wert war, die wir an die Stelle der alten bürgerlichen Ordnung setzen wollten, und wie es sich erklärte, daß in unseren Reihen gleichzeitig Märtyrer und Meuchelmörder, Freiheitskämpfer und Inquisitoren existieren konnten. Wie war es möglich, daß dieselben Menschen, die mit bewegten Worten der faschistischen Diktatur gegenüber die heiligen Menschenrechte vertraten, gleichzeitig dort, wo sie oder ihre Genossen die Macht hatten, diese Rechte als kleinbürgerliche Vorurteile abtaten? Es war offenkundig, daß in uns selbst, in unserer Bewegung, in unserer Doktrin sich neben der Liebe und der Achtung vor dem Menschen Haß und Geringschätzung einnisten konnten, neben dem Bedürfnis nach Freiheit der Drang zur Tyrannei. Trotz der vielen gefühlsmäßigen Bindungen, die uns zurückhielten und die wir bewahren wollten, wurde das Doppelspiel uns unerträglich. Wir konnten nicht länger zögern bei der Wahl zwischen der GPU und ihren Opfern. Auch auf das Argument, daß jede neue Ordnung Opfer kostet, konnten wir uns nach einiger Zeit nicht mehr stützen. Welche neue Ordnung? Denjenigen von uns, die Gelegenheit hatten, die russische Diktatur aus der Nähe zu beobachten, enthüllte sie sich in ihrer nackten Wirklichkeit als ein neues System der Unterdrückung und Ausnutzung. Die Keime des Sozialismus, die in der Oktoberrevolution angefangen hatten sich zu entfalten, waren von einem bürokratischen, totalitären Staat erstickt worden. Es gab keine Spur mehr von einem Sowjet im genauen Sinne des Wortes oder von einer anderen Form der Kontrolle durch das Volk. Die soziale Ungleichheit war ebenso schmachvoll wie anderswo. Die Abgaben für den Staat und die Rüstung waren außerordentlich hoch. Aber das schlimmste war, daß die arbeitenden Menschen keinerlei Schutz genossen, da auch die Gewerkschaften auf seiten der Staatsgewalt standen. Wir hörten von spontanen Streiks, bei denen die Arbeiter sowohl von der Polizei als auch von den Gewerkschaftsführern angegriffen wurden.

Ist es richtig, eine Kritik dieser Art jetzt im Krieg so auf die Spitze zu treiben? mag der eine oder andere sich fragen. Wäre es nicht vorsichtiger, sie aufzuschieben? Wenn wir wenigstens wüßten, wie dieser verdammte Krieg ausgehen wird? Man weiß ja nicht einmal, ob die Nationalsozialisten nicht auch die Schweiz besetzen werden. Wenn es dazu kommt, besteht die Gefahr, daß wir von den Deutschen gefangen und verschleppt werden. Und so weiter. Das sind ernste Fragen, die jeder für sich selbst beantworten muß. In unserer Lage kann niemand für den anderen irgendwelche Regeln aufstellen, ebenso wie niemand verpflichtet wäre, sie zu befolgen; aber wir können uns gegenseitig beraten. Ich bin zu dem Schluß gelangt, daß die Vorsicht höchstens unser äußeres Verhalten kontrollieren darf, nicht aber unsere Gedanken. Was mich betrifft, muß ich noch etwas dazusagen. Wir sind eine Gruppe von italienischen Freunden, die der Sache der Alliierten mit Sympathie gegenüberstehen, aber wir haben nicht die Absicht, uns mit ihr zu identifizieren. Wir führen einen privaten Krieg gegen den Faschismus, der dem Krieg der Staaten vorausgegangen ist und fortgesetzt werden muß, wie immer der große Krieg ausgehen mag. Der Kampf gegen die totalitäre Gefahr wird gewiß nicht mit dem Kriege enden. In diesem Rahmen müssen wir unsere augenblicklichen Schwierigkeiten sehen, und um mit ihnen fertig zu werden, müssen wir uns vor allem im Einverständnis mit unserem Gewissen befinden. Im übrigen gibt es für den, der in ein Schlachtgetümmel geraten ist, nur ein einziges sicheres Mittel gegen die Angst, und das ist:

kämpfen. Da ich zu Ehemaligen spreche, möchte ich noch hinzufügen, daß die Vergangenheit mit den tiefen Wunden, die sie uns hinterlassen hat, für uns kein Grund zur Schwäche zu sein braucht. Wir dürfen uns nicht demoralisieren lassen durch die Fehler, die wir gemacht haben, durch die Taten, die wir unterlassen, und die törichten Dinge, die wir gesagt und geschrieben haben. Von dem Augenblick an, wo wir das Positive wollen, kann gerade aus dem Schlechten in uns eine neue Kraft erwachsen.

Diese Art zu denken wird manch einem, nicht zu Unrecht, als religiös erscheinen. Dieses Wort bringt mich nicht in Verlegenheit, denn was ich meine, ist nicht so sehr ein Gefühl als vielmehr ein »Bewußt-Sein«. Schon bei anderer Gelegenheit habe ich ausgesprochen, daß die Wiederentdeckung des christlichen Erbes in den Freiheitsfermenten der heutigen Gesellschaft mir als unser wichtigster geistiger Gewinn erscheint. Ich glaube, das geht auch aus meinen Büchern *Brot und Wein* und *Der Same unter dem Schnee* hervor. Ein amerikanischer Kritiker hat in einer Besprechung dieser beiden Romane eine direkte Verwandtschaft festgestellt zwischen der Hauptfigur Pietro Spina und den sogenannten »Gottsuchern«, einer Bewegung im russischen Sozialismus, die nach der Revolution von 1905 entstanden war. Diejenigen unter Ihnen, die Schriftsteller sind, werden aus Erfahrung wissen, wie bestimmte Gestalten aus unseren Werken sich vordrängen und ein eigenes Leben beginnen können, das sich nicht mehr vom Willen des Autors beherrschen läßt. Wenn ich über Pietro Spina nachdenke, habe ich das Gefühl, daß er nicht so sehr Gott sucht, als vielmehr von Gott verfolgt wird, wie ein Mensch von seinem eigenen Schatten oder von etwas, das er in sich trägt, verfolgt werden kann. In einem Gedicht von Francis Thompson heißt es: »Flüchtig erschauten Hoffnungen jagte ich nach, / stürzend, angstvoll / warf ich mich in das dunkle Todesmeer, / während Sein Schatten mir folgte, / während Sein Schritt mich bedrängte / unerbittlich.«

Auch im Evangelium ist es ja Gott, der den Menschen sucht. Und ich habe den Eindruck, daß Pietro Spina den »bedrängenden Schritt« nicht in Augenblicken der Schwäche, sondern der Stärke in sich vernimmt. Der Unterschied zwischen diesen beiden Möglichkeiten ist so groß und die Unterscheidung so wichtig, daß ich einen Augenblick dabei verweilen muß.

Es gibt eine sogenannte religiöse Wiedergeburt, die eine Folgeerscheinung von Katastrophen und Niederlagen ist. Tatsächlich bedeutet jeder historische Niedergang auch für den einzelnen eine Demütigung, er raubt den Menschen ihr Selbstvertrauen, beweist ihnen ihre Schwäche, ihre Unfähigkeit, ihr Elend und ihre Schuld. Und immer findet sich jemand, der diesen Augenblick benutzt, um zu beweisen, daß die Geschichte des Menschen unbeugsamen Gesetzen gehorcht, die keine Rebellion und keine Aufsässigkeit zulassen.

In jeder religiösen Wiedergeburt nach einer Zeit der Niederlagen und Demütigungen liegt auf der einen Seite das Heimweh des verlorenen Sohnes, der zum Schweinehirten herabgesunken ist, auf der anderen die machiavellistische Berechnung der führenden Klassen, die, selbst zynisch und ungläubig, aus Erfahrung wissen, daß die Furcht vor Gott immer noch der Gendarm ist, mit dessen Hilfe man die Menschen am leichtesten im Zustand der Unterwerfung halten kann. Aber die Menschen, die sagen: »Wir brauchen Gott«, ebenso wie man sagen könnte: »Wir brauchen Panzer oder eine Erhöhung der Fleischration«, sind in Pietro Spinas Augen nicht Gläubige, sondern Atheisten, und ich glaube nicht, daß Pietro Spina Heimweh nach seinem Vaterhaus haben könnte. Wie auch der Ausgang des Krieges sein möge, es ist nicht anzunehmen, daß er sich auf irgendeine Weise unterwerfen wird. Ich habe das Gefühl, daß der Gedanke an Gott bei ihm nicht Resignation bewirkt, sondern Mut, sogar Verwegenheit.

Ich habe nun noch das Bedürfnis, auf den Fluch einzugehen, den die Partei uns im Augenblick der Trennung entgegenzuschleudern pflegt. Ihr seid verdammt zu trostloser Isolierung, so heißt es gewöhnlich, und zu einem endgültigen Bruch mit jeder Form von Sozialismus oder Demokratie. Dieses düstere Zukunftsbild hat, wie man weiß, manch ein ängstliches Gemüt abgeschreckt, und tatsächlich haben die Ehemaligen in den Ländern, die unter kommunistischer Herrschaft stehen, ein grausameres Schicksal als die Menschen, die im Mittelalter aus der Kirche ausgestoßen wurden. Aber was die übrige Welt betrifft, so kann man mit Sicherheit behaupten, daß unser Schicksal ausschließlich von uns selbst abhängt. Für meine Person muß ich sagen, daß ich erst nach meinem Austritt aus der Partei wieder normalen Kontakt zu meinen Mitmenschen gefunden habe. Warum sollte ein Mensch auf die Vermittlung eines bürokratischen Apparats angewiesen sein, um mit seinem Nächsten verkehren zu können? Wer glaubt, aus der Einsamkeit herauszufinden, indem er totalitäre Versammlungen besucht, unterliegt einem schweren Irrtum. Es ist ein groteskes Schauspiel, wenn dekadente, erschöpfte Künstler mit Faschisten oder Kommunisten marschieren, in der trügerischen Hoffnung auf einen jugendlichen Aufschwung.

Zu jeder Zeit und unter jedem Regime entsteht die echte Einsamkeit des Menschen durch Lüge, Neid und Egoismus. Es gibt eine sozusagen berufsmäßige Einsamkeit, von der besonders Schriftsteller und Künstler ernstlich bedroht sind und die eine direkte Folge des Narzißmus ist. Aber kein

Parteibuch kann gegen diese gefährliche Erkrankung des Geistes immun machen. In Wirklichkeit ist eine gewisse persönliche Disposition zu Umgänglichkeit, Mitgefühl und Großzügigkeit, die so weit gehen kann, daß wir den anderen wirklich in uns aufnehmen, ein Element der menschlichen Veranlagung, dem durch keine Organisation etwas hinzugefügt werden kann.

Was dagegen eine weitere Teilnahme am politischen Leben betrifft, so ist es unvermeidlich, daß die Ehemaligen verschiedene Wege gehen. Jeder wird diese ganz persönliche Frage für sich selbst entscheiden müssen. Während einige meiner Freunde Trotzkisten und andere Sozialdemokraten geworden sind, habe ich mich, wie Sie wissen, nicht entschließen können, ohne weiteres von einer Organisation zur nächsten überzuwechseln, obwohl ich auf meine Weise ein Kämpfer für den Sozialismus geblieben bin. (Der Antifaschismus ist für mich nur eine selbstverständliche Folge davon.) Aber der Begriff Sozialismus ist heute so weit und unbestimmt geworden, daß er neu durchdacht und von dem pseudowissenschaftlichen Ballast befreit werden muß, den er seit dem vorigen Jahrhundert mühselig mit sich schleppt. Dem Sozialismus ist es nach dem ersten Weltkrieg so ergangen wie dem Jäger, der auszog, um Wachteln zu schießen, und im Wald den Wölfen begegnete. Die Sozialisten waren davon überzeugt, daß es keine Wölfe mehr gibt, wenigstens nicht in unseren zivilisierten Ländern. Tatsächlich waren sie in der marxistischen Lehre nicht vorgesehen. Noch weniger war vorgesehen, daß viele Sozialisten angesichts gewisser Schwierigkeiten von Klima und Ernährung selbst dem Ruf der Wälder folgen und ihrerseits zu wilden Tieren werden würden. Im Kampf gegen die Wölfe haben nicht wenige von uns ihre bürgerlichen Grenzen überschritten und ihr frühchristliches Erbe wiederentdeckt. Dieses Erbe besteht vor allem in einigen moralischen Werten, die immer gültig sind und verhindern, daß im Zusammenleben der Menschen die Gesetze der Wälder herrschen.

Eine der tragischsten Erscheinungen unserer Epoche ist die rückläufige Entwicklung des Marxismus in den Ländern, wo seine Vertreter die Herrschaft erlangt haben: Auf die erbitterte Kritik an den anderen Ideologien ist die dogmatischste aller Ideologien gefolgt, auf die Forderung nach der Priorität des Menschen vor den Dingen eine eiskalte Technokratie, aus einer Bewegung der politischen Befreiung ist ein System der Sklaverei geworden. Als wir noch in der Partei waren und mit Russen zu diskutieren versuchten, hatten wir das Gefühl, mit Schlafwandlern zu sprechen. Sie benutzten den Marxismus wie eine Droge, um die Sensibilität herabzusetzen und den Schmerz erträglich zu machen. In einer zukünftigen russischen Revolution (denn die Voraussetzungen für eine neue Revolution sind in Rußland zweifellos gegeben, wenn auch niemand weiß, ob sie nach 10 Jahren oder nach 100 Jahren ausbrechen wird) würde vermutlich eines der Losungsworte heißen: Der Marxismus ist Opium für das Volk. Keine Theorie ist ausschließlich revolutionär oder ausschließlich »progressistisch«; jede revolutionäre Theorie kann eine radikale Umkehrung ins Reaktionäre erfahren, wenn sie einer führenden Klasse in die Hände fällt und von dieser als Machtmittel mißbraucht wird. Das Schicksal des Sozialismus oder Kommunismus ist aber meines Erachtens keineswegs an den Marxismus gebunden. Der Sozialismus oder Kommunismus ist eine ständige Hoffnung des menschlichen Geistes, der ein Bedürfnis nach sozialer Gerechtigkeit hat. In seinem Kern ist der Sozialismus eine Ausdehnung der moralischen Kriterien, die im privaten Bereich gültig sind, auf das ganze Gebiet des sozialen Lebens; er erstrebt die Herrschaft des Menschen über die wirtschaftlichen Kräfte, die ihn zu unterdrücken drohen, mit dem Ziel einer weiteren Entwicklung unserer Umwelt zur Menschlichkeit hin. Dieses Ideal hat wie alle großen menschlichen Bestrebungen viele Formen und Rechtfertigungen gehabt. Plato gelangte zum Kommunismus über die Sokratische Konzeption der Tugend; die ersten Christen gingen von der Erwartung des Gottesreiches aus; die Utopisten des 18. Jahrhunderts von der Philosophie des Naturrechtes; Marx und Engels von der Analyse des Kapitalismus. Ebenso verschiedenartige doktrinäre Auslegungen hat bekanntlich das Christentum erfahren: eine Theologie im Sinne von Plato, Aristoteles, Kant, Hegel, Darwin und als letztes eine existentialistische Theologie. Als geistiger Führer der modernen Arbeiterbewegung hat Marx den Sozialismus sehr gefördert. Aber der Dialog zwischen Wunschbild und Wissenschaft im Sozialismus ist mit Marx nicht abgeschlossen. Die wissenschaftlichen Theorien wechseln alle dreißig oder fünfzig Jahre, doch das Wunschbild bleibt dasselbe. Wir müssen uns über diesen Unterschied klarwerden. Unter der Herrschaft des Marxismus sind wir dahin gelangt, das, was vergänglich ist, zum Dogma zu erheben und das Bleibende als relativ anzusehen.

Ein junger Deutscher, den ich nach dem vorigen Krieg bei den internationalen Versammlungen der Kommunistischen Jugend kennenlernte und dessen schweres Schicksal – Hunger, Gefangenschaft, Verbannung durch die Nationalsozialisten und, was schlimmer ist, Verleumdung und Verfolgung durch die eigenen Genossen – ich durch Jahre verfolgt habe, besuchte mich im vorigen Jahr. Nachdem er mir von dem Unglück, das ihm in der letzten Zeit widerfahren war, berichtet hatte, sagte er mir in einem Ton, als teile er mir eine große Entdeckung mit: »Man müßte sich zu den anderen so verhalten, wie man wünscht, daß sie sich zu einem verhalten.« Ich wagte nicht ihm zu sagen, daß das eine jahrhundertealte Weisheit ist. Und ist sie denn wirklich alt? Kann man von einer Wahrheit behaupten, daß sie alt sei, wie man es von einer Person oder einem Gegenstand sagt? Da der junge Mann allein zu dieser Erkenntnis gelangt war, war es für ihn jedenfalls eine ganz und gar neue Wahrheit. In den schwersten Prüfungen des Lebens kann es unsere Rettung sein, daß in unserer Seele noch der Keim einer solchen unzerstörbaren Wahrheit erhalten geblieben ist. In der Zeit der Erniedrigung ist dieser Keim unsere geheime Qual. Der heilige Bernhard spricht von derartigen Leiden, wenn auch er von Menschen berichtet, die von Gott verfolgt werden. In seiner drastischen Ausdrucksweise geht das so vor sich: Sie laufen fort und wollen nichts mehr von Ihm wissen, aber Er läuft ihnen nach, packt sie und verschlingt sie. Es ist schrecklich, in seine Hände zu fallen.

Wie traurig, daß man gewisse Dinge erst versteht, wenn die Haare anfangen grau zu werden und man einsehen muß, daß man die besten Jahre und die besten Kräfte verschwendet hat.

Die Situation der Ehemaligen ist der Text eines Vortrages, den der Autor am 25. Februar 1942 in Zürich vor Zuhörern, die vorwiegend ehemalige Kommunisten waren, gehalten hat.

Die Wahl der Gefährten

Die Zahl der Schriftsteller, die in verschiedenen Ländern während der letzten Jahrzehnte freiwillig in den Tod gegangen sind, ist so groß wie in keiner früheren Epoche. Es scheint mir, daß die meisten dieser traurigen Fälle, so verschieden sie äußerlich sein mögen, einen gemeinsamen Hintergrund haben: das, was Nietzsche den Nihilismus des neuen Zeitalters nannte. Das Leben der Autoren ist meinem Gefühl nach nicht weniger bedeutsam als ihre Werke. Jedesmal wenn ich mich frage, wo das für unsere Zeit charakteristische Gefühl von Verwirrung, Überdruß und Widerwille seinen deutlichsten Ausdruck gefunden hat, gehen meine Gedanken nicht in erster Linie zu den Schriften von Heidegger, Jaspers und Sartre, sondern ich denke an den freiwilligen Tod von Majakowski, Essenin, Kurt Tucholski, Stefan Zweig, Ernst Toller, Drieu La Rochelle, O. Matthiesen, Cesare Pavese und von anderen weniger bekannten Schriftstellern. Was für ein trostloser Zug schattenhafter Gestalten! Über die äußeren Umstände hinaus, mit denen man seinerzeit in jedem einzelnen Fall versucht hat, das tragische Ende dieser hochbegabten Männer zu erklären (Verfolgung, Exil, Einsamkeit, Elend, Krankheit, anormale Veranlagung), findet man in dem, was sie vor ihrem Tode geschrieben oder ihren Freunden gegenüber ausgesprochen haben, die gleiche Angst vor dem Leben und die gleiche Verzweiflung über seine Sinnlosigkeit. Wir müssen uns also vor oberflächlichen Erklärungen hüten. Jeder Versuch, einem bestimmten politischen System die Schuld an diesen Vorfällen zuzuschieben, ginge fehl; denn sie haben sich bekanntlich unter den verschiedensten Regierungsformen in

Rußland, in Amerika und in Europa zugetragen. Und noch weniger kann man sie dem Einfluß einer bestimmten pessimistischen Doktrin zuschreiben, denn Majakowski war der Dichter einer siegreichen Revolution, und die anderen, von Zweig bis Pavese, waren fest in der humanistischen oder christlichen Tradition ihres Ursprungslandes verwurzelt. Eher könnte man das Gegenteil annehmen, nämlich daß einige von ihnen der Angst so widerstandslos erlagen, weil sie diese aus ihrer Doktrin und ihrer Kunst ausgeschlossen hatten. Es ist gefährlicher, die Dinge zu vertuschen, als ihnen ins Gesicht zu sehen. Aber die Anfänge der Dekadenz unserer Zeit reichen weiter zurück, und nicht nur geistig hochbegabte und seelisch überempfindliche Menschen wurden davon betroffen, sondern die verschiedensten Institutionen und Kreise, die niedrigeren Stände nicht ausgenommen.

Nietzsche hat als erster dieses Phänomen beschrieben und hat es Nihilismus genannt. Dabei gab er dem Wort einen Sinn, in dem es seither immer verstanden worden ist und der etwas von der Bedeutung abweicht, die der Nihilismus in Turgenjews berühmtem Roman hat. Die späteren Kriege und Revolutionen haben Nietzsches Voraussicht recht gegeben und ans Licht gebracht, was zu seiner Zeit noch verborgen war. Was verstehen wir unter Nihilismus? Vor allem ist Nihilismus die Gleichsetzung des Wahren, Guten und Richtigen mit dem eigenen Interesse. Nihilismus ist die weitverbreitete Überzeugung, daß alle Glaubenslehren und Doktrinen bloße Worte sind und daß es schließlich nur auf den Erfolg ankommt. Nihilismus ist es, sich für eine Sache zu opfern, an die man nicht glaubt, indem man tut, als glaube man daran. Nihilismus ist es, Heroismus und Tapferkeit zu verherrlichen unabhängig von der Sache, der sie dienen, und so den Mörder dem Märtyrer gleichzustellen. Sogar die Freiheit kann, wenn sie nicht dem Leben dient, sondern sinnlos vertan wird, nihilistisch sein, sich in Sklaverei verwandeln und zu Selbstmord oder Verbrechen führen, wie bei manchen Helden von Dostojewski.

Im allgemeinen wird angenommen, daß diese Erscheinungen ihren Ursprung in der Erschütterung der bürgerlichen Welt durch den ersten Weltkrieg haben; aber man sollte sich wohl die Frage stellen, ob es zu diesem Krieg gekommen wäre, wenn die Krise nicht schon vorher begonnen hätte. Der Weltkrieg offenbarte nur die Hinfälligkeit der Fortschrittsmythen, auf denen die kapitalistische Lebensanschauung und Lebensform beruhte. Auch in den Siegerstaaten wurde das morsche Gerüst der alten Institutionen bis auf den Grund erschüttert, und Skepsis und Korruption breiteten sich in allen sozialen Schichten aus. Ohne Bedenken hatte man die traditionellen moralischen und religiösen Werte aufgerufen, um die bedrohten Interessen zu stützen, und hatte sie dadurch in Frage gestellt.

Die autoritäre Restauration, die in jenen Jahren zuerst in Italien und auf dem Balkan, später in Deutschland und anderen Ländern durchgeführt wurde, war ein Heilmittel, das das Übel verschlimmerte. Es ist sehr merkwürdig, daß die Konservativen die Überwindung des Nihilismus durch irgendeine Form der Diktatur für möglich hielten. Der Faschismus in seinen verschiedenen Formen bedeutete vielmehr die Inthronisierung des Nihilismus. Da die Diktatur zwar die alten Druckmittel verstärkte und neue erfand, nicht aber eine neue moralische Ordnung schuf, wozu sie auch nicht imstande gewesen wäre, förderte sie mit ihrer Atmosphäre von Rhetorik, Angst und Servilität den allgemeinen sittlichen Verfall. Kurz gesagt, der Faschismus glaubte, die Italiener mit orthopädischen Maßnahmen von ihrer Skepsis heilen zu können, und hielt es für angebracht, der Jugend, die damals gerade aufhörte Hüte und Mützen zu tragen, nichts weniger als den Sturzhelm aufzuzwingen. So wurden im öffentlichen Leben heroische Töne angeschlagen, die keiner echten, tief verwurzelten Überzeugung entsprachen, und oberflächliche, vorgetäuschte oder zweideutige Leidenschaften wurden mit viel Lärm und großen Gebärden zur Schau getragen. Allerdings erleichterte diese tragisch-karnevalistische Seite des Faschismus später seinen Zusammenbruch, aber unglücklicherweise schuf sie auch die Illusion, daß gleichzeitig der Nihilismus verschwunden sei, dessen tödliche Keime indessen in der Tiefe weiterlebten. In mehr als einer Hinsicht stehen wir immer noch am gleichen Punkt, aber einige Dinge haben sich geändert; und vorläufig ist die erfreulichste Änderung wohl die Tatsache, daß es möglich geworden ist, von der moralischen Situation des Menschen öffentlich zu sprechen, ohne einen verlogenen Optimismus heucheln zu müssen.

Die große Schwierigkeit liegt darin, daß der Nihilismus keine Ideologie ist, daß er weder durch Gesetzgebung noch durch Belehrung noch auf andere Weise faßbar ist. Der Nihilismus ist eine geistige Haltung, die nur von denen als krankhaft angesehen wird, die immun dagegen sind oder ihn überwunden haben, während die anderen sich keine Rechenschaft darüber ablegen, da sie ihn für etwas ganz Natürliches halten. »Es ist immer so gewesen«, sagen sie, »und es wird immer so sein.«

Der Niederschlag, den diese Situation des Menschen von heute in der Literatur nach Nietzsche und bei den Existentialisten gefunden hat, ist bekannt. Er läßt sich etwa folgendermaßen kurz zusammenfassen: Jede Verbindung zwischen der Existenz und dem Wesenskern des Menschen ist unterbrochen; das Leben des einzelnen hat keinen Sinn, der über seine bloße Existenz hinausgeht; das Menschliche ist nicht mehr als bloße »Vitalität«.

Diese Auffassung hat für mich etwas Provisorisches und Hinfälliges, aber ich kann nicht umhin, schonungslose Aufrichtigkeit zu bewundern, besonders wo sie einen gewissen Mut erfordert. Ohne Aufrichtigkeit gibt es weder Moral noch Kunst, und ich sehe keinen anderen Weg, um den Menschen vor Probleme zu stellen, die ihm sonst entgehen, und ihm ein Bild von sich selbst zu geben, das mehr enthält, als ihm sein Spiegel täglich zeigt. Es ist kein Wunder, daß auch die bildenden Künstler es aufgegeben haben, eine Wirklichkeit darzustellen, die sich jedem tiefer dringenden Blick als bloßer Schein erweist, und sich statt dessen in eine selbstgeschaffene Welt der reinen Formen flüchten. Aber ihre abstrakte Kunst hat dem nihilistischen Bild der Epoche nur einen Zug mehr hinzugefügt, und die besten unter ihnen sind Zauberkünstler des Nichts geworden.

Es ist also einleuchtend, daß weder die Literatur noch die bildenden Künste in der nihilistischen Situation für die Dauer einen festen Platz finden können.

Was ist zu tun? Ich sehe nur einen Weg zur Befreiung: von der Oberfläche der hervortretenden Erscheinungen in die Tiefe vorzustoßen und sie mutig zu erforschen. Es ist ein gefahrvolles Unternehmen, aber wer mit absoluter geistiger Redlichkeit und gesundem Empfinden darangeht, wird früher oder später an eine äußerste Grenze gelangen, wo er entweder vor dem Abgrund des Selbstmordes steht oder, sei es auch nur andeutungsweise, einen Sinn des menschlichen Daseins entdeckt. Das ist keine abstrakte Hypothese, denn genau solche Fälle hat es gegeben, und unter ihnen sind gewichtige Beispiele.

Lehrreich ist in dieser Hinsicht das literarische Werk von Ernst Jünger und Albert Camus. Das Wesen des Nihilismus in seiner letzten Konsequenz ist verkörpert in der Gestalt des Proletariers, den Ernst Jünger in seiner berühmten

Schrift *Der Arbeiter* als Helden der modernen Wiedergeburt hinstellt: entpersönlicht, standardisiert, ohne Gehirn, ohne Herz, ohne Seele, ein lebendiger Roboter. Die Freiheit dieses Wesens besteht im besten Fall darin, in der Kette von imperialistischen Kriegen und Bürgerkriegen, die, laut Jünger, die nächsten Jahrhunderte ausfüllen werden, eine mechanische Funktion auszuüben.

Der Heroismus des proletarischen Roboters wäre demnach um so größer, je mehr er sich von der traditionellen Sphäre des Menschlichen entfernt und einer perfektionierten Maschine gleicht. Diese Vision war ein Äußerstes, über das man nicht mehr hinausgehen konnte. Ernst Jünger hat, das muß zu seiner Ehre erwähnt werden, beizeiten, noch während Hitler an der Macht war, seinen Standpunkt revidiert. In seinen späteren Werken – ich denke unter anderem an den Roman *Auf den Marmorklippen,* an den Essay über den Schmerz und das Kriegstagebuch aus Frankreich – tritt seine Verurteilung des Nihilismus immer deutlicher zutage und wird mit menschlichen Motiven begründet.

Der Fall von Albert Camus liegt anders, aber er ist trotzdem vergleichbar. Jeder Leser wird zwischen dem *Mythos von Sisyphos* und dem Roman *Der Fremde* einerseits und dem Roman *Die Pest* und dem Essayband *Der Mensch in der Revolte* andererseits einen deutlichen Abstand feststellen. Im *Mythos von Sisyphos* geht Camus vom Begriff des Selbstmordes aus, um eine Antwort auf die Frage nach dem Sinn des Lebens zu finden. »Wer freiwillig stirbt«, schreibt er, »hat wenigstens instinktiv erkannt, daß das Leben eine lächerliche Gewohnheit ohne ernsthaften Grund ist, daß die tägliche Aufregung keinen Sinn hat und der Schmerz unnötig ist.« Sich das Leben nehmen bedeutet einfach »das Eingeständnis, daß es nicht der Mühe wert ist, zu leben«. Das Heilmittel gegen dieses trostlose Gefühl der Sinnlosigkeit findet Camus im Mitleid. »Die Welt, in der ich lebe, stößt mich ab«, schreibt er in *Der Mensch in der Revolte*, »aber ich fühle mich solidarisch mit den Menschen, die leiden.« Das Leben der Figuren in seinem Roman *Die Pest* wird nicht mehr als eine gleichgültige Folge von willkürlichen und sinnlosen Ereignissen dargestellt, sondern als eine Begegnung von Menschen, die gemeinsam leiden und gegen das gleiche Schicksal kämpfen. Eine der Personen des Romans, Dr. Rieux, begegnet in einem gewissen Augenblick einem kleinen Beamten, der von seiner Frau verlassen wurde.

»Von weitem sah Rieux den alten Beamten ganz dicht an einem Schaufenster stehen, in dem grobgeschnitzte Spielsachen ausgestellt waren. Über sein Gesicht rannen unablässig Tränen. Und diese Tränen erschütterten Rieux, denn er verstand sie und fühlte sie selbst in seinem Halse würgen. Er erinnerte sich an die Verlobung des armen Kerls; sie standen vor einem weihnachtlichen Geschäft, und Jeanne hatte sich an ihn gelehnt, um ihm zu sagen, daß sie glücklich sei. Sicherlich erklang aus fernen Jahren Jeannes frische Stimme in Grands Ohren. Rieux wußte, was der alte, weinende Mann in dieser Minute dachte, und er dachte wie er, daß diese Welt ohne Liebe eine tote Welt war und daß immer eine Stunde kommt, da man der Gefängnisse und der Arbeit müde ist und keinen Mut mehr hat, da man nach dem Antlitz eines Menschen und nach einem von Zärtlichkeit verzauberten Herzen verlangt ... Diese Verzweiflung war auch die seine, und was ihm in diesem Augenblick das Herz schwer machte, war der gewaltige Zorn, der den Menschen angesichts des Leides übermannt, das alle Menschen trifft.«

Camus hat uns gelehrt, daß auch eine Auflehnung, die dem bloßen Mitleid entspringt, dem Leben wieder einen Sinn geben kann.

Sehr eigenartig ist der Fall von André Malraux. Dieser französische Nietzsche-Epigone ist vom Kommunismus zum Gaullismus übergegangen, aber im Grunde ist er offenbar Nietzsche treu geblieben. Tatsächlich wirkt er wie ein »Übermensch« auf der Suche nach Gelegenheiten zur Selbstbestätigung und Selbsterhöhung, aber es wäre ungerecht, sein bewegtes wechselvolles Werk nur als eine äußerliche Konstruktion anzusehen und ihn selbst als Abenteurer abzutun. Von seinem ersten Werk *Lockung des Westens* (1926) bis zur *Psychologie der Kunst* hat sich nicht allein der Schauplatz gewandelt. 1926 erklärte Malraux, das alte Europa, »dieser Kirchhof, auf dem nur noch tote Eroberer schlafen«, habe seine historische Rolle ausgespielt. Mit der kommunistischen Revolte der farbigen Völker schien sich dann eine ihm gemäße Perspektive zu eröffnen, aber seine Stellung dazu war nicht eindeutig. In der *Conditio humana* preist er abwechselnd eine neue Brüderlichkeit und den Rausch der Aktion an sich. Mit größerer Bestimmtheit hat er in der *Zeit der Verachtung* die brüderliche Treue im Sinne einer aktiven Solidarität als letzten Ausweg aus der nihilistischen Verzweiflung dargestellt. Der Höhepunkt der Handlung ist die Opfertat des unbekannten Genossen, der den Kommunistenführer Kassner dadurch rettet, daß er sich an seiner Stelle der Folter der Nationalsozialisten aussetzt. Aber hatte der Genosse aus eigener Initiative gehandelt oder auf Befehl des Apparates? Und kann wahre Brüderlichkeit eine andere Grundlage haben als Freiheit und persönliche Verantwortung? »Die wirtschaftliche Sklaverei ist hart«, sagt der alte Alvear in dem späteren Roman *Hoffnung*, »aber wenn wir, um sie zu brechen, die politische oder die religiöse oder die staatliche Sklaverei verstärken müssen, was habe ich davon?« Revolutionen erkennt man wie Bäume an den Früchten, die sie tragen, nicht an den Opfern, die sie gekostet haben.

Ich weiß, daß es sich um vereinzelte Beispiele handelt; aber sie zeigen immerhin einen Ausweg aus dem Nihilismus dank einer Kraft, die dem Menschen aus seiner Verbundenheit mit dem Nächsten erwächst.

Normalerweise wird nicht die Begegnung mit Büchern die Entscheidung herbeiführen, sondern die Begegnung mit Menschen. Viele von uns haben an einem bestimmten Sonntag aufgehört die Messe zu besuchen, nicht weil die Dogmen in unseren Augen plötzlich ihre Gültigkeit verloren hatten, sondern weil die Menschen in der Kirche uns langweilten und fremd waren, während uns die Gesellschaft derer anzog, die ihr fernblieben. Die Auflehnung des jungen Menschen gegen Tradition und Überlieferung ist zu allen Zeiten und in allen Ländern eine häufige Erscheinung, aber sie ist selten eindeutig. Sie kann zur Fremdenlegion führen, zum Gangstertum, zu einer Karriere beim Film oder zum politischen Extremismus.

Was unsere Auflehnung bestimmte, war die Wahl der Gefährten. Diese Gefährten waren für den, der in meinem Heimatort die Kirche verließ, die Tagelöhner. Es waren nicht so sehr die Menschen, die uns anzogen, als vielmehr die Situation, in der sie lebten. Wenn einmal die Wahl getroffen ist, entwickeln sich die Dinge, wie die Erfahrung zeigt, mehr oder weniger auf die gleiche Art. Fast immer werden ohne Widerstand, vielmehr mit dem bekannten Eifer der Neubekehrten, Sprechweise, Symbole, Organisation, Disziplin und auch Parteiprogramm und Parteidoktrin der neuen Gefährten angenommen.

Es ist nicht verwunderlich, daß die Lehren des Katechismus und der Schulbücher in den meisten Fällen kein Hindernis darstellen. Es ist nicht einmal notwendig, sie zu widerlegen, denn sie sind ein Teil der Welt, die man verlassen hat. Sie sind weder richtig noch falsch, sie sind »bürgerlich«, nicht mehr wert als vertrocknete Blätter. Die Wahl ist eine Sache des Gefühls, nicht des Verstandes. Daß die in Bausch und Bogen akzeptierte Lehre überdies noch den Anspruch erhebt, wissenschaftlich oder objektiv zu sein, gehört zu den Unstimmigkeiten, die der Neubekehrte widerspruchslos hinnimmt, auch wenn man versucht, seinen kritischen Sinn zu wecken. So ist es in der Regel. Ich habe eine Anzahl Biographien von Anarchisten, Sozialisten, Kommunisten und Faschisten gelesen und bin mehr oder weniger unterrichtet über die Umstände, die eine Reihe meiner Bekannten zum politischen Aktivismus geführt haben; ich habe noch keine Ausnahme von dem oben beschriebenen Schema gefunden. Wenn es Ausnahmen gibt, müssen sie selten sein. Wir werden Revolutionäre oder Konservative aus Gründen, die in uns liegen und die uns selbst oft nicht ganz klar sind. Ehe wir wählen, sind wir gewählt worden, ohne uns dessen bewußt zu sein. Die neue Ideologie lernen wir gewöhnlich erst später auf den Parteischulen kennen, nachdem wir ihr im Überschwang des Glaubens bereits zugestimmt haben. In ähnlicher Weise geht der umgekehrte Prozeß vor sich, wenn es dazu kommt, daß ein Parteiangehöriger seinem Glauben abschwört. Dann wird die Ideologie ebenso schonungslos beiseite geschoben wie einst der Katechismus und die Schulbücher.

Wir müssen uns jedoch fragen, wodurch es im einzelnen Fall zur Wahl gerade dieser Gefährten gekommen ist. Was konnte einen Gymnasiasten in den Jahren kurz vor dem ersten Weltkrieg dazu veranlassen, die Sache der Tagelöhner zu seiner eigenen zu machen?

Er konnte an keine politische Karriere denken, und die stolze Prophezeiung von Marx, der im Proletariat den legitimen Erben der modernen Philosophie begrüßt hatte, war ihm unbekannt. Er wußte nicht, daß Carlo Cattaneo ver-

kündet hatte, Proletariat und Freiheit seien nunmehr unauf-
löslich verbunden und würden untrennbar wie Roß und
Reiter durch das neue Zeitalter stürmen. Er hatte noch
nichts gehört von Rosa Luxemburgs Theorie über die revolutionäre Spontaneität der Arbeiter und von Lenins Theorie
über die bewegenden Kräfte des Fortschritts in der modernen Gesellschaft, er wußte auch nichts von Sorel und den
anderen Propheten des neuen Leviathan. Aber wenn auch
die Theorien über die historische Mission des Proletariats
noch nicht in die entlegene Gegend Süditaliens gelangt waren, so waren doch gerade in jenen Jahren unter dem Einfluß der Heimkehrer aus Amerika die ersten Anfänge einer
revolutionären Organisation entstanden, die die Rechte der
armen Kleinbauern und der Landarbeiter wahren sollte und
bei den Großgrundbesitzern Angst und Schrecken erregte.
Dieser ungewöhnliche Aufruhr mußte auf einen jungen
Menschen, der von den bestehenden Verhältnissen enttäuscht
und angewidert war, einen tiefen Eindruck machen und ihn
zu der Überzeugung führen, daß in einer alten, müden, erschöpften Gesellschaft die Armen die letzte Lebensreserve
bildeten und daß es richtig sei, sich zu ihnen zu gesellen.
Es waren die letzten Jahre einer Epoche, in der vieles dazu
beitrug, dem Mythos von der befreienden Mission des Proletariats Geltung zu verschaffen. Dieser Mythos wirkte weit
über die Grenzen der Partei hinaus. Die gesamte Arbeiterbewegung erschien den aufgeschlosseneren Intellektuellen
als die große, aus dem Volk geborene Alternative zur nihilistischen Dekadenz, die Nietzsche angekündigt hatte, als das
Versprechen einer neuen Zeit. Das geistige Leben und die
Kunst wurden unmittelbar davon beeinflußt, und die Ereignisse schienen Rosa Luxemburg recht zu geben. Man konnte
damals behaupten, daß jede Arbeiterorganisation, wo sie
auch entstehen mochte und ob sie von Sozialisten, Anarchi-

sten oder Gewerkschaftlern geleitet wurde, sich ungeachtet ihrer Mängel ganz »natürlich« und von selbst in der Richtung auf Freiheit und Erneuerung bewegte. Ein Vorfall, der später in die Geschichte der Arbeiterbewegung eingegangen ist, schien wie geschaffen dafür, auch die Skeptiker davon zu überzeugen, daß Rosa Luxemburgs Theorie gut fundiert war.

Um 1905 hatte die zaristische Geheimpolizei, die Ochrana, in Moskau die Gründung einer Arbeiterorganisation gefördert in der Absicht, die illegalen Agitatoren anzuziehen, um sie dann zu verhaften. Diese durchschauten sofort den Betrug und hielten sich fern. Aber die Organisation entwickelte sich, da sie aus Arbeitern bestand, trotz ihres ursprünglichen Charakters von selbst zu einem revolutionären Organismus, und die Ochrana sah sich gezwungen, sie schleunigst aufzulösen.

Wie wir alle wissen, ist seitdem zusammen mit dem blinden Fortschrittsglauben auch der Mythos von der befreienden Spontaneität des Proletariats dahingeschwunden. Die Erfahrungen mit den nationalsozialistischen Arbeiterorganisationen, mit denen Salazars und Peróns und mit den reformistischen und korporativen Gewerkschaften haben schließlich auch diejenigen überzeugt, die bisher nur die Degeneration des Kommunismus zu totalitären Formen zugeben wollten. Der Untergang dieses Mythos ist heute eine unleugbare Tatsache für jeden, der bemüht ist, sich über die wirklichen Zustände in der Welt zu informieren.

Es handelt sich nicht mehr ausschließlich um eine dünne Schicht von privilegierten Arbeitern (die sogenannte Arbeiteraristokratie der imperialistischen Länder, die durch die Ausnützung der Kolonialvölker möglich wurde) und auch nicht um die unterste, noch plebejische Kategorie am Rande des Produktionsprozesses (das sogenannte Lumpenproletariat), sondern um normale Arbeitermassen.

Die gleiche Art zu leben bedingt in der Arbeiterorganisation nicht mehr die gleiche oder eine verwandte Art zu denken. Das Klassenbewußtsein ist nicht mehr ein natürliches Produkt der Klasse. In dieser Situation besteht bei der Arbeiterschaft keine weltweite Übereinstimmung über die grundlegenden Probleme von heute, keine wirksame gewichtige Hinwendung zur Freiheit; nicht nur im politischen, sondern auch im geistigen Leben ist eine neue Dimension entstanden. Die geistige Welt der Arbeiter ist zersplittert und polyvalent geworden. Cattaneos Pferd hat den Reiter abgeworfen und ist zum ungezähmten Zustand zurückgekehrt. Der Arbeiter kann sich, wie man gesehen hat und noch sieht, für geradezu entgegengesetzte Ziele einsetzen: Er kann Faschist und Partisan sein, Henker und Opfer oder einfach, in den reichen ruhigen Ländern, ein bequemer Philister ohne Ideale, der gegen Arbeitslosigkeit, Alter und Krankheit versichert ist und auch noch gegen die Gefahr, daß die Versicherungsgesellschaften bankrott machen könnten. Aber vor allem wird in Ländern wie Italien der Arbeiter auf Grund seiner niedrigen Bildungsstufe zur leichten Beute für die extremen politischen Strömungen. Er kann noch der arme Christus sein, der für die Sünden der anderen leiden und alle Lasten tragen muß, aber er kann auch Barrabas sein, ein totalitärer Gewalttäter, der die innersten Gefühle seines Nächsten mit Füßen tritt. In jedem Fall spielt er weiter die Hauptrolle und ist der Deus ex machina der modernen Politik. Es wäre töricht zu glauben, daß an diesem Kräfteverhältnis etwas zu ändern sei und daß eine Demokratie sich auf die Dauer mit Hilfe von Polizei und Gesetzgebung gegen die Arbeiter halten könnte. Durch die Stellung der Arbeiter im Produktionsprozeß, durch ihre Anzahl, durch die größere Geschlossenheit und soziale Homogenität ist die politische Richtung, die sie einschlagen, in jedem Land von entscheidender Bedeutung. Es gibt keine größere Macht; die Freiheit der Menschen hängt davon ab – und damit alles übrige. Aber da nicht mehr die Klasse entscheidet, sondern das Gewissen des einzelnen, stehen wir wieder an einem Anfang. Wir haben eine zweifache Wahl zu treffen: die der Klasse und die innerhalb der Klasse.

Um zu erkennen, wie es um das Gewissen der Menschen bestellt ist, braucht man sich nur umzusehen. Es gibt viele anständige Menschen, die sich Essen versagen, um abzunehmen, nicht aber um einen Hungernden zu ernähren. Der Nihilismus hat sich von den oberen Klassen in alle gesellschaftlichen Schichten ausgedehnt, und die Epidemie hat auch die Armenviertel nicht verschont. Die nihilistische Anbetung von Macht und Erfolg ist heute allgemein verbreitet. Nihilistisch ist die Tendenz, nur die Siegreichen in die Geschichte eingehen zu lassen; nihilistisch ist die Haltung vieler Intellektueller, die sich ohne fundierte Überzeugung zum Kommunismus oder zur extremen Rechten treiben lassen. Haben die Toten, die Schwachen denn immer unrecht? Hatte Mazzini unrecht? Hatte Trotzki nur deshalb unrecht, weil er unterlag? Und bekam Gramsci plötzlich im April 1945 recht, weil der Faschismus und der Nationalsozialismus gestürzt worden waren, und wird er wieder unrecht bekommen, wenn seine Partei eines Tages weniger stark sein sollte? Wenn das, was man unter recht und unrecht versteht, überhaupt erkenntlich wird, so gewiß nicht durch die vergängliche Betonung, die Macht und Erfolg verleihen.
Die allgemeine persönliche Unsicherheit treibt die auf sich gestellten Menschen dazu, in einer der großen Parteien eine Art Schutz zu suchen, was keineswegs ausschließt, daß man auf alle Fälle auch die Gegenpartei im Auge behält, die der Sieger von morgen sein könnte. Wenn die großen Parteien

heute durch scharfe Kritik an ihrer Doktrin und den in ihrem Inneren herrschenden Zuständen so wenig erschüttert werden und wenn derartige Diskussionen die Mehrzahl der Mitglieder gleichgültig lassen, so liegt es eben daran, daß sich nur wenige aus wirklicher Überzeugung ihrer Partei angeschlossen haben. Der opportunistischen Einstellung der Mitglieder, die nur an ihre eigene Sicherheit und an die ihrer Familien denken, entspricht die Tendenz der Organisationen, alle Rechte an sich zu reißen. Die menschliche Dummheit hat etwas sehr Monotones. Der todbringende Mechanismus ist immer derselbe: Jede Organisation oder Institution entsteht, um für ein Ideal zu kämpfen; aber allmählich identifiziert sie sich mit diesem Ideal und setzt sich schließlich an seine Stelle, und das eigene Interesse kommt in der Wertskala auf den ersten Platz. »Wer der Partei schadet, arbeitet gegen die historische Entwicklung.« Die Parteimitglieder fühlen sich nicht geschädigt, sie sehen sogar einen Vorteil darin, daß sie endgültig von jeder persönlichen Verantwortung entbunden sind. Sollte es sich etwa ereignen, daß jemanden ein Zweifel ankommt, so braucht er sich nur mit einer Frage an das Propagandabüro zu wenden. Nicht viele Menschen haben wirklich begriffen, daß die tyrannische Herrschaft der Mittel über den Zweck zum natürlichen Tod der edelsten Zwecke führt. Es ist eine bewußte Irreführung, zu behaupten, daß man für das Glück der Menschen arbeitet, wenn man sie dabei zum Instrument und zum Rohstoff erniedrigt.

Es gibt keinen traurigeren Anblick als die ehemaligen Verfolgten, die ihrerseits zu Verfolgern geworden sind. Ich weiß nicht, wie weit der erschütternde Brief bekannt ist, den Simone Weil im Frühjahr 1938 während des spanischen Bürgerkrieges an Bernanos geschrieben hat. Der monarchistische katholische Schriftsteller hatte eine leidenschaftliche

Anklage erhoben wegen der Ausschreitungen, die bei der Unterdrückung des Faschismus auf der Insel Mallorca vorgekommen waren, und die junge intellektuelle Revolutionärin, die als Freiwillige auf der Seite der Republikaner stand, antwortete ihm. Sie spricht in ihrem Brief mit tiefer Trauer von dem unnötigen Gemetzel, das damals angestellt worden war; aber sie hatte etwas erlebt, was sie noch tiefer beeindruckte als die brutale Gewalt. Man könnte keinen unparteiischeren Zeugen für diese beispielhafte Geschichte anführen.

»Niemals«, so schreibt sie, »weder unter den Spaniern noch unter den Franzosen, die gekommen waren, um zu kämpfen oder zuzusehen – diese letzteren waren meist harmlose bleichsüchtige Intellektuelle –, niemals bin ich einem Menschen begegnet, der wenigstens im kleinen Kreise Widerwillen, Abscheu oder auch nur Mißbilligung geäußert hätte wegen des unnötig vergossenen Blutes. Sie sprechen von der Angst. Es ist wahr, die Angst war ein Faktor bei diesen Mordtaten, aber da, wo ich mich befand, hat sie nicht die Rolle gespielt, die Sie ihr zuschreiben. Scheinbar mutige Männer – es war jedenfalls einer darunter, von dessen Mut ich mich mit eigenen Augen überzeugen konnte – erzählten bei einem kameradschaftlichen Essen freundlich lächelnd, wie viele Priester oder ›Faschisten‹ – ein sehr weiter Begriff – sie getötet hatten. Wenn die weltlichen und geistlichen Autoritäten eine bestimmte Kategorie menschlicher Wesen für außerhalb der Gemeinschaft stehend und ihr Leben für wertlos erklären, gibt es offenbar nichts Natürlicheres für den Menschen, als zu töten. Wenn man weiß, daß es möglich ist zu töten, ohne Strafe oder Tadel zu riskieren, so tötet man; oder zum mindesten lächelt man denen, die es tun, ermutigend zu. Sollte es etwa vorkommen, daß jemand anfangs ein wenig Ekel empfindet, so verschweigt und erstickt er dieses Gefühl aus Angst, unmännlich zu erscheinen. Um sich von diesem mächtigen, rauschhaften Impuls nicht mit fortreißen zu lassen, bedarf es einer seelischen Kraft, die ich für etwas Außerordentliches halten muß, da sie mir niemals begegnet ist. Dagegen sind mir friedliche französische Bürger begegnet, die nie auf den Gedanken gekommen wären, selbst zu töten, die aber mit sichtlichem Behagen in dieser blutgetränkten Atmosphäre schwammen. Das Ziel des Kampfes tritt in einer solchen Atmosphäre bald ganz zurück, denn man kann kein Ziel formulieren, ohne es auf das Allgemeinwohl, das Wohl der Menschen zurückzuführen – und Menschen bedeuten nichts mehr.«

Und so schließt der Brief:

»Man zieht als Freiwilliger aus, von Idealen und Opfergeist erfüllt, und unversehens wird aus einem Kampf für die Freiheit eine Art Söldnerkrieg, nur mit viel mehr Grausamkeiten und weniger Achtung vor dem Gegner.«

Es fehlt natürlich nicht an törichten Menschen, die den Brief von Simone Weil zersetzend finden; aber die Zersetzung war vorausgegangen, so, wie die Krankheit der Diagnose vorausgeht. Und wo ist in diesem allgemeinen moralischen Schiffbruch etwas übriggeblieben, an das man sich halten könnte, um nicht unterzugehen? Simone Weil gibt in ihren Gedanken, die unter dem Titel *L'hombre et la grâce* gesammelt sind, eine indirekte Antwort, die weit über den politischen Bereich hinausgeht: Wir müssen »bereit sein, den Standort zu wechseln wie die Gerechtigkeit, die nie im Lager der Siegreichen verweilt«.

Wir sind heute weit entfernt von der Situation, in der wir uns gegen die überkommenen Umstände auflehnten. Die

Proletarier dieser Welt sind untereinander nicht mehr einig, sie verkörpern keinen Mythos mehr, und wer sie trotzdem überallhin begleitet, läuft Gefahr, irgendwohin zu gelangen, wo er am wenigsten zu sein wünscht. Das ist der Grund, weshalb, wie schon gesagt wurde, der ersten Wahl eine zweite folgen muß. Die Tatsache, daß ein Mensch Schwielen an den Händen hat, sagt heute nicht mehr genug über ihn aus; man muß ihm in die Augen sehen. Der Kainsblick des Unterdrückten, der zum Mörder wird, ist unverwechselbar. Sind wir auf der Seite der zur Zwangsarbeit Verurteilten oder auf der Seite ihrer Wächter? Das ist eine Frage, der wir nicht entgehen können, da die Scharfrichter selbst uns vor die Entscheidung stellen. »Seid ihr für oder gegen uns?« fragen sie, und man muß eine klare Antwort geben. Wir wollen die Armen nicht der Freiheit opfern, das ist sicher, und ebensowenig die Freiheit den Armen, genauer gesagt den Bürokraten, die sich der Unterdrückten bedient haben, um zur Macht aufzusteigen. In jedem Fall ist die Treue zu den Menschen, die wegen ihrer Liebe zu Freiheit und Gerechtigkeit verfolgt wurden, ein Gebot der persönlichen Ehre, das uns stärker verpflichtet als jede abstrakte programmatische Formulierung. Darin scheint mir der echte Prüfstein zu bestehen.

Es ist nicht verwunderlich, daß der literarische oder philosophische Humanismus uns heute so wenig sagt. Vielleicht wird wieder eine Zeit kommen, die ihm gemäßer ist; aber im Augenblick fühlen wir uns sehr fern von der klaren Harmonie, die ihn charakterisiert. Mir scheint, daß das Element der Selbstzufriedenheit, das ihm innewohnt, heute durch nichts begründet ist. Ein Bild des modernen Menschen, das sich nicht allzuweit vom Original entfernen und Phrasen vermeiden will, kann nur gespalten, deformiert, fragmentarisch, mit einem Wort: tragisch sein.

Es fällt uns nicht schwer, demütig einzugestehen, daß wir auf die großen Fragen über Ursprung und Bestimmung des Menschen keine Antwort wissen. Ehrlich gesagt, es sind nicht diese traditionellen Probleme, die uns quälen. Vielleicht liegt das einfach daran, daß diese Fragen unsere Verantwortung übersteigen. Wenn wir schlaflose Nächte haben, so nicht deswegen. Die Probleme, die uns in Anspruch nehmen – das ist bezeichnend für unsere Situation –, sind die unseres Lebens und unserer Verantwortung als Menschen von heute. Nur innerhalb dieser Grenzen können wir uns erkennen.

Die meisten von uns fühlen sich weder als Gläubige noch als Atheisten und ebensowenig als Skeptiker. Diese Bezeichnungen gehen uns in ihrer konventionellen Bedeutung wenig an. Wer sie auf uns anwendet, vergrößert nur die sprachliche Verwirrung. Eine Abneigung gegen große Worte und billige Tröstungen hält uns davon ab, Behauptungen allgemeiner Art aufzustellen. Ein heiliger Respekt vor dem Übernatürlichen hindert uns daran, es zu erwähnen und als Droge zu verwenden. Gott zu einem Problem zu reduzieren, würde mir als Blasphemie erscheinen. Wir sind nicht zu stolz, zuzugeben, daß auch wir in Augenblicken der Einsamkeit mit quälendem Heimweh an das Elternhaus zurückgedacht haben, an seine althergebrachte Ordnung, seinen Frieden, seine Sicherheit; aber am Ende ist die Liebe zur Wahrheit immer stärker gewesen als der Hang zur Bequemlichkeit.

In einer Situation, in der die metaphysischen oder auch einfach die historischen Voraussetzungen unsicher und angreifbar erscheinen, nimmt das moralische Empfinden notwendigerweise einen ungewöhnlich großen Raum ein und wird zum eigentlichen Führer der geistigen Kräfte. Es ist nicht zu leugnen, daß man unter solchen Umständen leicht in einen abstrakten und kraftlosen Moralismus verfällt, aber diese Gefahr besteht nur, wenn das sittliche Gefühl sozusagen im Leeren wirken muß. In Wirklichkeit sind wir zum Glück Menschen von Fleisch und Blut, und jeder von uns kommt aus einer bestimmten Landschaft und gehört einem bestimmten Kreis an. Der Impuls, der uns vor der Grenzsituation des Nihilismus bewahrt, ist leicht festzustellen; es ist derselbe, der unsere ursprüngliche Wahl bestimmte und den keine Enttäuschung hat schwächen können. Das »Wir« ist an dieser Stelle kein hypertrophiertes Ich. Unsere Zahl ist Legion und nimmt immer noch zu; es ist die Legion der Menschen, die dem Kommunismus entronnen sind und im geheimen die gleichen schmerzenden Wunden tragen.

Ist uns trotz allem noch etwas geblieben?
Ja, es gibt unerschütterliche Gewißheiten. Nach meiner Überzeugung sind es christliche Gewißheiten. Sie scheinen mir so fest eingefügt in die menschliche Wirklichkeit, daß sie eins mit ihr geworden sind. Sie verneinen hieße eine wesentliche Dimension des Menschen leugnen.
Das ist zu wenig für ein Glaubensbekenntnis, aber es genügt für eine Vertrauenserklärung. Dieses Vertrauen stützt sich auf etwas Festeres und Umfassenderes als das bloße Mitleid, von dem Albert Camus spricht. Es beruht in letzter Linie auf der inneren Gewißheit, daß wir Menschen freie und verantwortliche Wesen sind; es beruht darauf, daß der Mensch ein unabweisbares Bedürfnis hat, an der Wirklichkeit der anderen teilzunehmen; es beruht auf der Möglichkeit einer wortlosen Verständigung der Seelen. Ist diese Möglichkeit nicht ein Beweis für die brüderliche Verbundenheit der Menschen? Die Liebe zu den Unterdrückten erwächst daraus als eine notwendige Folge, die durch keine historische Enttäuschung zu erschüttern ist, denn es ist keine

auf ihren Vorteil bedachte Liebe, und ihre Beständigkeit hängt nicht vom Erfolg ab. Wir soll man, mit diesen Gewißheiten als Lebensgrundlage, sich damit abfinden, daß bei den ärmsten und unglücklichsten Kreaturen die menschlichen Möglichkeiten einfach erstickt werden? Und wie soll man eine Moral verstehen, die sich taub stellt gegenüber dieser wesentlichen Verpflichtung?

Aber diese Verpflichtung hat nichts zu tun mit politischen Machenschaften. Es ist zweifellos die schlimmste Gotteslästerung, sich der Unterdrückten als Sprungbrett zu bedienen, um selbst an die Macht zu kommen und sie dann zu verraten, denn sie sind die Schutzlosesten unter den Menschen.

Wir müssen ehrlich zugeben, daß wir kein Allheilmittel kennen. Ein Allheilmittel für die sozialen Nöte gibt es nicht. Es ist schon viel, wenn wir genug Vertrauen haben, um weiterzugehen. Wir müssen unter einem ideologisch dunklen Himmel wandern; der alte, klare südliche Himmel mit seinen leuchtenden Sternen ist jetzt bedeckt, aber das restliche spärliche Licht erlaubt uns wenigstens zu sehen, wohin wir die Füße setzen.

Es versteht sich, daß die eben beschriebene geistige Situation weder Hochmut noch Entschuldigungen zuläßt. Wir müssen uns mit einer Notlösung begnügen wie Flüchtlinge im Niemandsland, in einem improvisierten Lager. Was sollen Flüchtlinge vom Morgen bis zum Abend tun? Sie vertreiben sich die Zeit damit, einander ihre Geschichten zu erzählen. Es sind keine vergnüglichen Geschichten, aber sie erzählen sie vor allem, um sich Rechenschaft abzulegen.

Das fand auch Machiavelli: »Das Gute, das du wegen der Ungunst Fortunens und der Zeiten nicht wirken konntest, solltest du anderen mitteilen, damit viele davon wissen und einige, die mehr vom Himmel geliebt sind, es in lebendige Tat verwandeln.«

Die Lehre von Budapest

Man hat mir erzählt, daß die Geschenkpakete, die in diesen Tagen von Polen nach Ungarn geschickt werden, einen merkwürdigen Aufdruck tragen; er stellt die Taube von Picasso dar, die blutige Tränen weint. Auch von einem anderen Werk des Künstlers haben die Polen einen sinnvollen, wenn auch ungewöhnlichen Gebrauch gemacht: Nach dem tragischen 4. November, an dem russische Panzer in Budapest gegen die ungarischen Soldaten vorgegangen waren, hat man in einigen Warschauer Straßen an den Gehsteigen riesengroße Reproduktionen von Picassos »Krieg in Korea« aufgestellt. Als ich davon hörte, fiel mir ein, was Jean-Paul Sartre mir vor nicht langer Zeit erzählt hatte. Während seines letzten Aufenthaltes in Moskau, wo er als offizieller Gast von den höchsten Vertretern des kulturellen Lebens gefeiert wurde, erfuhr er von einigen Philologiestudenten, daß mehrere seiner von der sowjetrussischen Zensur streng verbotenen philosophischen Werke trotzdem heimlich von Hand zu Hand gingen.

So kann in Notfällen, wenn der Autor schweigt oder vieldeutige Orakelsprüche von sich gibt, das Werk an seiner Stelle reden. Aber wie traurig ist es um diese Menschen bestellt, die aus Gründen der Zweckmäßigkeit den Zusammenhang mit ihren Kreaturen aufgeben müssen. Wieder einmal haben die aufbegehrenden kommunistischen Intellektuellen in Polen und Ungarn bei ihren verehrten geistigen Lehrern im Westen nicht die eindeutige, öffentlich ausgesprochene Solidarität gefunden, die sie erhofften.

Alles, was François Fetjö uns schon erzählt hatte und was in den letzten Wochen durch direkte Berichte einiger Freunde bestätigt wurde, läßt keinen Zweifel an einer schnellen Wandlung der Ideologie bei den kommunistischen Intellektuellen. Es handelt sich dabei um ein Phänomen, das alle echten Revolutionen begleitet. Sie beschleunigen in schwindelerregendem Maße den Lauf der Zeit und die Entwicklung der Ideen. Budapest hat in zwei Wochen die Februar-, Oktober- und Julirevolution erlebt. Während dieser erschütternden Wochen hat die Welt staunend einer Wiederholung aller, auch der ältesten revolutionären Ideen beigewohnt.

Man könnte heute die Geschichte der sozialistischen Ideen und Methoden darlegen, indem man sich darauf beschränkt, die widerspruchsvollen Erfahrungen dieses Volksaufstandes in allen Einzelheiten zu beschreiben. Die Einheit von Zeit und Ort, die als ein Kunstmittel der klassischen Tragödie gilt, herrschte auch hier im Ablauf der sich drängenden Ereignisse. Winterpalais, Kronstadt und Barcelona folgten einander an den Ufern der Donau so schnell wie die Extrablätter einer großen Zeitung.

Zur Ehre der ungarischen kommunistischen Schriftsteller muß anerkannt werden, daß sie sich nicht von den Ereignissen überraschen ließen. Sie hatten sie vorausgesehen, sogar vorausgesagt, und haben sie als eine tragische Notwendigkeit hingenommen. Und als es soweit war, haben sie nicht gezögert bei der Entscheidung zwischen Partei und Volk, zwischen Ideologie und Wahrheit. Was für ein Beispiel und was für eine Lehre für uns alle!

Der ungarische Schriftsteller Julius Hay, der mir aus der Zeit des gemeinsamen Exils in Zürich als überzeugter Stalinist in Erinnerung geblieben war, hat einem meiner Freunde eine Erklärung für diese Haltung gegeben. Was er sagte, gilt auch für die anderen.

»Es sind viele Faktoren«, sagte Hay, »die zu meiner Wandlung beigetragen haben. Zunächst, das muß ich zugeben, handelte es sich einfach um eine Frage der Ästhetik. Wie alle Schriftsteller und Künstler litt ich unter dem schlechten Geschmack des Stalinismus in kulturellen Fragen und der Kunst. Ein anderer Grund war meine genaue Kenntnis der fortgesetzten Ungerechtigkeiten innerhalb unserer Gesellschaft. Außerdem war ich betroffen von dem offenkundigen Bankrott unseres ökonomischen Systems, das unserer Behauptung nach seine Überlegenheit über jedes andere hätte beweisen sollen und dabei in Wirklichkeit das Land ruiniert hatte.

Der vierte und vielleicht entscheidende Faktor war die Haltung der Jugend. Denn wenn es auch richtig ist, daß die Schriftsteller zur Avantgarde gehört haben – eine alte ungarische Tradition, auf die wir stolz sind –, so gebe ich für meine Person gern zu, daß nicht ich in den jungen Menschen die Liebe zur Freiheit geweckt habe, sondern daß es vielmehr die Jugend war, die mich entflammt hat.

Viele Jahre hindurch habe ich Vorträge gehalten, habe vor jungen Arbeitern und Studenten in ihren Zirkeln und in öffentlichen Versammlungen gesprochen und habe immer schmerzlich empfunden, daß es mir nicht gelang, sie zu überzeugen, und daß sie meine Ausführungen für leere Phrasen hielten.

Allmählich fing in an, mit größerer Offenheit von den Übergriffen der Bürokratie und den Abweichungen von der sozialistischen Idee in unserem Lande zu sprechen, und je ehrlicher ich meine Kritik äußerte, um so stärker fühlte ich, wie mir eine Welle der Sympathie von meinen jungen Zuhörern entgegenkam. Unsere Jugend hatte einen unstillbaren Durst nach Freiheit, und endlich haben wir Schriftsteller das begriffen. ›Ich war zu müde, um länger unehrlich zu bleiben‹, hat einer unserer Dichter sehr treffend gesagt.«

Für die westlichen Kommunisten und sogenannten Progressisten ist es anscheinend eine weniger große Anstrengung. In diesen Ländern ist die Unehrlichkeit bequemer. Ich habe es darum einigen Persönlichkeiten der französischen Linken, die für »Progressisten« gelten, hoch angerechnet, daß sie wegen der Ereignisse in Ungarn protestiert haben. Besonders beeindruckt hat mich die kompromißlose Ehrlichkeit von Louis de Villefosse, der zu einigen Prozessen, bei denen er zugunsten der Kommunisten ausgesagt hatte, schriftlich erklärt hat: »Ich glaubte Verleumdung zu bekämpfen, und habe Gewaltherrschaft verteidigt.«

Wie unbefriedigend wirken dagegen andere Erklärungen, die vielleicht mehr Aufsehen erregt haben, aber weit unbestimmter sind. Ich frage mich, wem Sartre, der sich doch als Meister des »engagement« ausgibt, sich wirklich verpflichtet fühlt. Als er Chruschtschow nach dem 20. Parteikongreß tadelte, weil dieser »unzeitgemäße« Wahrheiten verbreitet habe, offenbarte Sartre ein ganz unerwartetes Talent, das eines Polonius würdig wäre. Er scheint zu wünschen, daß dem Volk die Wahrheit tropfenweise beigebracht wird. Liegt ihm die öffentliche Ordnung so am Herzen? Möchte er Machiavellis *Principe* in einer neuen Fassung für den Gebrauch der neuen Tyrannen herausgeben? Ich verstehe den Antireformismus von Sartre nicht mehr, wenn er die Behauptung aufstellt, daß ein Volk die Wahrheit erst verträgt, wenn es einen höheren Lebensstandard erreicht hat. Glaubt er denn wie die alten idealistischen Philosophen an die Unabhängigkeit der Wirtschaft von den übrigen Erscheinungsformen des menschlichen Lebens? Auch die Wirtschaft braucht Wahrheit, mindestens ebensosehr wie die Philosophie. Die Wirtschaftsprobleme haben bei den Entscheidungen des 20. Parteitages der Kommunistischen Partei der Sowjetunion keine geringe Rolle gespielt, und ebenso ist die

Veröffentlichung der Handelsbilanz mit Rußland eine der Forderungen der ungarischen Revolution gewesen. Wie kann Sartre darauf bestehen, das ungarische Proletariat als rückständig, egoistisch und politisch ahnungslos hinzustellen, nachdem die ungarischen Arbeiter in den letzten Wochen eine so bewundernswerte Haltung bewiesen haben und nachdem sofort nach der Beilegung des bewaffneten Konfliktes die Generalstreiks einsetzten! Von früher sind Arbeiterrevolten bekannt, die von Generalstreiks vorbereitet oder begleitet wurden, aber zum erstenmal in der Geschichte der sozialistischen Bewegung begannen *schon am Tage nach der Unterdrückung eines bewaffneten Aufstandes* wochenlange Streiks, an denen alle oder fast alle Arbeiter teilnahmen. Das zeigt ohne jeden Zweifel bei den Arbeitern von Budapest moralische und politische Eigenschaften, die die Darstellung Sartres ad absurdum führen.

Viele Jahre lang haben unsere progressistischen Freunde im Westen absolutes Vertrauen zu Stalin und seiner Diktatur gepredigt, sie haben ihr Prestige als Schriftsteller, Philosophen und Theaterleute in den Dienst der russischen Propaganda gestellt. Tausende von jungen Intellektuellen bildeten ihr Gefolge, und jetzt äußern sie plötzlich ihre Überraschung und Enttäuschung, ohne uns zu erklären, wie und wodurch ein solches Übermaß an Vertrauen möglich gewesen ist. Einer ihrer Vertreter, Vercors, hat wenigstens ehrlicherweise bekannt: *»Es stimmt nicht, daß wir nichts wußten.«* Es hat euch niemand betrogen, ihr habt euch selbst betrogen.

Es ist kein Zufall und nicht ohne Bedeutung, daß in den verlegenen, unbestimmten Erklärungen der Progressisten die wirkliche Ursache ihrer Enttäuschung nicht erwähnt wird. Ich bin der Überzeugung, daß wir ihre doppeldeutige Ideologie nicht länger hinnehmen können und daß gerade in diesem Augenblick eine eingehende Diskussion darüber für die geistige Hygiene notwendig ist und im allgemeinen Interesse liegt. Ich will nur auf einige der gröbsten und häufigsten Trugschlüsse hinweisen.

Wer ist noch der Meinung, daß man in gutem Glauben von einem »Friedenslager« sprechen kann? Wie kann man annehmen, daß ein großer Staat oder eine Staatengruppe allein durch die Tatsache einer veränderten sozialen Struktur a priori gegen die Versuchung gefeit sei, Machtpolitik zu betreiben? Welcher Unterschied besteht zwischen Waffenlieferungen an andere Länder und bewaffneten Interventionen von seiten der Sowjetunion und denselben Handlungen, wenn sie von Mächten mit traditioneller Wirtschaftsstruktur begangen werden? Es könnte heute überflüssig erscheinen, den Progressisten diese Frage zu stellen, da sie die russische Intervention in Ungarn und die englisch-französische in Ägypten gleichstellen und besonders eindringlich verurteilen. Trotzdem lebt das Bild des Friedenslagers in ihrem Inneren hartnäckig fort und bleibt bezeichnend für ihre kindliche Auffassung der Weltlage: auf der einen Seite Fortschritt, Frieden, Harmonie und Wahrheit, auf der anderen Dekadenz, Krieg, Zerfall und geistige Blindheit.

Wenn Jaurès seinerzeit erklärte, daß »der Kapitalismus den Krieg in sich trägt wie die Wolken das Gewitter«, so geschah das, weil es damals nur kapitalistische Staaten gab. Heute wissen wir, daß auch Kriege zwischen kommunistischen Staaten möglich sind, denn es sind in jedem Fall die *Staaten*, die Kriege führen.

Die schlimmste Tyrannei ist die Tyrannei der Worte. Wenn wir wieder lernen wollen, klar und ehrlich zu denken, so müssen wir damit anfangen, eine gewisse Ordnung in unsere Sprache zu bringen, besonders in die politischen Formulierungen, was nicht leicht sein wird. Warum, zum Beispiel, nennen wir die russische Armee immer noch Sowjetarmee? In Wirklichkeit gibt es in Rußland seit 1920 keine Sowjets mehr, und die letzten wirklichen Sowjets waren die revolutionären Organisationen in Ungarn: im eigentlichen Sinn des Wortes »Räte« (Sowjet heißt Rat), einfache, improvisierte Vertretungen des Volkswillens, in einem Land, in dem die Diktatur das Entstehen politischer Parteien verhindert hat.

Um von allen verstanden zu werden, ist man leider genötigt, sich dem üblichen Sprachgebrauch anzupassen, und so müssen wir zum Beispiel schreiben: »Sowjetische Truppen gegen ungarische Aufständische«, während es der Wahrheit entsprechend heißen müßte: »Imperialistische russische Truppen gegen die Sowjets von Ungarn.« Aber *nomina perdidimus rerum,* wir haben die Namen der Dinge vergessen. Wie günstig für alle, die gern im trüben fischen.

Diese Unklarheit und Ungenauigkeit findet sich mehr oder weniger in dem ganzen abgedroschenen ideologischen Gerede der Progressisten. Ein Gegenstück zu ihrem Friedenslager ist die klassenlose Gesellschaft, in der es keinen Unterschied der politischen Ansichten geben soll. Wie kann man nach so viel brüderlichem Blutvergießen unter rivalisierenden kommunistischen Gruppen noch derartige Torheiten verkünden? Kann noch ein einziger Mensch in gutem Glauben die Einheitspartei und das Fehlen einer oppositionellen Presse in Ländern, die sich sozialistisch nennen, mit dem törichten Argument rechtfertigen, daß durch das angebliche Verschwinden der Klassen jede Unstimmigkeit innerhalb der öffentlichen Meinung unmöglich geworden sei? Und daß es sich dort, wo die Meinungen doch noch auseinandergehen, nur um verderbliche Einflüsse des imperialistischen Auslandes handelt? Wenn es noch Menschen gibt, die so denken, so mögen sie uns erklären, wie es nach marxistischer

Auffassung zu den von Chruschtschow in seinem Geheimbericht zum 20. Parteitag erwähnten Ruchlosigkeiten kommen konnte und was in einem Staat, in dem es offiziell nur eine Klasse gibt, die »klassenbedingten Ursachen« für den stalinistischen Terror, für den Persönlichkeitskult und die Verletzung der sozialistischen Legalität sein konnten. Wie kommt es, daß diese glückliche Gesellschaft, die dank ihrer sozialen Homogenität von Problemen allgemeiner Art oder politischen Entscheidungen ein für allemal verschont sein müßte, die Vernichtung ihrer besten Revolutionäre, den Brudermord an wenigstens fünf verbündeten Völkern und Zwangsarbeitslager mit zwölf bis fünfzehn Millionen Internierten erlebt hat?

Niemand hat noch erklärt, durch welches geheimnisvolle göttliche oder menschliche Gesetz jeder Zweifel, alle Unsicherheit und Meinungsverschiedenheiten bei den Entscheidungen, zu denen uns das Leben bei jedem Schritt zwingt, im »Vaterland des Sozialismus« von selbst behoben sein sollen. Warum sollten die Arbeiter derselben Fabrik über dieselben Dinge nicht verschiedener Meinung sein? Was für eine Geringschätzung liegt in der Vorstellung, daß der einzelne Mensch völlig im wirtschaftlichen System aufgeht. Die Wirtschaft selbst verlangt ja in jedem Augenblick Entscheidungen von uns. Natürlich handelt es sich um eine bewußte Irreführung. Wenn es nicht Gegensätze der Ideen, der Interessen und Gegensätze in den Gruppen waren, die Stalin nacheinander zum Gegner von Trotzki, Sinowjew, Bucharin, Rykow, Tuchatschewski machten und später den Tod von Raik, von Slanski, von Berija und noch kürzlich von Rakosi und Gerö zur Folge hatten, welchen Sinn hätte dann all dieses Blutvergießen? *Wie kann der russische Kommunismus hoffen, den Westen zu erobern, wenn er zur Rechtfertigung seiner Staatsform keine anderen Argumente hat*

*als solche, die die Mitschuld oder die absolute Torheit des
Partners voraussetzen?* Man könnte fast auf den Gedanken
kommen, daß im »Friedenslager« die Führer aus Langeweile
miteinander Krieg spielen, wenn nicht schon Marx uns gelehrt hätte, daß der Kampf die innere Triebfeder jeder
Wirklichkeit ist. Aber wer kennt noch Marx? Was ich bei
Roger Garaudy, einem der Theoretiker des französischen
Kommunismus, zur Erklärung gewisser unleugbarer Schwächen im »Friedenslager« gelesen habe (»Der Geist der alten
Welt, der in der kommunistischen Welt umgeht«, »Gift-
pflanzen, die von früheren Machthabern gesät worden
sind«), ist jedenfalls nicht mehr die Sprache von Marx, sondern billigste Dämonologie.

Tito, Togliatti und Gomulka haben uns zwar andeutungsweise zu verstehen gegeben, daß die lange Periode des stalinistischen Terrors wohl nur durch gewisse Fehler des Systems erklärt werden könne, aber später, als die Zeit der
Angst vorbei war, hat keiner dieser Herren sich genauer
darüber ausgesprochen, welches die Fehler waren. Ihr Dilemma ist durchaus verständlich. Kein Kommunist kann die
Legitimität der Einheitspartei in Frage stellen, ohne mit
Theorie und Praxis der kommunistischen Ideologie zu brechen. Das System ruht mit seinem vollen pharaonischen Gewicht auf diesem Gerüst. Die absurden Theorien von der
spontanen Orthodoxie und der freiwilligen Einstimmigkeit
in jedem sozialistischen Land sind die Herkulessäulen, über
die kein Kommunist, welcher Gruppe er auch angehören
mag, hinauszugehen wagt. Jenseits davon droht Gefahr und
Untergang. Wer über diese Grenze hinausgeht, wer einer
Mehrzahl politischer Strömungen zustimmt, wer eine Erör-
terung der Probleme, die sich der neuen Gesellschaft stellen,
und eine freie Entscheidung über ihre bestmögliche Lösung
zuläßt, der ist kein Kommunist mehr.

Die historische Bedeutung des ungarischen Aufstandes beruht auf der Zurückweisung der Lüge im totalitären Staat. Er bedeutet die Bejahung des Sozialismus, die Verneinung der Einheitspartei, der erzwungenen Einstimmigkeit. Das Problem der verschiedenen politischen Strömungen ist tatsächlich ein Prüfstein, der in Zukunft zwischen den Abtrünnigen und den Revisionisten eine heilsame Scheidung bewirken wird.

Auch die Intellektuellen können dieses Problem nicht umgehen. Können wir noch die Suche nach der menschlichen Wahrheit, die trotz allem unsere wichtigste Aufgabe sein sollte, einer Partei, einer Klasse, einem Staat überlassen oder unterordnen, im Vertrauen darauf, daß diese ihrer Natur nach nicht verfehlen können, ihre »Mission« zu erfüllen? Diese Frage geht alle an, deren Arbeit als Schriftsteller mit einem Gefühl für soziale Verantwortung untrennbar verbunden ist. Aber auch die, denen der Elfenbeinturm – wie mir selbst – niemals eine Verlockung war, werden dieses »Engagement« neu durchdenken müssen. Ich habe erst in diesen Tagen den Text einer Rede gelesen, die Peter Vérès in diesem Sinne vor einer Versammlung der ungarischen Schriftsteller gehalten hat.

»Es gibt Schriftsteller, die sich anpassen«, sagt Vérès, »und die Machthaber glauben dann, daß diese Schriftsteller keinen anderen Gedanken haben, als ihnen zu dienen und sie anzubeten. Manchmal geschieht es jedoch, daß einer dieser Anbeter den Tyrannen einen Schlag versetzt, der weithin vernehmlich ist. (Es ist ja eine alte Wahrheit, daß der Gefangene, dessen Gedanken nur auf ein Ziel gerichtet sind, mehr Seelenstärke besitzt als der Kerkermeister und daß zu viele intelligente Gefangene eine Gefahr bedeuten.) Aber der Schriftsteller muß als *freier* Mensch denken können, nur dann kann das Denken des ganzen Volkes gesunden.«

Eine wenig glückliche Rechtfertigung hat Sartre mit seinen *Identifikationen* versucht. Seiner Ansicht nach kann ein Schriftsteller, der wirklich lebendig ist, in jedem Fall nur für den Fortschritt eintreten. In der heutigen Zeit ist der Fortschritt identisch mit der Arbeiterklasse; die Arbeiterklasse ist ihrerseits identisch mit der kommunistischen Partei; die kommunistische Partei ist bekanntlich identisch mit Sowjetrußland und den Volksrepubliken, die ihrerseits identisch sind mit dem, was heute historisch bedeutsam ist.

Ein wundervolles Panorama voll natürlicher Konvergenzen. Wie bei einem Taschenspielertrick sind mit einem Schlag die schwierigsten, seit jeher offenen Fragen beantwortet, aus der Welt geschafft. Was für eine ungeheure Irreführung. Schon im ersten Glied der Kette wird mit der Behauptung, daß die Klasse mit der Partei identisch sei, ein Problem für endgültig gelöst erklärt, das selbst in den günstigsten Fällen niemals völlig gelöst werden kann und sich täglich unter einem neuen Aspekt stellt. Dasselbe gilt auch für die anderen sogenannten Identifikationen, die Sartre aufgestellt hat. Es sind die »terribles simplificateurs«, die uns zur Diktatur führen, hat Jakob Burckhardt gesagt. Die großen Vereinfacher, das heißt die großen Verwirrungsstifter. Man kann sich keine Tendenz vorstellen, die rückständiger wäre. Der wirklich revolutionäre Geist sucht nach Unterschieden, nicht nach Übereinstimmungen.

Was ist von diesen Identifikationen übriggeblieben? Wenn sie je existiert haben, sind sie in der Donau versunken, unter den Brücken von Budapest, die von russischen, sowjetisch genannten Truppen bewacht wurden. Julius Hay, der mit dabei war, sagt: »Ich habe jahrelang geglaubt, daß unser Regime – vielleicht mit Abweichungen und Irrtümern – ein sozialistisches Regime sei, heute glaube ich das nicht mehr. Ich weiß nicht, was für einen Namen die Soziologen dem

Regime geben werden, das wir ertragen mußten, aber ich für meinen Teil weiß jedenfalls, daß alles darin Abweichung war und nichts mehr Sozialismus ... Was ich über die kommunistische Partei denke, der ich seit so langer Zeit angehöre? Die Leitung hat die Partei zerstört. Sie existiert nicht mehr.« Eine knappe, klare Grabschrift.

Für unsere Linksintellektuellen hätte es keine schlimmere »Alienation« geben können; sie hatten ihr Vertrauen und ihre Hoffnung auf Übereinstimmungen gesetzt, die keine waren. Sie glaubten mit der Jugend der Welt zu marschieren, in der Avantgarde der Geschichte, und begleiteten nur einen Begräbniszug. Ich weiß aus eigener Erfahrung, wie schwer es sein kann, sich zu lösen. Ich weiß, daß der Abtrünnige noch im Augenblick des Bruches das Verlangen haben kann, seine persönliche Treue, seine unveränderte Liebe zur gemeinsamen Sache aufrechtzuerhalten und sich sogar nach einer Rückkehr zu den Anfängen sehnen kann. All das verdient Achtung und manchmal auch Mitgefühl. Aber machen wir uns keine Illusionen: Die demokratische Reform des Kommunismus, von der manche Leute reden, ist ein Köder und die Rückkehr zu den Anfängen ein unerfüllbarer Traum.

Trotz allem bin ich gern bereit zuzugeben, daß es auch unter den aktiven Kommunisten noch gutgläubige Anhänger gibt. Ich glaube nicht – wie einige meiner Freunde –, daß die Unterdrückung des ungarischen Aufstandes durch russische Panzer ein Ereignis ist, bei dessen Beurteilung sich die Geister scheiden. Leider können wir unsere Gefühle nicht auf andere übertragen; dasselbe Ereignis hat nicht für alle dieselbe Bedeutung.

Daraus eine Frage des Verhaltens zu machen (etwa: Soll man diesen Menschen noch die Hand geben oder nicht?), würde bedeuten, das Problem ungebührlich herabzusetzen.

In Wirklichkeit liegt es, meiner Meinung nach, anderswo. Wir haben ihnen gegenüber Pflichten. Wenn ich von Kommunisten bona fide spreche, so denke ich in erster Linie an die russische Jugend und die der Satellitenländer. Viele Anzeichen beweisen, daß Rußland sich dem Erwachen nicht mehr entziehen kann, das heute ganz Osteuropa erschüttert. Man darf nicht vergessen, daß die neue Ära des russischen Lebens keineswegs erst mit dem 20. Parteitag begonnen hat, sondern mit den großen Streiks der Arbeiter in den Zwangslagern in Workuta. (Der Bericht darüber – Joseph Scholmer: *Die Toten kehren zurück* – ist eine Lektüre, die ich jedem empfehle, der eine Stärkung seines Vertrauens in die menschliche Natur nötig hat.) Die revolutionären Aufstände waren für die russischen Machthaber vermutlich eine große Enttäuschung. Trotz ihrer Bemühungen um eine realistische Sicht können sie nur vom Standpunkt ihrer marxistischen Doktrin aus urteilen, die leider sehr summarisch und schematisch ist. Chruschtschows Konzeption der Koexistenz beruht auf der Überzeugung, daß die westliche Welt durch innere Gegensätze ausgehöhlt und zu Dekadenz und Verfall verurteilt ist, während die inneren Schwierigkeiten in Rußland und den Satellitenstaaten positive Wachstumssymptome darstellen. Die russischen Führer hatten nicht erwartet, daß die Entspannung in den Satellitenländern zu einer entsprechenden Bewegung von solchem Ausmaß führen würde. Es ist trotzdem nicht anzunehmen, daß in Rußland eine rückläufige Bewegung zu der vom 20. Parteitag verurteilten stalinistischen Politik einsetzen könnte, denn die Entstalinisierung entspricht einem dringenden Bedürfnis der russischen Gesellschaft; sie ist von der jetzigen Leitung nicht erfunden, sondern eher »erlitten« worden. Der entscheidende Anstoß ist von der neuen, nach Wohlstand und Frieden verlangenden Klasse ausgegangen. Eine Wiederaufnahme des Terrors könnte im russischen Volk selbst »Ungarn« schaffen. Zum erstenmal zeigen sich deutlich die Fermente, die im ganzen Land in der Tiefe wirken, besonders bei der Jugend. Einige Nachrichten im *New Statesman* der letzten Woche beweisen, daß sich in Rußland eine öffentliche Meinung bildet.

»Am 7. November 1956«, so berichtet der Korrespondent dieser im allgemeinen sowjetfreundlichen englischen Wochenzeitschrift, »hat es in vielen Städten eine unerklärbare Unterbrechung im Verkauf der volksdemokratischen Zeitungen gegeben. Als die polnischen und jugoslawischen Zeitungen endlich eintrafen, kam es vor den Kiosken in Leningrad zu stürmischen Auftritten. Die Parteisprecher, die die Aufgabe haben, in den Versammlungen die internationale Situation zu erläutern, wurden mit Fragen über Ungarn überschüttet. In vielen Fällen hat ihre mechanische Wiederholung der offiziellen Version den Zorn der Hörerschaft derartig erregt, daß die zufällig anwesenden ausländischen Studenten aufgefordert wurden, ihre Meinung zu äußern, was einige von ihnen mit Begeisterung getan haben. Die Unzufriedenheit über die mangelhafte Information spiegelt sich im Resultat der Wahlen in den lokalen Sektionen der Parteikomitees, die am 7. November stattgefunden haben.«

Gleichzeitig erhielt man die erregende Nachricht, daß russische Soldaten, die in Ungarn für den Ordnungsdienst eingesetzt waren, auf die Seite der aufständischen Arbeiter übergegangen waren. Das müßte, scheint mir, die Linksintellektuellen mehr als alles andere interessieren. Die schwedische Zeitung *Expressen* spricht von zwei- bis dreihundert Soldaten, die, nach Angabe von Augenzeugen, in den ersten Tagen allein in Budapest zu den Aufständischen übergegangen sind. In den folgenden Tagen gingen, obwohl die Fortsetzung des ungarischen Aufstands hoffnungslos schien, noch weitere russische Soldaten mit ihren Panzern zur Gegenseite über. (*Observer* vom 4. November 1956, und *Neue Zürcher Zeitung* vom 8. November.) Nach anderen Quellen sollen es insgesamt mehrere Tausende gewesen sein, die sich in einzelnen Gruppen den Aufständischen anschlossen. Nach meiner Meinung haben Episoden dieser Art eine größere Bedeutung als etwa eine Generalversammlung der UNO.

Die Russen, die wir immer geliebt haben, fangen an zu erwachen: die Nachkommen von Herzen, Tolstoi, Bakunin, Vera Figner, die Studenten, die nach der klassischen Tradition illegaler Aktivität verbotene Bücher verteilen, die Bauern, die entflohene Häftlinge und Deportierte bei sich verstecken und ernähren. Von nun an – und das ist wichtig – kann niemand mehr von Rußland als von einem geschlossenen Block sprechen.

Es gibt also kein Land, das von der Krise unserer Zeit verschont bleibt. Es gibt keine geographischen Grenzen mehr für Frieden, Freiheit und Wahrheit. Diese Grenzen verlaufen im Inneren eines jeden Landes und in jedem von uns. Was können wir tun? Julius Hay hat einen *Offensiv- und Defensivpakt mit der Wahrheit* vorgeschlagen. Ich glaube, das ist das Richtige. Wir müssen uns mit der Wahrheit aussöhnen und eine direkte Beziehung zu ihr herstellen. Wir müssen ein für allemal auf die Vermittler verzichten, auf alle, die uns befehlen, wann wir die Augen öffnen oder schließen und was wir denken sollen. Vielleicht ist das, nach der Lehre von Budapest, das wichtigste für die Intellektuellen, die man die Linken nennt. Es ist unsere Aufgabe, die Wahrheiten des Volkes kennenzulernen und ihm die unseren nahezubringen.

Die Lehre von Budapest erschien erstmalig am 7. Dezember 1956 in der Pariser Wochenzeitung *L'Express*.

Schmerzliche Heimkehr

Der Pfarrer von B. sandte mir damals häufig Briefe und
»Bittgesuche«, wie er sie nannte, die ich nur flüchtig ansah,
um sie gleich ohne schlechtes Gewissen in den Papierkorb
zu werfen. Meist wurde ich um Empfehlungsschreiben für
junge Landarbeiter gebeten, die nicht mehr auf dem Feld
arbeiten wollten und eine Stelle als Pförtner oder Hausmeister suchten. Manche baten ohne nähere Angaben um eine
Tätigkeit, die bescheiden und schlecht bezahlt sein durfte,
nur nicht unter freiem Himmel sein sollte und bei der man
möglichst sitzen konnte, als Entschädigung für alles, was sie
im Kriege erlitten hatten. Ich stellte mir die Pfarrkinder vor,
wie sie in Begleitung zahlreicher Verwandter in der Sakristei
erschienen, nach altem Brauch mit ein paar bescheidenen Gaben für den Pfarrer, ein paar Eiern oder einem Korb Obst,
und ihm ihre Nöte auseinandersetzten, und wie er ihre Wünsche erfüllte und einen Brief an mich schrieb. Im Geiste hörte
ich ihn sagen: »Wenn er will, kann er es möglich machen.«
Aber eines Tages bekam ich einen Brief, der folgendermaßen begann: »Dieses ist kein Bittgesuch, sondern eine Mitteilung.« Eine gewisse Person, Tochter des so und so, den
ich seinerzeit gekannt, aber inzwischen wahrscheinlich vergessen habe, sei schwer erkrankt, und er hielte es für seine
Pflicht, mir das mitzuteilen. Weiter nichts.
Der Pfarrer hatte wohl kaum angenommen, daß ich mich auf
seinen Brief hin sofort auf die Reise machen würde. Aus persönlichen Gründen wollte ich die Reise mit dem Nachtzug
machen. Ein Freund hatte sich erboten, mich in seinem Auto
hinzubringen, aber ich lehnte seine Einladung unter verschiedenen Vorwänden ab.

»Weißt du«, mußte ich ihm schließlich sagen, um ihn zum Schweigen zu bringen, »als ich vor fünfundzwanzig Jahren von dort fortging, nahm ich auch den Zug. Du mußt das verstehen.«

»Aber die Strecke ist durch die Bombenangriffe stark beschädigt«, sagte er. »Es gibt viele provisorische Holzbrücken, stellenweise fährt der Zug im Schrittempo, du wirst die ganze Nacht unterwegs sein.«

»Um so besser«, antwortete ich.

Während der Reise blickte ich lange Zeit hinaus. Am Fenster glitt die Landschaft vorbei, die ich so viele Jahre lang wie ein Bild im Gedächtnis bewahrt hatte, die steinigen Felder und die kahlen dunklen Berge; ich sah verlassene kleine Bahnhöfe auftauchen und wieder verschwinden, die Mauern waren halb zerstört, Türen und Fenster standen weit offen. Im Dunkeln erkannte ich an dem strengen Geruch die ländliche Herkunft der Männer und Frauen, die enggedrängt zusammen mit ihren Koffern, Kisten und Säcken den Wagen füllten. Vor mir hatte eine Frau ein kleines Kind auf dem Arm, und jedesmal wenn es aufwachte und zu weinen anfing, öffnete die Mutter ihr Kleid und gab ihm zu trinken. Gleich darauf schlief das Kind wieder ein. Auch ich versuchte zu schlafen, versuchte, mich wie einer von diesen Leuten zu fühlen, wie die Mutter oder das Kind, wie irgendein müder Mensch, der von einer langen Reise nach Hause kommt. Im ersten Morgenlicht hatten die schlafenden Reisenden totenbleiche Gesichter, erschreckte, verzerrte Gesichter wie Diebe, die eben von Carabinieri überrascht werden, aufgelöste Gesichter von Erniedrigten und Beleidigten. Aber als die energische Stimme eines Kontrolleurs sich näherte, fuhren sie auf, suchten in ihren Taschen und Säcken und hatten rasch wieder ihre verschlossenen, mißtrauischen Tagesgesichter.

Während ich mir im Gang zwischen den liegenden Menschen und den aufgestapelten Säcken einen Weg zu bahnen versuchte, rief jemand mich an.

»Hallo, was machst du denn hier? Fährst du nach deinem Fontamara zurück?«

Es war der Provinzkorrespondent einer römischen Zeitung, der über der Chronik der kleinen Lokalereignisse alt geworden war.

»Ich tue dasselbe wie du«, erwiderte ich unwillig. »Ich reise.«

Die unangenehme Stimme kam näher.

»Wo ist denn eigentlich dein Fontamara?« fragte der Mann in einem vertraulichen Ton, der durch nichts gerechtfertigt war. »An welches unserer Dörfer hast du dabei gedacht? An Aielli? Ortucchio? Bisegna?«

»Das ist mein Geheimnis«, antwortete ich und stieg an der folgenden Station aus.

»Und dein Gepäck?« rief der Mann mir nach. »Hast du deinen Koffer vergessen?«

»Laß mich in Frieden, ich habe keinen Koffer«, antwortete ich ihm.

Ich war ohne Gepäck abgefahren. Es wäre mir lächerlich vorgekommen, wie ein Tourist oder ein Handelsreisender mit Koffern anzukommen und womöglich nach einem Gepäckträger zu rufen. Auch vor fünfundzwanzig Jahren, als ich vom gleichen Bahnhof abfuhr, hatte ich kein Gepäck bei mir. Ich fuhr nachts ab, wie ein Dieb, und hatte mir nicht vorgestellt, daß ich so viele Jahre fortbleiben würde. Lazzaro, ein alter Sozialist aus einem Nachbardorf, begleitete mich an die Bahn.

»Komm lieber nicht«, hatte ich zu ihm gesagt. »Die Carabinieri könnten dich erkennen und es dich büßen lassen. Ich möchte nicht mit diesem Gefühl abfahren.«

»Ich tue so, als wäre ich zufällig am Bahnhof«, hatte er mir geantwortet. »Ich rede dich nicht einmal an, du wirst sehen.« So war er mit seiner Tochter und dem Esel von seinem Bergdorf zum Bahnhof heruntergekommen. Er stand etwas abseits und sah mich an wie ein heimlicher Verschwörer, aber zum Schluß sprachen wir natürlich doch miteinander. »Du gehst fort und vergißt dieses unselige Stück Erde«, sagte er zu mir. »Gut, daß du noch jung bist und vergessen kannst.«

»Lazzaro, ich schwöre dir, daß ich euch nicht vergessen werde«, sagte ich.

»Du wirst studieren und Karriere machen, und natürlich wirst du uns vergessen«, antwortete er mit großer Bestimmtheit. »Du wirst sehen, das kommt ganz von selbst.«

»Lazzaro«, sagte ich, »warum wollen wir uns streiten, gerade jetzt, wo wir uns trennen müssen? Ich schwöre dir, daß ich nichts vergessen werde.«

»Ich will nicht streiten, das fehlte noch«, versicherte er. »Ich wollte nur sagen, daß du Karriere machen und vergessen wirst. Und das ist gut so. Du wirst es erleben, glaub mir, ich bin alt, ich könnte dein Großvater sein, ich kenne das Leben besser als du.«

Ich widersprach ihm immer wieder, mit Tränen in den Augen, und mußte die Zähne zusammenbeißen, um nicht zu weinen. Auch Laurina, Lazzaros Tochter, die bis dahin blaß und still neben uns gestanden hatte, beschwor ihren Vater, er möge aufhören.

»Vielleicht ist es das letzte Mal, daß ihr miteinander redet«, sagte sie vorwurfsvoll. »Vielleicht seht ihr euch nie wieder, und da wollt ihr streiten?«

»Aber ich will doch nicht streiten«, sagte der Alte demütig. »Das fehlte noch, gerade in diesem Augenblick, wo wir uns trennen müssen. Ich habe nur etwas gesagt, was mir ganz natürlich scheint. Du wirst deinen Weg machen, habe ich gesagt, und wirst vergessen.«

Die Tochter wandte sich bekümmert an mich.

»Du mußt es ihm nicht übelnehmen«, sagte sie. »In Wirklichkeit hat er dich sehr gern. Du weißt nicht, wie sehr er an dir hängt. Vielleicht mehr als an mir, seiner Tochter.«

»Das mag stimmen«, sagte der Alte, zu dem Mädchen gewandt. »Mir gefallen seine Ideen. Aber wer bin ich denn? Ein armer Cafone. Und er? Er hat Bücher gelesen, er hat etwas gelernt, also wird er seinen Weg machen wie alle studierten Leute und wird uns und dieses unselige Stück Erde vergessen.«

Laurina stand, den Esel am Zügel, bescheiden ein wenig abseits in der ihr eigenen ergebenen Haltung.

»Und was sagst du?« fragte ich sie heftig. »Glaubst du auch, daß ich euch vergessen werde?«

»Nein«, antwortete sie schüchtern. »Ich bin sicher, daß du oft an meinen Vater denken wirst.«

»An dich auch«, fügte ich hinzu.

Bevor ich einstieg, sagte Laurina leise: »Komm bald wieder.«

Es wurde eine längere Reise, als ich damals gedacht hatte. Einige Jahre später, 1930, hatte ich mich, schwer krank, in einen Bergort in der Schweiz geflüchtet. Man glaubte, ich hätte nicht mehr lange zu leben, und so fing ich an zu schreiben und baute mir aus dem Stoff meiner bitteren Erinnerungen und meiner Phantasie ein Dorf, um darin zu leben, und nannte es Fontamara. Es wurde eine sehr einfache, kunstlose Erzählung, aber das Heimweh und die Liebe, die daraus sprachen, haben in einem für mich unerwarteten Ausmaß die Leser in vielen Ländern beeindruckt.

Es ist nicht leicht, als Mann zu den Stätten der Kindheit zurückzukehren, wenn sich die Gedanken während der Abwesenheit nie von dort gelöst haben, wenn man von der

Ferne aus in der Vorstellung dort weitergelebt hat. Es kann sogar ein gefährliches Abenteuer sein. So geriet ich einige Tage, nachdem meine Rückkehr nach Italien im Rundfunk erwähnt worden war, in größte Verlegenheit, als plötzlich in Rom eine seltsame Abordnung von Landsleuten vor mir stand. Es waren Vertreter der politischen Gruppen und lokalen Honoratioren, die den Auftrag hatten, mir das Programm der Zeremonien vorzulegen, mit denen meine Rückkehr in die heimatliche Provinz gefeiert werden sollte. In meiner Überraschung war ich nicht imstande, in wenigen Sätzen unter einem beliebigen konventionellen Vorwand die Tatsache zu verbergen, daß es mich schauderte beim bloßen Gedanken an eine von Lärm und Reden begleitete Rückkehr in diese Orte, die für mich mit unsagbar traurigen Erinnerungen verbunden waren. Die bedauernswerten Abgesandten kehrten bestürzt nach Hause zurück und fragten sich, wie ich später erfuhr, ob sie meine unhöfliche Abweisung auf übertriebene politische Unduldsamkeit oder auf krankhafte Menschenscheu zurückführen sollten. Jedenfalls wurde zu meinem Glück kein weiterer Versuch unternommen.

Dann erreichte mich eines Tages der Brief des Pfarrers mit der Nachricht von Laurinas Krankheit und ihren elenden Verhältnissen. Die unglückliche Frau hatte sich dagegen gewehrt, daß man mich um Geld bat, aber sie erinnerte sich meiner. Ich durfte nicht zögern.

Auf dem Platz vor dem Bahnhof sah ich mich vergeblich nach dem Autobus um, der früher in die Bergdörfer und bis nach B. gefahren war. Die Omnibuslinie sei seit einigen Jahren eingestellt, wurde mir gesagt.

»Warten Sie hier«, riet mir der Postbeamte. »Es kommt öfters ein Wagen vorbei, der hinauffährt. Inzwischen können wir uns etwas unterhalten. Sind Sie schon einmal hier in der Gegend gewesen?«

Auf einer Seite des Platzes befand sich ein großer Brunnen, von vielen Frauen umgeben. Ich trat unschlüssig näher. Ihre uralte Sprechweise, ihre uralten Bewegungen wirkten unendlich wohltuend auf mich. Die jungen Frauen trugen das Kopftuch im Nacken geknotet, die alten unterm Kinn. Wenn einer der großen kupfernen Krüge gefüllt war, half eine Frau der anderen, und zu zweien hoben sie den Krug hoch und setzten ihn auf den durch das Tragpolster geschützten Kopf. Unter dem Gewicht hoben selbst die Greisinnen den Kopf und schritten aufrecht dahin, um kein Wasser zu verschütten. Etwas weiter, im Schatten eines Baumes, wiegte eine Mutter ihr Kind; die Wiege hatte die Form eines niedrigen kleinen Schiffes und schwankte wie auf sanften Wellen hin und her. Dann erschienen einige Bauern am Bahnhof. Wie alle Leute vom Land in unserer Gegend hatten sie im Sonntagsanzug und mit großen Koffern in der Hand das Aussehen von umherirrenden Flüchtlingen.

»Ist hier gekämpft worden?« fragte ich den Postbeamten und sah mich aufmerksam um. »Es sieht nicht so aus.«

»Wir sind vom Schicksal verfolgt«, erzählte er mir. »Wie Sie vielleicht wissen, hat sogar das Erdbeben unsere Gemeinde verschont. Also, kein Wiederaufbau, keine Unterstützungen, keine staatliche Beihilfe. Die Deutschen sind bis dort hinten gekommen. Sehen Sie die kleine Brücke? Es hätte sie wirklich wenig Mühe gekostet, bis hierher vorzudringen. Aber nein.«

Plötzlich entschied ich mich, zu Fuß zu gehen.

»Da brauchen Sie mehrere Stunden«, sagte der Beamte. »Und Sie kennen den Weg nicht, die Straße ist steinig und staubig.«

»Ich nehme den Abkürzungsweg«, erwiderte ich im Dialekt.

»Ach, Sie sind hier aus der Gegend«, rief er überrascht.

Außerhalb des Ortes machte das gelbgrüne Mosaik der

Weinberge bald einer kargeren Landschaft Platz. Auf den kahlen Hügeln standen hier und da, fast wie nicht dazugehörig, ein paar Mandelbäume, eine Zypresse oder ein Kruzifix, das an eine weit zurückliegende Fastenpredigt erinnerte. Ich ging an diesen Hügeln vorbei, und mir wurde klar, daß Kindheit und Jugend nicht nur in der Zeit, sondern auch im Raum begrenzt sind. Wie kann ein Mensch eines Tages woanders hingehen, fragte ich mich, der sein ganzes bisheriges Leben an einem Ort verbracht hat? Es ist leichter, natürlicher, vielleicht auch ehrlicher, als junger Mensch fortzugehen. Aber, wenn man es recht bedenkt: geht man wirklich fort? Wie viele, die hier geblieben sind und sich lebendig begraben fühlten, haben sich nach fernen Städten und Inseln gesehnt; und andererseits ist Heimweh die Krankheit aller Emigranten. Und ich selbst, hatte ich diesen Fleck Erde, diese Menschen hier jemals vergessen? War in meiner Vorstellung jemals etwas Gestalt geworden, was nicht hier seinen Anfang und sein Ende hatte?

Beim Weitergehen versuchte ich, in der Erinnerung ein Jahr an das andere fügend, die einzelnen Abschnitte meines Lebens zusammenzusetzen und fragte mich vergeblich, was für einen Sinn es gehabt habe.

Ein Feldhüter kam mir entgegen. Er trug das Jagdgewehr über der Schulter, und an seinem Arm hing ein rundgebogener Weidenzweig, auf den er eine Anzahl abgehäuteter Frösche aufgezogen hatte.

»Vor vielen Jahren«, sagte ich zu ihm, »gab es noch einen anderen Froschfänger hier in der Gegend, einen gewissen Lazzaro. Haben Sie ihn gekannt?«

»Der Arme, der hat Unannehmlichkeiten gehabt, sein ganzes Leben lang«, antwortete der Feldhüter.

»Unannehmlichkeiten? Von wem? Von euch?« fragte ich.

Der Feldhüter war mißtrauisch geworden.

»Von mir wirklich nicht«, versicherte er.

»Was für Unannehmlichkeiten meinen Sie denn?« fragte ich.

»Wenn Sie es genau wissen wollen: er kümmerte sich zu viel um Dinge, die ihn nichts angingen«, erklärte der Feldhüter. »Er war ein armer Teufel, der nichts zu essen hatte. Da soll man sich um seine eigenen Angelegenheiten kümmern.«

»Er hatte eine Tochter, Laurina. Hat sie sich verheiratet? Hat sie Kinder?«

»Wenn die Fliegen sie nicht gefressen haben, wird sie wohl noch am Leben sein«, sagte der Mann lachend. »Aber geheiratet? Wer hätte denn das arme Ding genommen. Woher kennen Sie sie eigentlich?« fragte er neugierig.

»Wir waren befreundet«, antwortete ich.

Er starrte mich an, als hätte ich etwas ganz und gar Unwahrscheinliches und Unglaubliches gesagt. »Seltsame Zeiten«, brummte er vor sich hin. Bei der nächsten Wegkreuzung trennten wir uns ohne Gruß. Wo sich das Tal verengte, war es heißer, als hätte sich die Luft wie in einem Ofen gestaut. Nach kurzer Zeit führte die Straße zum Bach hinunter, und bald war ich an der Stelle angelangt, wo das Wasser von einem Felsvorsprung in ein kleines Becken fließt. Als Junge war ich oft hierhergekommen, hatte mich auf den kleinen Deich gesetzt, die Füße ins klare Wasser getaucht und die Strömung beobachtet; nach einer Weile schien dann auch der Deich sich zu bewegen – und ich mich mit ihm.

An dieser Stelle fand ich eine alte Frau, die sich auf dem Grasrand ausruhte, einen großen Korb voller Nüsse neben sich. Sie lag so schlaff und leblos da wie eine Ertrunkene. Aber kaum hatte sie mich bemerkt, so richtete sie sich zum Sitzen auf und strich ihre Kleider zurecht. Sie war auf dem Wochenmarkt in P. gewesen, so erzählte sie mir, um die

Nüsse zu verkaufen, aber niemand hatte sie haben wollen. Schon zum drittenmal trug sie diese Nüsse zum Markt.

»Aber selbst wenn du sie verkaufen würdest«, sagte ich, »wieviel würdest du denn dafür bekommen? Lohnt das die Anstrengung?«

»Die Anstrengung?« fragte sie verwundert. »Kann denn eine Frau wie ich über die Anstrengung nachdenken?«

Sie erzählte mir von ihrem kranken Sohn, dem ein Arzt Pillen verschrieben hatte, aber die Pillen kosteten viel Geld. So versuchte sie also zu verkaufen, was sie hatte, um die Pillen kaufen zu können. Seit drei Wochen schon, aber es war ihr noch nicht gelungen. Und wenn ihr Sohn inzwischen starb, was würden die Leute sagen? Sie würden sagen: Die Mutter ist schuld. Die Alte hustete, nach ein paar vergeblichen Anstrengungen erhob sie sich schließlich mit Mühe, um weiterzugehen.

Ich begleitete sie ein Stück Weges und trug ihr den Korb.

»Ich darf mich nicht lange ausruhen«, sagte sie. »Wenn ich mich lange ausruhen würde, käme die ganze Müdigkeit heraus, und ich könnte nicht mehr aufstehen; die wenigen Kräfte, die ich noch habe, würden die Gelegenheit benutzen und mich verlassen. Auch in der Nacht stehe ich zwei- oder dreimal auf. Ich helfe der Bäckerin. So verdiene ich uns das Brot, und es fehlt mir die Zeit zum Krankwerden.«

Nach einer Weile trennten sich unsere Wege, denn die Frau wohnte in O. Am Kreuzweg blieben wir stehen und unterhielten uns noch ein wenig.

»Hast du vielleicht einen alten Bauer in B. gekannt«, fragte ich sie, »einen gewissen Lazzaro, genannt der Froschfänger.«

»Und ob ich ihn gekannt habe«, erwiderte sie. »Was haben sie diesen armen Menschen gequält. Wieviel Spott und Gelächter und sogar Schläge hat er aushalten müssen. Er war herzensgut, keiner konnte etwas Schlechtes über ihn sagen, niemandem hat er jemals etwas angetan, aber er konnte sich nicht abfinden, er konnte nicht den Nacken beugen.«

»Man darf sich nicht mit der Ungerechtigkeit abfinden«, sagte ich. Die Frau sah mich mitleidig an.

»Du Armer«, sagte sie, »also bist du auch einer von denen? Aber was nützt es denn, mein Sohn, sag mir doch, was nützt es denn, wenn man sich nicht abfindet?«

»Und was nützt es, wenn man sich abfindet?« entgegnete ich. »Hat es dir vielleicht etwas genützt?«

»Gewiß nicht«, sagte sie. »Aber wenn beides nichts nützt, dann soll man den Kopf lieber gesenkt halten und sich abfinden. Wenigstens hat die Seele ihren Frieden.«

»Lazzaro hatte eine Tochter«, sagte ich. »Eine gewisse Laurina.«

»Hast du sie gekannt? Wie kommt es, daß du sie gekannt hast?« fragte sie überrascht. »Die Ärmste, wieviel Hunger hat sie in ihrem Leben gelitten.«

Oben, auf der Spitze des Hügels, lag das Dorf B. Es schien mir unverändert, so wie ich es in Erinnerung hatte. Zwischen den kleinen eng zusammenstehenden schwarzen Häusern war hier und da ein leerer Raum zu sehen, wo ein Haus bei dem Erdbeben vor dreißig Jahren eingestürzt war. Als ich am Eingang des Dorfes angelangt war, wurde ich plötzlich, ich weiß nicht warum, von einer beklemmenden Angst gepackt, und das Herz zog sich mir schmerzhaft zusammen. Ich mußte stehenbleiben, um Atem zu schöpfen; am liebsten wäre ich umgekehrt und hätte die Flucht ergriffen. Es war offenbar der Augenblick, wo das Brot aus dem großen Herd geholt wurde, denn ein Windhauch trug mir einen guten Geruch nach frischem Weißbrot zu, der mich rührte und mich wieder beruhigte. Wie konnte ich Laurina finden? Wahrscheinlich würde es das beste sein, den Pfarrer um

Auskunft zu bitten, besonders da er es gewesen war, der mich benachrichtigt hatte.

Ein Unbekannter, der wie ein alter Bettler aussah, ging, die Füße nachziehend, an den Häusern entlang. Alle zehn Schritte spuckte er nach rechts auf die Straße.

Ich holte ihn ein.

»Wo wohnt euer Pfarrer?« fragte ich ihn. »Immer noch im gleichen Haus wie früher?«

Der Mann blieb stehen und sah mich mißtrauisch an.

»Gibst du mir ein Streichholz?« sagte er.

Ich gab ihm ein Streichholz.

»Gib mir noch eins«, bat er.

Ich gab ihm mehrere Streichhölzer. Plötzlich kehrte er mir den Rücken und verschwand eilig in einer engen Seitengasse, ohne mir geantwortet zu haben. Vor der Sakristei fand ich ihn wieder.

»Es muß der Mann von der Steuer sein«, sagte er gerade zu dem Pfarrer. »Schnell, verstecken Sie sich.«

Der Pfarrer mußte ebenso alt sein wie ich, denn wir hatten einige Klassen des Gymnasiums gemeinsam besucht, aber er wirkte sehr viel älter. Er erkannte mich nicht sofort und lud mich in die Sakristei ein, mit einer verlegenen Gebärde und einem schüchternen Lächeln, das mein Mitleid wecken sollte für den Fall, daß ich wirklich der Mann von der Steuer war. Aber nach meinen ersten Worten erkannte er mich, war gerührt, begeistert, wollte hinauseilen, den Bürgermeister benachrichtigen, die Bevölkerung in Kenntnis setzen.

»Ich bin ganz zufällig hier durchgekommen«, sagte ich ihm. »Ich bin nur auf der Durchreise. Heute abend oder morgen fahre ich weiter.«

»Hat dich unterwegs denn niemand erkannt?« fragte er.

»Es sind fünfundzwanzig Jahre vergangen«, erwiderte ich. »Und auch als Junge bin ich nicht oft hier in B. gewesen.«

»Es sind fünfundzwanzig Jahrhunderte vergangen«, verbesserte er mich. »Genau fünfundzwanzig Jahrhunderte. Ich lasse sofort den Bürgermeister holen.«

»Nein, tu das nicht«, sagte ich schnell. »Weißt du, ich habe die Freude am lauten Betrieb verloren, du mußt das verstehen. Und die wenigen Menschen, die ich wiedersehen wollte, sind nicht mehr am Leben.«

»Das Dorf hat sehr unter dem Krieg gelitten«, begann der Pfarrer zu erzählen. »Verzeih mir, wenn ich darauf bestehe, du solltest doch mit dem Bürgermeister sprechen. Bei deiner augenblicklichen Stellung, bitte leugne es nicht, ich bin gut informiert, könntest du viel Gutes tun. Ich habe dir mehrmals geschrieben, aber du hast dich nicht herabgelassen, mir zu antworten.«

»Diesmal bin ich nur auf der Durchreise«, unterbrach ich ihn. »Ich wäre dir wirklich dankbar, wenn du zu niemandem von meiner Anwesenheit sprechen würdest. Aber nun, wo ich einmal hier bin, fällt mir dein letzter Brief ein. Wie geht es Laurina? Wo wohnt sie?«

»Sie ist vorgestern gestorben«, sagte der Pfarrer. »Endlich ist die Ärmste von ihren Leiden erlöst.«

Er bemerkte meine Bewegung nicht oder tat jedenfalls so. »Wir haben sie gestern begraben«, fügte er hinzu. »An der Seite ihres Vaters.«

»Hättest du mir nicht früher schreiben können?« sagte ich. »Ich habe erst vor einigen Tagen erfahren, daß ihr euch kanntet«, erwiderte er. »Wie sollte ich auf den Gedanken kommen? Und im übrigen ermutigst du einen nicht gerade zum Briefeschreiben.«

In der Stimme des Pfarrers klang ein starker Groll gegen mich mit. Ich fühlte ihn auch in dem Bericht, den er mir gab. »Seit Lazzaro gestorben war«, erzählte er, »wußten wir, daß seine Tochter ihm bald folgen würde. Der Vater war ihr einziger Schutz, ihr einziger Halt. Daß sie noch mehrere Jahre allein gelebt hat, ist ein wahres Wunder. So war ich nicht erstaunt, als ich vor einigen Tagen an ihr Krankenbett gerufen wurde. Ich fand sie von ein paar alten Frauen ihrer Nachbarschaft umgeben. Wenn ich Krankenbett sage, so ist das nur bildlich gemeint, denn in Wirklichkeit hatte die Arme auch ihr Bett verkaufen müssen und lag auf einem Strohsack. ›Ich bin gar nicht krank‹, sagte sie zu mir, ›aber ich kann mich nicht mehr auf den Füßen halten, darum ruhe ich mich aus.‹ Die Nachbarn brachten ihr, was sie vom Essen übrigbehielten. Eine der alten Frauen erkundigte sich danach, aus welchen Gründen du nicht einmal besuchsweise in diese Gegend zurückkehren wollest. Ich wußte wahrhaftig nicht, was ich antworten sollte. ›Also hatte mein Vater doch recht‹, sagte Laurina seufzend. Das Sprechen strengte sie an und vielleicht tat es ihr auch weh, über diese Dinge zu reden. Aber andererseits hatte sie ein Bedürfnis danach. Nach ihrer Erzählung hörte es sich so an, als ob sie und ihr Vater dich an den Zug brachten, als du damals fort mußtest. ›Du wirst Karriere machen und diese Erde hier vergessen‹, soll der Vater zu dir gesagt haben. Du wurdest böse. ›Niemals vergesse ich euch, nie, niemals‹, sagtest du. Laurina glaubte dir damals; aber als es soweit war ... ›Es konnte ja nicht anders sein‹, sagte sie schließlich.«

Ich hätte den Pfarrer umbringen können wegen der Genugtuung, mit der er seine Erzählung vortrug. Aber plötzlich packte mich wieder das beklemmende Gefühl, das ich am Eingang des Dorfes empfunden hatte, und ich mußte mich nach einem Stuhl umsehen, weil ich mich nur mit Mühe auf den Beinen halten konnte. Der Pfarrer hatte inzwischen weitergesprochen.

»Eine der alten Frauen bestätigte Laurina, daß es nicht anders sein konnte. ›Wenn ein Kopf sich mit Wissen füllt,

bleibt kein Platz mehr für das, was vorher darin war‹, erklärte sie . . . ›Ja, ja, das ist schon immer so gewesen‹, sagte
eine andere . . .«

Von einem gewissen Augenblick an nahm ich die Worte
des Pfarrers nicht mehr auf. Ich hörte den Klang, aber den
Sinn begriff ich nicht. Vielleicht nutzte er meine Passivität
aus, um mir nochmals die materiellen und moralischen Schä-
den vorzutragen, die seine Gemeinde durch den Krieg erlitten hatte, und das berechtigte Bedürfnis vieler seiner
Pfarrkinder, sich in der Stadt niederzulassen, sei es auch nur
als Pförtner oder Hausmeister. Endlich war ich imstande
mich zu erheben und ging auf die Tür zu. Der Pfarrer rieb
sich erfreut die Hände und folgte mir. Die Straße war menschenleer.

»Dort geht es zum Rathaus«, sagte der Pfarrer an einer
Ecke. »Hast du das denn vergessen?«

Ich mußte mich zusammennehmen, um ihm ruhig zu antworten.

»Dein Bürgermeister interessiert mich nicht«, sagte ich. »Ich
fahre nach Rom zurück.«

Gedanken über den Fortschritt

Die Wohlstands-Sphinx

Es wirkt vielleicht überraschend, daß ein Schriftsteller, dessen Erzählungen fast alle in einer rückständigen Welt spielen, es für notwendig hält, sich nun auch mit den Problemen des Wohlstands zu beschäftigen. Geschieht es vielleicht, könnte der Leser sich fragen, weil dieses Thema seit einiger Zeit in Mode gekommen ist?

Dazu muß ich zunächst sagen, daß ich einer Einordnung meiner Schriften in das Gebiet der soziologischen und Parteiliteratur ohnehin nicht zustimmen kann, denn die einzige Wirklichkeit, die mich immer interessiert hat, ist die Stellung des Menschen im Räderwerk der heutigen Welt, einerlei auf welchem Längen- oder Breitengrad. Und natürlich fühle ich mich, wo es auch sei, auf der Seite des Menschen und nicht auf der des Getriebes. Wenn die Gestalten meiner Bücher häufig arme Bauern sind, seltsame Priester, unruhige Intellektuelle und engstirnige Bürokraten und wenn sie sich in einer kargen südlichen Landschaft bewegen, so geschieht das nicht aus Vorliebe für ein gewisses Lokalkolorit. Es ist nur die Wirklichkeit, die ich am besten kenne. Ich trage sie sozusagen in mir, und in ihr stellt sich mir die Situation des Menschen in unserer Zeit am unverhülltesten dar. Und stehen denn Armut und Reichtum nicht in Wechselbeziehung zueinander? Wie bei Wärme und Kälte ist es unmöglich, sich von dem einen eine rechte Vorstellung zu machen, wenn man es nicht mit dem anderen vergleicht. Wie dem auch sei, ich will einige kurze Anmerkungen über mein eigenes Leben vorausschicken, aus denen ersichtlich ist, durch welche Umstände meine Aufmerksamkeit schon früh auf die Probleme des Wohlstands gelenkt wurde.

Ich bin geboren und aufgewachsen in einer verhältnismäßig armen Gegend, die jedoch nicht kulturlos ist, sondern durchtränkt und geradezu beladen mit mittelalterlicher Geschichte. Aber als ich im Jahr 1930, zu Beginn meines langen Exils, meinen ersten Roman *Fontamara* schrieb, befand ich mich in der Schweiz und hatte Gelegenheit, mir über die Lage des Menschen in einem reichen und technisch fortgeschrittenen Land Gedanken zu machen.

Man kann sich kaum einen größeren Kontrast vorstellen als den, der zwischen dem Thema meines Buches – Elend, Ausbeutung und Rebellion oder, genauer gesagt, »Erwachen« der Bevölkerung eines kleinen süditalienischen Dorfes – und den Lebensbedingungen des Landes bestand, in dem ich als Flüchtling lebte, eines Landes, das bekanntlich zu den technisch fortgeschrittensten in Europa gehört, wo das Elend, wenn nicht vollkommen ausgerottet, so doch seit geraumer Zeit auf Ausnahmefälle beschränkt ist.

Mein Gefühl für diesen Kontrast wurde verstärkt durch den Umgang mit einigen Schweizer Freunden, mit denen ich oft über die gegensätzlichen Verhältnisse in unseren beiden Ländern diskutierte. Diese Freunde gehörten verschiedenen Kreisen an – es waren Ärzte, Architekten, Handwerker und protestantische Pastoren –, und sie vertraten auch verschiedene politische Überzeugungen oder lehnten jede Art von Ideologie ab. Aber sie hatten einige typisch schweizerische Eigenschaften gemein, und zwar vor allem eine Abneigung gegen Wortreichtum und Geschwätz jeder Art, wie wir Romanen es so lieben. Mit einigen von diesen Männern teilte ich damals den Kummer über den »Gott, der keiner war«, das heißt, die enttäuschte Hoffnung auf die russische Revolution als Freiheitsbringer; mit anderen verband mich, obwohl wir ursprünglich verschiedenen Konfessionen angehörten, eine freimütige Anwendung der christlichen

Ethik auf die Erscheinungen unserer Zeit, die Moralbegriffe und Sitten der herrschenden Klasse und die Politik der Staaten und Kirchen. Das Solidaritätsgefühl dieser Schweizer mit uns Verbannten war eine Folge ihrer natürlichen Abneigung gegen jede Form von Diktatur, aber das hinderte sie keineswegs daran, auch an ihren eigenen Mitbürgern und Institutionen scharfe Kritik zu üben. Während ich, gequält von Heimweh und politischer Leidenschaft, die ich nicht anders ausdrücken konnte, mit meiner Erzählung von den armen süditalienischen Bauern rang und versuchte, den oftmals tragischen und manchmal auch grotesken Zusammenstoß ihrer noch mittelalterlichen Mentalität mit den neuen Formen von Ausbeutung und Tyrannei darzustellen, hörte ich von meinen Schweizer Freunden nicht weniger harte Kritik an dem moralischen Niedergang ihres Landes, ganz besonders in den reicheren Kantonen. Sie tadelten die geistige Trägheit, die Anbetung des technischen Fortschritts und als Folge davon Überdruß und innere Leere, und sie untermauerten ihre Kritik mit statistischen Daten über die Zunahme der Ehescheidungen, der Selbstmorde, der Taubstummen (auch das, wie es scheint, ein Zeichen von Dekadenz), über die in allen Kreisen immer mehr in Mode kommende Psychoanalyse und über die Mittelmäßigkeit der politisch führenden Klasse. Sie kritisierten auch die Arbeiterbewegung, besonders die Genossenschaften und Gewerkschaften innerhalb der wichtigsten Industriezweige, denen vorgeworfen wurde, bei vollkommener Gleichgültigkeit gegenüber dem Allgemeinwohl nichts weiter als eine engstirnige Politik zugunsten hoher Löhne zu verfolgen. Gegen Ende unserer Unterhaltung erhob sich immer wieder die Frage, ob die von meinen Freunden beklagte geistige Trägheit und Dekadenz tatsächlich eine Folge des zunehmenden allgemeinen Wohlstandes war. Muß man befürchten, daß so bedauerliche Begleiterscheinungen jedem Land drohen, das die ersehnte Prosperität erreicht?

Es versteht sich von selbst, daß diese Frage auch für mich nicht nur ein Diskussionsgegenstand war, sondern ein echtes Problem. Trotzdem ließ ich mich damals nicht von dem ablenken, was ich für meine Pflicht als freier italienischer Schriftsteller hielt, dem die besonderen Nöte seiner süditalienischen Heimat zu Bewußtsein gekommen waren. Es ist unmöglich, so sagte ich mir, denen, die hungern, etwas anderes als den Weg zu weisen, auf dem sie zunächst ihren Hunger stillen können. Man muß den Problemen in der Reihenfolge zu Leibe gehen, in der sie sich stellen, und es wird noch eine Weile dauern, bis die süditalienischen Landarbeiter mit den Folgen des Wohllebens zu kämpfen haben.

In den Büchern, die ich nach *Fontamara* schrieb, begannen die Probleme der Zukunft ihre grauen Schatten vorauszuwerfen. Schon in *Brot und Wein* tauchte die Frage auf: Was wird geschehen, wenn wir eines Tages nicht mehr Verfolgte sind? Werden wir dann zu Verfolgern werden? Und wenn wir soweit sind, daß wir uns jeden Tag satt essen können, werden wir dann nur noch um unsere Verdauung besorgt sein?

Das schwierige Problem der Beziehungen zwischen allgemeinem Wohlstand und Moral hörte nicht auf, mich zu beunruhigen, während ich mich fragte, wie weit der Marxismus zum Wiederaufbau fähig sei, und mir über die in Rußland und in den skandinavischen Ländern gefundenen verschiedenen Lösungen meine Gedanken machte. Es war mir seit längerer Zeit klar, daß der Januskopf des Sozialismus Abscheu erregen mußte, wenn er das bestialische Gesicht des Stalinismus zeigte; aber was sollte man von dem wohlwollenden und optimistischen Lächeln des anderen Gesichtes denken? War es nicht ein wenig zu selbstzufrieden?

Es war um so notwendiger, das Wesentliche des Sozialismus streng von dem bloßen Beiwerk zu trennen, als die Faschisten und die Nationalsozialisten sich Einzelheiten seines Programmes, die korporative Gliederung der arbeitenden Klasse, einige Sozialgesetze und die Freizeitgestaltung, in schrecklicher Verzerrung angeeignet hatten.

Ein Versuch, das Zwielicht der neuen Lage zu erhellen, war schon einige Jahre zuvor von dem Spanier Ortega y Gasset in seinem klassisch gewordenen Buch *Der Aufstand der Massen* gemacht worden. Aber viele von uns konnten ihm nicht folgen wegen seiner unverkennbaren, mit aristokratischer Verachtung gemischten Furcht vor der Teilnahme der Volksmassen am öffentlichen Leben. Im Grunde meint Ortega nicht so sehr den Massenmenschen, den er kaum kannte, als vielmehr den ungebildeten Menschen, den mittelmäßigen Geist, der sich seiner Mittelmäßigkeit bewußt ist und es wagt, die Rechte des Mittelmäßigen zu proklamieren und sie bei jeder Gelegenheit durchsetzen zu wollen.

Das neue Phänomen ist nicht die sogenannte »Masse«, eine Erscheinung und ein Begriff, den es zu allen Zeiten gegeben hat, sondern vielmehr die »Vermassung«, und diese kann man nicht von außen studieren, da unser ganzes soziales Leben von ihr durchzogen ist und wir selbst bis über die Ohren mit darin stecken.

Die gleiche neuerungsfeindliche, aber auf einer radikaleren historischen Sicht begründete Einstellung fanden wir bei dem Italiener Guglielmo Ferrero, der damals auch in der Schweiz lebte, einsam und unzugänglich, gleichsam noch unter den Flüchtlingen auf der Flucht. Ihm gebührt zweifellos das Verdienst, die moderne Massenzivilisation schon zu Beginn des Jahrhunderts, in einer Zeit der allgemeinen Euphorie, kritisch gesehen zu haben. Sein Grundgedanke ist der Unterschied zwischen qualitativer und quantitativer

Zivilisation. In seinem 1913 erschienenen Buch *Zwischen zwei Welten* bildet dieser Gegensatz den Inhalt eines Gesprächs zwischen mehreren Passagieren eines Ozeandampfers, die von Amerika nach Europa zurückkehren. Sie sprechen über die Zukunft der Industriegesellschaft, die in Amerika ihre erste Verwirklichung gefunden hat, und entdecken darin Elemente einer gefährlichen Unsicherheit. Es handelt sich nach Ferreros Ansicht um eine quantitative Zivilisation, weil ihre Dynamik durch die unkontrollierte und nicht zu kontrollierende Entwicklung der produktiven Technik bedingt ist. Obgleich ein gewisser Wohlstand für viele erreichbar ist, handelt es sich seiner Meinung nach um eine Gesellschaft ohne stabile Werte und ohne inneren Halt, die daher auf dem Wege ist, sich ihr eigenes Grab zu graben. Am wenigsten überzeugte uns damals an Ferreros düsterer Vision (die jedoch von heute aus gesehen der Wirklichkeit viel näher kommt als der Optimismus eines Croce) ihr allumfassender Charakter ohne Alternative, die gestattet hätte, nicht nur ein anderes Prinzip aufzustellen, sondern auch, darauf gestützt, wirklich zu handeln. An dem Punkt, den wir erreicht hatten, schienen uns viele Dinge, an die wir zuvor geglaubt hatten, allen voran der Mythos des Fortschritts, verloren zu sein, und nach den Enttäuschungen, die wir erlebt hatten, trauerten wir ihnen nicht nach. Was übrigblieb, war eine instinktive Ablehnung jeder Weltanschauung, die keinen Widerspruch und keine Rebellion zuließ.

Seitdem ist durch die Industrialisierung weiterer Gebiete und die Verbreitung der Kommunikationsmittel der sogenannten Massenzivilisation der soziale Apparat immer größer und schwerfälliger geworden, und den frühen vereinzelten Kassandrarufen ist ein ganzer düsterer Chor mit Statistiken bewaffneter Soziologen gefolgt. Es ist nicht möglich, ihnen allein den Glauben an die Güte der menschlichen Natur entgegenzustellen. Jeder, der die Zeit verstehen will, in der er lebt, wird dieses Problem genauer durchdenken müssen.

Bis vor kurzem war die Vorstellung, daß Wohlstand, ja sogar Reichtum und Überfluß, nicht mehr das Vorrecht einiger weniger sein sollten, sondern durch Ausnutzung gewaltiger Energiequellen, wie etwa der nuklearen, einer immer größeren Anzahl von Menschen erreichbar werden könnten, eine phantastische Vision. Auch heute noch sind viele Völker von diesem Ziel weit entfernt und leben in Not und Elend. Aber wir wissen, daß der Wohlstand für alle im Bereich des Möglichen liegt und schon zu unserer historischen Perspektive gehört, ebenso wie die andere Möglichkeit, an die niemand mehr glauben will: die allgemeine Katastrophe eines dritten Weltkrieges. Die Politik muß sich heute überall dem gebieterischen Zug zum Wohlstand unterwerfen. Keine Partei kann sich dem entziehen. Selbst die Führer der sogenannten kommunistischen Welt, jedenfalls die, welche sich zur friedlichen Koexistenz bekehrt haben, verkünden ihren Völkern neuerdings bei jeder Gelegenheit Wohlstand für alle nach spätestens zehn Jahren. »Schreibt es in eure Notizbücher«, sagte Chruschtschow zu den westlichen Journalisten, als der Siebenjahresplan in Kraft trat, »1970 wird die Sowjetunion Amerika überholt haben.« Und am dritten April 1964 erklärte er vor den Arbeitern von Budapest in der ihm eigenen drastischen Ausdrucksweise: »Wir brauchen einen ordentlichen Teller Gulasch, Schulen, Wohnungen und Ballett. All diese Dinge verschönern dem Menschen das Leben.« Für viele sah es damals so aus, als verzichte Rußland zugunsten Chinas auf sein Erstgeborenenrecht als Führerstaat der unterdrückten Völker. Der Teller Gulasch steht hier als Symbol für das biblische Linsengericht. In Wirklichkeit hat die Verbürgerlichung des Sozialismus, sowohl des revolutionären wie des reformistischen, schon sehr viel früher begonnen.

Uns beschäftigt vor allem die Voraussage, daß Sowjetrußland in kurzer Zeit das technische und wirtschaftliche Niveau des fortgeschrittenen Westens erreichen soll, eine Voraussage, die auch Chruschtschows Nachfolger aufrechterhalten. Ich glaube, es gibt kaum jemand, der nicht aufrichtig wünscht, daß es dahin kommen möge. Das Wohlergehen für alle wäre ein verdienter Trost für diese gequälten Völker, die so lange Zeit gelitten haben, und läge auch in unserem Interesse; eine ganze Reihe von Argumenten würde dadurch der Diskussion entzogen.

Und was weiter? Wir wissen, daß der Wohlstand manche Probleme löst und gleichzeitig neue schafft. Es ist für den Laien nicht leicht, sich darüber zu orientieren, nachdem schon die Fachleute sehr unterschiedlich über die westlichen Länder urteilen, die als erste dahingehende Erfahrungen gemacht haben. Bevor wir auf diese größtenteils pessimistischen Theorien eingehen, müssen wir untersuchen, auf welchen Daten sie aufgebaut sind. Die Klage, daß der allen erreichbare, jedes Risiko ausschließende Wohlstand die allgemeine Trägheit und Unwissenheit fördert und einen Tiefstand des geistigen Lebens zur Folge hat, ist fast ein Gemeinplatz geworden. Beispiele dafür lassen sich mühelos finden. Es ist, als ob die unerfreulichen Züge, die so oft den einzelnen Neureichen zu einer grotesken Erscheinung machen, sich in größerem Maßstab bei einer Nation wiederholen, die gerade eben Reichtum und Sicherheit erlangt hat. Offenbar muß die wirtschaftliche Blüte zunächst vor allem den aufgespeicherten Hunger nach leichten, vulgären Vergnügungen stillen. Mit steigendem Einkommen scheint die Geschmacklosigkeit zuzunehmen. Der typische Vertreter eines wohlgenährten Volkes wird als ein passiver, nach außen gewandter, lärmender, uninteressanter und uninteressierter Mensch dargestellt, der fortwährend äußere Anreize braucht und erhält. Es scheint, daß sein Gedächtnis von Tag zu Tag nachläßt und daß er bald unfähig wird, allein zu sein und über etwas nachzudenken. Er hat keine Freundschaften mehr, nur noch Beziehungen. Zur gleichen Zeit, in der die Philosophen den Hegelschen Begriff der Entfremdung, der Alienation, wiederentdeckt haben, bietet uns die Wirklichkeit das Schauspiel gesättigter, befriedigter Menschen, die kurz vor einem Identitätsverlust stehen.

Der technische Fortschritt hat Maschinen geschaffen, die Menschen gleichen; und die entsprechende soziale Entwicklung bringt immer mehr Menschen hervor, die Maschinen gleichen. Man kann dazu sagen, daß es in jeder Phase historischer Entwicklung ganz bestimmte Kollektivmanien, Moden und Verhaltensweisen gegeben hat. Neu ist nur, daß sie heute von einer mächtigen Industrie in großen Serien »fabriziert« werden, wie alles, was zum täglichen Gebrauch gehört. Das Kapital, das bei der Herstellung der Konsumgüter – vom Auto bis zur Grammophonplatte, von der Konservendose bis zum Konfektionsanzug – investiert wird, ist so gewaltig, daß der Umsatz nicht dem Zufall überlassen werden kann. Die Wünsche des Konsumenten müssen daher entsprechend geweckt und gelenkt werden. In einer wohlhabenden modernen Gesellschaft sorgt eine Klasse von anonymen, gut bezahlten, tüchtigen Bürokraten für das Funktionieren des weitverzweigten Apparates.

Dieses Bild erinnert an die Karikatur, die liberale Schriftsteller bis vor wenigen Jahrzehnten vom sozialistischen Zukunftsstaat zu entwerfen pflegten. In den medizinischen Statistiken, so hieß es damals, würde an Stelle des Todes durch Tuberkulose der Tod aus Langeweile treten. Wenn das zuträfe, könnte man daraus den Schluß ziehen, daß die von der Industrie geschaffene Wohlstandsgesellschaft auf eine soziale Ordnung zusteuert, die sich durch alle Nachteile des Sozialismus, aber keinen seiner Vorzüge auszeichnet.

Aber in solchen Schlußfolgerungen darf man nicht weitergehen, ohne sich eine Bestandsaufnahme vorzubehalten. Ein instinktives Mißtrauen stellt sich ein gegenüber jeder Statistik, die den Anspruch erhebt, unzählige, einander nur äußerlich gleichende Einzelfälle in einer summarischen Wertung, noch dazu mit moralischem Einschlag, miteinander zu verschmelzen. Am Ende entdeckt man, daß die meisten Schlußfolgerungen durch den jeweiligen Standpunkt des Urteilenden stark beeinflußt sind und daß es entgegengesetzte Urteile über dieselben Erscheinungen gibt.

Natürlich gebe ich mich nicht der Illusion hin, dieser Gefahr ganz entgangen zu sein, wenn ich auch vermieden habe, mich auf eine schematische Theorie festzulegen. Ich habe niemals angenommen, daß eine so widersprüchliche und in steter Wandlung begriffene Realität sich auf eine einfache endgültige Formel bringen läßt, aber nachdem ich mich von der Parteipolitik entfernt hatte, mußte ich versuchen, mir ein neues, eigenes Bild von der sozialen Wirklichkeit zu machen, für mich und – wie es jeder Schriftsteller tut – für meine Leser.

Die überraschenden Folgen staatlicher Unterstützung

Die in den christlichen Ländern vorherrschende Denkweise ließ keinen Raum für die Aussicht auf ein allgemeines Wohlergehen. Es bestand auch bei den Armen die Überzeugung, daß die wirtschaftliche Ungleichheit der einzelnen ebenso wie die der Klassen eine naturgegebene Tatsache sei. Den Utopisten, an denen es nie gefehlt hat, pflegte man entgegenzuhalten, daß die Ausrottung des Elends die gottgewollte Ordnung der Schöpfung stören würde, die Christus in Betanien bei dem Mahl im Hause Simons des Aussätzigen bekräftigt hat. Wörtlich genommen kann das, was er sagte, tatsächlich in dieser Weise mißverstanden werden. Nachdem Maria, die Schwester des Lazarus, sein Haupt mit wohlriechenden Ölen gesalbt hatte, beklagte einer der Jünger diese Verschwendung und meinte vorwurfsvoll, das für die Wohlgerüche vergeudete Geld hätte man den Armen geben sollen. Christus antwortete ihm: »Arme habet ihr allezeit bei euch, mich aber habet ihr nicht allezeit.« Man braucht das Wort »Arme« jedoch nur im Sinne von Erniedrigte und Beleidigte zu verstehen (Hungernde werden wir nicht immer haben, aber Unglückliche gewiß), um die dauernde Gültigkeit dieses Ausspruches zu erkennen: es geht um den Vorrang der Liebe vor dem Mitleid. Wir werden immer Zeit haben, die Unglücklichen zu beklagen, aber in der Liebe ist keine Zeit zu verlieren. In jeder echten Liebe klingt ein tragisches Gefühl der Vergänglichkeit mit. Die enge, heute angefochtene Auslegung des Christuswortes stimmte mit der traditionellen Vermittlerrolle überein, die die Kirche seit dem Mittelalter bis in die Gegenwart innegehabt hat. Den Armen gebot sie Ergebung und den Reichen die bekannten guten Werke, die im Katechismus aufgeführt sind: die Hungrigen speisen, die Dürstenden tränken, die Nackten kleiden, die Pilger beherbergen, die Kranken und die Gefangenen aufsuchen, die Toten begraben. So blieben bis zum Erscheinen des Wohlfahrtsstaates Mildtätigkeit und Unterstützung in christlichen Ländern ein Vorrecht der Kirche. Mächtige geistliche Orden entstanden zu allen Zeiten für den freiwilligen Dienst in Krankenhäusern, Invalidenheimen und Waisenhäusern. Die Zivilbehörden hatten im allgemeinen keinen Anteil daran, bis diese Aufgaben durch die Demokratisierung des Staates ohne Rücksicht auf konfessionelle Unterschiede von der ganzen Gesellschaft übernommen wurden. So wurde etwa das Internationale Rote Kreuz als Beispiel eines Laienordens für Hilfeleistungen aller Art im neuen Geist angesehen. Man muß zugeben, daß in weniger als einem Jahrhundert eine gute Strecke Weges zurückgelegt worden ist. Unter bestimmten günstigen Umständen ist als Endpunkt heute der Wohlfahrtsstaat erreicht worden, in dem die staatliche Unterstützung ein Bestandteil der sozialen Sicherheit ist. Hier aber beginnen die Mißverständnisse.

Der echte Wohlfahrtsstaat setzt eine hochentwickelte Gesellschaft mit fortgeschrittener Vermögensbildung voraus und zeichnet sich vor allem durch seine Politik der Vollbeschäftigung und ein weitverzweigtes Versicherungssystem aus, das den Menschen, wie man zu sagen pflegt, von der Wiege bis zum Grabe versorgt. Als Staaten dieser Art gelten die skandinavischen Länder, England, die Niederlande, Luxemburg, Westdeutschland, die Schweiz und Israel. Manchmal werden auch die Ostblockstaaten dazugerechnet, da ihre totalitär gelenkte Wirtschaft die Vollbeschäftigung der arbeitenden Klassen garantiert; aber die Lebensbedingungen der Bevölkerung sind, wie ihre Führer selbst zugeben, noch weit vom Wohlstand entfernt.

Wo der Stand der wirtschaftlichen Entwicklung hohe Löhne und Vollbeschäftigung noch nicht zuläßt, kommt der Staat seinen neuen Pflichten gewöhnlich durch die Fürsorge nach, die man nicht mit dem verwechseln darf, was früher »Wohltätigkeit« genannt wurde. Es handelt sich nicht mehr um eine freiwillige Leistung, sondern um eine Verpflichtung. Solche Staaten, die man zum Unterschied von den Wohlfahrtsstaaten als Fürsorgestaaten bezeichnen könnte, finden sich heute auf allen Stufen der Entwicklung, sowohl in Ländern, die (wie Italien) nicht mehr weit vom Wohlstand entfernt sind, als auch in den sogenannten »neuen« Ländern, die erst vor kurzem das Kolonialstadium überwunden haben. Mit anderen Worten, die Pflicht, auf irgendeine Weise die Teile der Bevölkerung zu unterstützen, die nicht in der Lage sind, selbst für ihre notwendigsten Bedürfnisse aufzukommen (Arbeitslose, Invaliden, Kranke, Greise, Opfer irgendwelcher Naturkatastrophen wie Erdbeben oder Überschwemmungen), ist in zahlreichen Ländern eine der wichtigsten staatlichen Funktionen geworden.

Es steht jedem frei, diese Entwicklung nach Belieben zu erklären; als Fortführung des christlichen Prinzips der Nächstenliebe oder des sozialistischen Prinzips der sozialen Verantwortung oder auch als eine Vorsichtsmaßnahme zum Schutz der öffentlichen Ordnung. Fest steht, daß schon die Verbreitung dieser Erscheinung ihre Notwendigkeit beweist. Sie begann, wie die meisten Phänomene der heutigen Gesellschaft, während des ersten Weltkrieges mit der damals eingeführten Fürsorge für die Zivilbevölkerung, besonders für die Familien der Frontkämpfer und der Gefallenen, und dehnte sich während der wirtschaftlichen und politischen Krisen der Nachkriegszeit rasch aus. Seitdem ist der Staat gezwungen, die gefährlichsten Folgen der ungleichen Einkommensverteilung zu mildern und dadurch Verzweiflung und Auflehnung bei den am wenigsten begünstigten Bevölkerungsschichten zu verhindern. In der Zeit zwischen den beiden Kriegen entwickelten sich auch einige Zweige der Betriebsfürsorge, die später als eine der Charakteristika des Neokapitalismus angesehen wurden, z. B. bei Ford, Bata, Philips, Olivetti.

Es liegt auf der Hand, daß die reichen Länder größere Summen für ihre Sozialleistungen aufbringen können, aber andererseits wird die Hilfe des Staates überall da, wo der Wohlstand weit verbreitet und das soziale Leben noch gesund und dynamisch ist, nicht immer in Anspruch genommen. In den armen Ländern dagegen ist das Eingreifen der Regierung unvermeidlich, sobald die Masse durch die Berührung mit den Problemen des modernen Lebens aus ihrer jahrhundertealten Lethargie erwacht ist und auf irgendeine Weise ruhig gehalten werden muß. Das geschieht in jedem Fall, welches auch immer die herrschende Ideologie sein mag; die Fürsorge aus öffentlicher Hand wird heute nicht nur von den demokratischen Staaten ausgeübt, sondern man begegnet ihr auch bei den Diktaturen, wo sie vor allem ein demagogischer Ausgleich für den Verlust der persönlichen Freiheit ist. Tatsächlich besteht der wichtigste Unterschied zwischen einer modernen Diktatur und den absolutistischen und konservativen Diktaturen der Vergangenheit darin, daß die erstere gezwungen ist, den Sozialismus nachzuahmen.

Dieser paradoxe Fall ist übrigens nicht neu: Unterstützungen aus öffentlicher Hand wurden in Sparta reichlicher vergeben als in Athen.

Der Staat ist nicht mehr, wie noch zu Beginn des Jahrhunderts, einfach der Hüter der Ordnung. Keine Partei kann heute vor dem Elend die Augen verschließen, welches auch ihr wirtschaftspolitisches Programm sein mag. Man braucht nur daran zu denken, daß das umfassendste System unentgeltlicher ärztlicher Betreuung, das englische, seinerzeit von dem Liberalen Beveridge eingeführt wurde (1946). Einige Jahre später (1949) brachte die Labour-Partei ein Gesetz ein, das für die persönlichen Bedürfnisse wie Ernährung, Wohnung und Bekleidung ein Minimum festlegte. Jede Person, deren Einkommen oder Pension diese Summe nicht erreichte, konnte eine zusätzliche Zahlung beanspruchen. Diese Bestimmung kommt besonders den alten Menschen zugute, um die man sich in der Vergangenheit wenig gekümmert hatte. Das Prinzip eines garantierten Existenzminimums ist heute in England eine Selbstverständlichkeit geworden; die Diskussion geht nur noch um die Höhe der Summe und der jeweiligen Zusatzzahlungen. Es ist unwichtig, scheint mir, daß die einen dem System der staatlichen Fürsorge aus schlechtem sozialen Gewissen oder aus Furcht vor Schlimmerem zustimmen und die anderen aus Menschenfreundlichkeit; bedeutsam ist nur, daß man auch im Rahmen einer traditionellen sozialen Ordnung nicht mehr darauf verzichten kann. Wenn aber alle sich einig sind, jedenfalls wenn man ihren Worten glauben kann, warum ist dann eine steigende Unzufriedenheit auf diesem Gebiet zu beobachten? Offenbar liegt es an der Art, wie die Fürsorge gehandhabt wird. Vor allem ist der Apparat weit kostspieliger als notwendig, denn zwischen dem, was das staatliche Unterstützungswesen kostet (in Italien fast die Hälfte der gesamten Staatseinnahmen), und den Summen, die schließlich als Renten ausgezahlt werden, ist allmählich ein groteskes Mißverhältnis entstanden. Außerdem scheint es bei der neuen Bürokratie noch mehr Günstlingswirtschaft und Bestechlichkeit zu geben als bei der früheren. Und schließlich, man muß den Mut haben es auszusprechen, liegt es auch an der Mentalität der Empfänger. Ob arm, ob reich, der vom Staat unterstützte Bürger neigt dazu, verwöhnt und anspruchsvoll zu werden. Viele Italiener sind noch heute der Meinung, daß es keine Schande ist, den Staat zu bestehlen, da man sozusagen einen Dieb bestiehlt.

Eine der bedauerlichsten Seiten des Niedergangs, den wir in den letzten Jahrzehnten auf vielen Gebieten beobachten mußten, ist die Korruption, die die bürokratische staatliche Unterstützung in weiten Bevölkerungskreisen gefördert hat. Es wird oft gesagt, dies sei ein weit verbreitetes Phänomen in allen Ländern mit einer noch jungen Demokratie. Die Korruption gedeiht auf dem Boden einer atavistischen Abneigung der Armen gegen alles, was staatlich oder auch nur öffentlich ist. Allzu lange hat der Staat sich wie ein Feind benommen, und jetzt, da er von der öffentlichen Meinung abhängig ist, läßt man es ihn entgelten. Wenn diese Auffassung richtig ist, müßte man sich fragen: Wie lange dauert die Übergangszeit? Tatsache ist jedenfalls, daß die Korruption auch vor den demokratischen Parteien und ihren Institutionen nicht Halt macht und selbst bei relativem Wohlstand andauert und daß man finanzielle Not und mangelnde staatsbürgerliche Erziehung nicht als Entschuldigung anführen kann. Im Gegenteil, ich habe den Eindruck, daß es damit besser bestellt war in einer Situation, die sowohl vom wirtschaftlichen als auch vom kulturellen Standpunkt ungünstiger war als die heutige.

Aus meiner Jugend erinnere ich mich an einen privaten Hilfsverein, der ohne staatliche Einmischung in unserem Heimatort gegründet worden war. Dieser Verein befand sich in einer wirtschaftlich glänzenden Lage, nicht nur dank der Beiträge seiner Mitglieder – es waren vorwiegend Handwerker und kleine Grundbesitzer – und der Einnahmen aus Wohltätigkeitsveranstaltungen, sondern vor allem, weil es auch in Fällen großer Not sehr schwierig war, die Unterstützungen anzubringen. Ein gewisser Stolz hinderte viele der Mitglieder daran, bei langer Krankheit oder anderen Schicksalsschlägen die Unterstützung in Anspruch zu nehmen, auf die sie ein Recht hatten. Ich erinnere mich noch daran, wie die Leiter des Vereins einmal in meiner Anwesenheit darüber berieten, wie man auf taktvolle Weise die Scheu der Hilfsbedürftigen überwinden könnte. Die gleiche Haltung konnte ich beobachten, als einige Tage nach dem Erdbeben, das 1915 die Marsica verwüstete, Helfer aus allen Teilen Italiens bei uns erschienen. Wir waren zwar gerührt, aber auch überrascht über dieses neue, unvorhergesehene und unvorhersehbare Ereignis, denn nach der Tradition unserer Väter mußten in solchen Fällen die Überlebenden ihre Toten begraben und sehen, wie sie weiter zurechtkamen. Mein Heimatort unterschied sich darin nicht von anderen Dörfern und Städten. Politische Parteien gab es noch nicht. Wir hatten ein Krankenhaus, das fast immer leer stand. Wenn der Arzt sich nicht bei chirurgischen Fällen weigerte, zu Hause zu operieren, scheuten die Familien davor zurück, ihre Kranken ins Hospital zu bringen, auch wenn die Hygiene im Hause zu wünschen übrigließ. Es wurde als Schande für die ganze Familie angesehen, wenn man sich der Pflicht entzog, seine kranken Angehörigen selbst zu pflegen. Das sind natürlich Traditionen, denen man nicht nachzutrauern braucht. Wenn es notwendig ist, sollte jeder ohne falsche Scham die Leistungen von Krankenkasse und Versicherung annehmen. Inzwischen haben sich auch bei uns die Lebensbedingungen geändert; der Konsum, auch von nicht lebensnotwendigen Gütern, ist gestiegen; die Bildungsmöglichkeiten haben sich gebessert; es wird mehr gelesen, sowohl Bücher als auch Zeitungen; die politischen Gegensätze sind sehr scharf. Und die Jagd nach der Rente ist nicht weniger hektisch als anderswo. Sie scheint geradezu die wichtigste Beschäftigung des Pfarrers und der Parteisekretäre zu sein. In den Krankenhäusern ist kaum ein Platz zu finden, denn jeder, der auch nur eine Bronchitis hat, läßt sich ins Krankenhaus einweisen. Und wenn sich nach einem Platzregen vor einem Haus eine etwas größere Pfütze gebildet hat, geschieht es selten, daß der Besitzer, wie einst sein Vater, einen Spaten ergreift und in wenigen Minuten die Pfütze aus der Welt schafft; er geht vielmehr aufs Gemeindeamt, oder er schreibt an seinen Abgeordneten.

Die Rolle, die die Rente heutzutage in der Welt des Fürsorgestaates und in der Vorstellung der Empfänger spielt, ist noch nicht genügend untersucht worden. Zuweilen habe ich den Eindruck, daß es sich um eine krankhafte Sucht, fast um eine Form von Wahnsinn handelt. An Wahnsinn grenzte jedenfalls die Episode der falschen »Marokkinierten«, die sich von anderen ähnlichen Fällen nur durch ihre Kraßheit unterschied.

Im Frühling des Jahres 1944 wurden nicht weit von Rom in einigen Gemeinden der Ciociaria beim Einzug der marokkanischen Abteilungen des französischen Heeres alle Frauen, die sich nicht rechtzeitig in die Berge geflüchtet hatten, wie man damals zu sagen pflegte, »marokkiniert«. Rücksichtslos wurden selbst zehnjährige Mädchen und siebzigjährige Frauen vergewaltigt. (Bei dieser Gelegenheit muß eine Anmerkung gemacht werden, die auf das noch nicht abgeschlossene Konto des Kolonialismus gehört. In jenen Tagen wurde der Befehlshaber des französischen Expeditionskorps, General Juin, vom Papst empfangen, der sich bei ihm darüber beklagte, daß die schuldigen marokkanischen Soldaten straffrei ausgegangen waren. Darauf erklärte der General dem Papst, daß sie nicht bestraft werden könnten, da nach dem französischen Kriegsrecht den farbigen Truppen bei der Besetzung feindlichen Territoriums das Recht zum Schänden und Plündern zustehe.) Der italienische Staat konnte den unglücklichen »Marokkinierten« nur eine bescheidene Unterstützung zusichern. Da es sich zudem um eine wenig rühmenswerte Erfahrung handelte, sollte man annehmen, daß einige Frauen es vorgezogen hätten, über ihr Unglück zu schweigen, was möglicherweise auch geschehen ist. Dagegen waren die Behörden nicht wenig überrascht, als von verschiedenen Seiten gemeldet wurde, daß zahlreiche Frauen die armselige Entschädigung der »Marokkinierten« verlangten, obwohl sie sich bekanntermaßen zu der Zeit an einem anderen Ort befunden hatten und verschont geblieben waren.

Diese ungewöhnliche Tatsache wurde, wie ich mich entsinne, in der Presse kurz erwähnt und dann aus mißverstandenem Patriotismus oder ähnlichen Gründen totgeschwiegen. Aber in solchen Fällen ist jede Art von Heuchelei verwerflich. Ich finde es besonders bedauerlich, daß die sogenannten Politiker der Linken, die in ihren Reden behaupten, ihre Hoffnung auf das Volk zu setzen, solchen unwürdigen Formen von Bettelei gleichgültig gegenüberstehen. Wie dem auch sei, die Episode der falschen »Marokkinierten« verdient es, in die Annalen des Fürsorgestaates einzugehen, als Grenzfall eines pathologischen Phänomens, das eine genauere Untersuchung wert ist. Es ist nicht leicht zu erklären, daß in einer Gegend, wo die Verführung eines Mädchens noch oft durch das sogenannte »Ehrenverbrechen« gerächt wird, einige Familienmütter so weit gingen, eine Vergewaltigung frei zu erfinden und ihre Angehörigen zu falschen Zeugenaussagen zu veranlassen. Das übliche Argument der materiellen Notlage wird hier hinfällig, wenn man bedenkt, daß der geringe Unterstützungsbetrag von fünf- oder sechstausend Lire wahrscheinlich von den Auslagen für die »Papiere« und den unumgänglichen Winkeladvokaten aufgezehrt wurde. Dabei hätten dieselben Frauen bei anderer Gelegenheit weit höhere Summen für die Erhaltung ihres guten Namens geopfert. Die einzige mir einleuchtende Erklärung liegt in den neuartigen Beziehungen des Fürsorgestaates zu seinen Bürgern, durch die viele von ihnen ihr seelisches Gleichgewicht verlieren, sobald sie erfahren, daß von einer neuen Unterstützung, einerlei aus welchem Anlaß und in welcher Höhe, die Rede ist.

Wir haben uns zu früh gefreut, als die zerlumpten Bettler, die vor Klostern und Krankenhäusern auf einen Teller Suppe warteten, von der Bildfläche verschwanden. Ich finde den Anblick der Bittsteller, die, gruppenweise von Advokaten oder Parteifunktionären angeführt, in den Korridoren der öffentlichen Ämter herumstehen, nicht erfreulicher. Sie müssen in Begleitung erscheinen, weil sie sonst gar nicht empfangen werden. Und außerdem ist die führende Hand eines Beschützers in dem Gestrüpp der gesetzlichen Bestimmungen und Verordnungen fast immer notwendig. Ganz davon zu schweigen, daß man manchmal nicht so sehr Protektion braucht, um sein Recht zu erlangen, als vielmehr eine Vergünstigung oder vielleicht sogar eine kleine Gesetzesübertretung.

Dem Beispiel des Staates folgend hat jetzt auch jede Partei ein Zentralbüro für Unterstützungsfragen mit Zweigstellen in der Provinz. Die aktivsten Abgeordneten haben in ihrem Sekretariat einen Experten für dieses Sachgebiet, und die Kartei der von ihnen Unterstützten oder mit einem Empfehlungsschreiben Versehenen bildet die Basis ihrer Wahlkampagne. Anscheinend sind nur die höchsten Parteiführer von diesen Aufgaben befreit. Aber auf ihnen lasten größere Pflichten allgemeinerer Art, wenn zum Beispiel die Bevölkerung einer Gegend von einer Naturkatastrophe getroffen wird, was bei uns zulande leider nicht selten geschieht. Und es muß anerkannt werden, daß dank der allgemein verbesserten Lage die Hilfsaktionen, sowohl die öffentlichen wie die privaten, immer schneller, großzügiger und wirkungsvoller geworden sind. Aber auch bei solchen Gelegenheiten ist mancherlei zu beklagen: die Hilfeleistungen sind oft so geartet, daß bei den Überlebenden eine Mentalität als »Geschädigte von Beruf« gezüchtet wird.

Die letzte Anklage in dieser Richtung erhob der sozialistische Bürgermeister eines kleinen Ortes, der durch den plötzlichen Dammbruch eines künstlichen Sees dem Erdboden gleich gemacht wurde. Die Mehrzahl der Einwohner waren ums Leben gekommen. Es trafen sofort reichliche Spenden aus anderen Provinzen ein. Worüber beklagte sich also der sozialistische Bürgermeister? Über die Art und Weise, in der die Hilfe geleistet wurde. Anstatt den Überlebenden beim Aufbau einer neuen Existenz behilflich zu sein, versorgte man sie übereilt mit Bargeld, und zwar mit Summen, die sie nie zuvor in der Hand gehabt hatten. Es wurde sinnlos getrunken und krankgefeiert, nach der alten Wahrheit, daß geschenktes Geld nicht zum Sparen geeignet ist. »Die Folge war«, so berichtete der Bürgermeister, »daß die meisten Arbeiter einer kleinen nahegelegenen Fabrik die Arbeit aufgaben, da sie die Taschen voll Geld hatten. Sie taten auch nichts anderes, sondern standen stundenlang in den verschiedenen Cafés herum, die nach dem Unglück wie Pilze aus der Erde geschossen waren, oder wandten sich wegen weiterer Unterstützung hierhin und dorthin, während die Fabrik stillgelegt werden mußte.«

Es handelt sich hier nicht um die üblichen armen Teufel aus dem rückständigen Süden, sondern um Arbeiter einer norditalienischen sozial fortgeschrittenen Provinz mit alter Kultur. Ich habe den Eindruck, daß es zur Zeit keine Gegend und keinen Stand in Italien gibt, der von diesem Übel nicht befallen wäre.

Tatsächlich hatte man kurze Zeit vorher dieselbe Haltung unter fast denselben Umständen bei den Bewohnern einer anderen Gegend beobachtet. Der Po war über seine Ufer getreten, das Wasser stieg immer weiter, und aus den Nachbarprovinzen waren Feuerwehrleute und Hilfstruppen unter der Leitung von Technikern herbeigeeilt. Auf dem Deich, der am weitesten vom Fluß entfernt war und noch standhielt, hatten sich zwischen Trümmern aller Art die Frauen und Kinder niedergelassen, während die Männer und erwachsenen Söhne im Café saßen. Sie halfen nicht mit beim Abstützen der gefährdeten Dämme oder beim Räumen der Häuser, die das Wasser bedrohte, denn da sie ortsansässig waren und in ihrem eigenen Interesse handelten, hätte man ihnen die Arbeit nicht bezahlt.

Als jedoch bekannt wurde, daß im Bürgermeisteramt Decken und Kleidungsstücke verteilt werden sollten, waren sie sofort zur Stelle.

Das Traurigste an diesem Niedergang ist nicht, daß jeder spontane selbstlose Impuls verlorengegangen ist und fortwährend auf anmaßende Weise irgendwelche Rechte geltend gemacht werden, das Traurigste scheint mir vielmehr die Armseligkeit dieser Rechte zu sein. Ahnungslos und gleichgültig gegenüber dem höchsten Recht, das allerdings mit Pflichten verbunden wäre, dem Recht, als Menschen geachtet zu werden und sich als solche zu verhalten, dem Recht, mitdenkende Bürger zu sein und nicht Herdenmenschen, bestehen diese Unglücklichen mit erbitterter Hartnäckigkeit nur auf ihrem armseligen Recht auf Almosen, Geschenke und Zerstreuung.

Bei einem solchen Niedergang kommt auch meine bisherige Überzeugung ins Wanken, nach der die Fürsorge besser funktionieren würde, wenn sie den Bürokraten aus der Hand genommen und den Interessenten selbst anvertraut würde. Ohne Zweifel kann man die eigenen Arbeitskollegen nicht so leicht hinters Licht führen wie eine Behörde. Aber würden wirklich die Ehrlichen und Unbestechlichen gewählt werden? Und würde ihre Unbestechlichkeit dem Drängen von Familienangehörigen und Parteifreunden standhalten?

Wohlstand und moralisches Verhalten

Man kann von Unterstützungen und Hilfespenden schlechten Gebrauch machen, ebenso wie man etwa sein Vermögen sinnlos vergeuden kann. Dürfen wir deswegen das Prinzip der Solidarität und den höheren Lebensstandard verurteilen? Die Kritik an der gegenwärtigen moralischen Verfassung in den Ländern, die es zu Wohlstand gebracht haben, hat ihren tiefsten Ursprung in einer historisch bedingten Enttäuschung. Die revolutionären Denker des vorigen Jahrhunderts hatten damit gerechnet, daß der ersehnte soziale Aufstieg die Frage beantworten würde, unter welchen Bedingungen der Mensch sich am besten im Sinne der Freiheit entwickeln kann. Es war ein schwerer Irrtum ihrer Nachfolger, die Illusion zu verbreiten, daß dieses moralische Ziel automatisch durch eine Veränderung der wirtschaftlichen Lage erreicht werden könnte.

Die Enttäuschung ist allgemein, sie begegnet einem heute in den Ländern, wo der soziale Aufstieg im Rahmen der Tradition durch Reformen erreicht wurde, und ebenso dort, wo man *tabula rasa* gemacht hat, um neue Lebensformen zu schaffen. Auch da, wo der Wiederaufbau am besten geglückt ist, hat die durch Technik und demokratische Volkswirtschaft erreichte Linderung der menschlichen Leiden die neue Ordnung und den Himmel auf Erden nicht geschaffen, von denen die Pioniere gesprochen hatten. Der alte Adam hat versagt.

Die Erfahrung hat bestätigt, daß die Beziehungen zwischen der Freiheit und moralischen Verfassung des Menschen und den äußeren Faktoren, die sie bedingen, nicht vorausbestimmt werden können. Sogar die Moskaupilger haben ler-

nen müssen, nicht die Bilder ihrer Träume auf die unbarm-
herzige Wirklichkeit ihrer Wahlheimat zu projizieren. Bis
vor kurzem pflegten sie uns bei ihrer Rückkehr von dort zu
verkünden, daß sie in Rußland einen neuen Menschentypus
entdeckt hätten. Ein italienischer Psychoanalytiker unternahm es sogar seinerzeit, das in Rußland gültige Verbot der
psychoanalytischen Literatur und Praxis damit zu rechtfertigen, daß die Menschen in einem »sozialistischen« Land
ihre Komplexe von selbst verlieren. Aber nach der sogenannten Entstalinisierung, nach dem »Geheimbericht« von
Chruschtschow und der offiziellen Bestätigung der seit Jahrzehnten von den Renegaten berichteten Schändlichkeiten
und infolge der noch nicht abzusehenden Bedeutung des
russisch-chinesischen Schismas ist ein gewisser Realismus
selbst den gläubigen Anhängern gestattet. Die Diskrepanz
zwischen Traum und Wirklichkeit ist allerdings so unerhört, daß auch diejenigen, die für eine Revision der Theorie
eintreten, es nicht wagen, bis auf den Grund zu gehen, weil
sie die Fundamente zu erschüttern fürchten. Aber man kann
der Wahrheit nur dienen, wenn man schonungslos und un-
voreingenommen ist.

Ich behaupte natürlich nicht, daß der Mensch von Umwelt-
einflüssen unabhängig ist; er reagiert nur in mehr als einer
Beziehung anders, als man es erwartet hätte. Die Beziehungen zwischen Umwelt und Moral sind wichtig, aber sie sind
nicht ein für allemal festgelegt. Es ist illusorisch, den Menschen von außen her erneuern zu wollen. Die alten, weisen
Worte Senecas sind immer noch gültig: »Es gibt keine
schwierigere Kunst als die zu leben. Für die anderen Künste
und Wissenschaften kann man überall Lehrer und Meister
finden. Aber zu leben lernt man das ganze Leben hindurch
und, das wird euch wundern, durch das Leben muß man
auch lernen zu sterben.« Und jeder für sich, denn die mora-

lischen Güter lassen sich nicht wie die materiellen zu einem Kapital anhäufen und weitergeben. Die Tugenden der Pioniere vererben sich nicht auf die Epigonen. Man kommt voran, aber es besteht die Gefahr, daß man von Zeit zu Zeit wieder zurückfällt und von neuem anfangen muß. So haben wir mitten im »Aufbau des Sozialismus« Rückfälle in manche unselige Erscheinungen der Vergangenheit erlebt, vom Götzendienst bis zur Hexenverbrennung, ohne daß uns von den überlebenden Mitschuldigen eine überzeugende Erklärung dafür gegeben worden wäre, außer der unbestimmten Phrase vom Persönlichkeitskult. Die Mitschuldigen schweigen natürlich aus Angst; aber wie ist es mit den anderen? Das Phänomen des Stalinismus ist uns von marxistischer Seite noch nicht erklärt worden, vor allem, weil die politische Anthropologie innerhalb des Marxismus überhaupt wenig entwickelt ist.

»Deine Häuser werden das Schlechte erschweren, das Gute leicht machen«, telegrafierte Einstein an Le Corbusier zur Einweihung des Phalanstère in La Tourette, aber das war nur ein Kompliment aus einem besonderen Anlaß. Was man von einer Behausung erwarten kann, wie sie auch gebaut sein mag, ist ein Schutz vor der Witterung und vor der Neugier der Nachbarn. Tatsächlich hat sich auch der Zusammenhang zwischen Freiheit und technischem Fortschritt als nicht vorhanden erwiesen. Man glaubte, daß die moderne Technik für ihre Entwicklung ein freiheitliches Klima brauche und daß sie andererseits jeder Art von Freiheit zugute kommen würde. Statt dessen ist die technische Entwicklung unter Hitler und Stalin auch ohne den Sauerstoff der menschlichen Freiheit weitergegangen und hat die Stabilität der beiden totalitären Staaten nicht gefährdet, sondern ihnen vielmehr beachtliche Machtinstrumente geliefert.

Noch schwerer fällt ins Gewicht, daß auch der Mechanismus der angeblich automatischen Beziehung zwischen Wohlstand und demokratischer Teilnahme am öffentlichen Leben nicht funktioniert hat, wenn es wahr ist, daß die Bevölkerung in den reichen Ländern politisch gleichgültig geworden ist und nur zur Wahlzeit von den Parteien künstlich aufgeputscht wird.

Bertrand de Jouvenel, ein aufmerksamer Beobachter dieser Phänomene, zitiert dazu einen Passus aus dem *Anti-Dühring* von Engels, in dem eine enge Beziehung zwischen der Dauer des Arbeitstages und der Teilnahme des Staatsbürgers an der Lösung theoretischer und praktischer Probleme des öffentlichen Lebens als Tatsache dargestellt wird.

Engels behauptet, der historische Gegensatz zwischen den herrschenden und den unterdrückten Klassen sei dadurch entstanden, daß die Mehrzahl aller Menschen damit beschäftigt war, von früh bis spät die für alle lebensnotwendige Handarbeit zu verrichten, und weder Zeit noch Kraft hatte, an etwas anderes zu denken. Es mußte daher ein kleiner Prozentsatz der Gesellschaft von allen derartigen Arbeiten entbunden werden, um sich mit Regierungsführung, Rechtsprechung, Kunst und Wissenschaft zu befassen. Im Laufe der Zeit sei diese kleine Klasse immer mächtiger geworden und habe die Arbeiter immer mehr unterdrückt. Durch die Erfindung und Verbesserung der Maschinen und durch die Ausbreitung der Industrie sei jedoch das allgemeine Arbeitspensum so verkleinert worden, daß es gerecht auf alle verteilt werden könne und daß in Zukunft jedes Mitglied der Gesellschaft sich für die Dinge des Allgemeinwohls interessieren werde.

Die Logik dieser Folgerung scheint unangreifbar zu sein, aber sie ist sophistisch. Sicherlich erleichtert ein gewisses Maß an freier Zeit die Teilnahme am öffentlichen Leben, aber sie ist nicht die einzige und, wie man heute beobachten kann, nicht die wichtigste Vorbedingung. Sie führt keineswegs zu dem utopischen Ziel einer »Sozialisierung« der schöpferischen Tätigkeit der Wissenschaftler, Philosophen und Künstler und garantiert nicht einmal ein lebhafteres politisches Interesse aller Staatsbürger. Weder der gehobene Lebensstandard noch die verkürzte Arbeitszeit haben etwas daran geändert, daß das politische Leben von den Parteien bis zum Parlament nur einen relativ kleinen Kreis von Menschen interessiert. Im Gegenteil, eher hat das Interesse weiter nachgelassen. So wäre es zum Beispiel bis vor etwa vierzig Jahren unmöglich gewesen, den Mitgliedern irgendeiner Partei einen Einblick in die Führung der Finanzgeschäfte zu verwehren, während heute die Herkunft der Geldmittel, jedenfalls in Italien, sogar für die Delegierten der Jahreskongresse und für die lokalen Parteiführer ein Geheimnis ist, ohne daß jemand Einspruch erhebt. Im allgemeinen beschäftigt sich damit eine besondere Kommission, die nur dem obersten Parteichef Rechenschaft ablegt.

Ein anderes Beispiel beweist geradezu das Gegenteil der Engelsschen Theorie. In der Zeit, in welcher ein normaler Arbeitstag zehn bis zwölf Stunden dauerte, wurde der größte Teil der Parteiarbeit, sowohl in den einzelnen Lokalbüros als auch auf den Zentralstellen, von den Mitgliedern in den wenigen freien Abendstunden und am Sonntag ehrenamtlich erledigt. Heute dagegen, wo die verkürzte Arbeitszeit es den Mitgliedern ermöglicht, sich stundenlang auf der Straße aufzuhalten oder vor dem Fernsehapparat zu sitzen, gibt es kaum noch eine Tätigkeit für die Partei, die Gewerkschaften oder etwa für einen kulturellen Verein, die nicht vergütet wird. Sogar die kommunistischen und christlich-demokratischen Jungen, die Propagandazettel verteilen und HOCH oder NIEDER auf die Mauern schmieren, rühren ohne Bezahlung keinen Finger. Ein Phänomen von solchem Umfang kann nicht, wie Bernard de Jouvenel vorschlägt, damit erklärt werden, daß die Probleme sich in unserer Zeit vermehrt haben und komplizierter geworden sind. Im Gegenteil, die Aufgaben der Parteien sind gegenwärtig in der Provinz einfacher als früher, denn sie beschränken sich auf Propaganda und Unterstützungsarbeit; die Probleme bleiben den Parteiführern überlassen.

Es wäre meiner Ansicht nach verfehlt, den Wohlstand zum alleinigen Sündenbock für einen Zustand zu machen, zu dem das Trauma der politischen Erfahrungen während der letzten Jahrzehnte in erheblichem Maße beigetragen hat. Außerdem handelt es sich, wie das Beispiel Italiens zeigt, in vielen Fällen nicht einmal um echten, gesicherten Wohlstand. Es ist der Mühe wert, bei einigen merkwürdigen Erscheinungen unseres sozialen Lebens einen Augenblick zu verweilen. Auf der Leiter des allgemeinen wirtschaftlichen Aufstiegs hat Italien bekanntlich in den letzten Jahren eine mittlere Stufe erreicht, die gegenwärtig nicht leicht einzuschätzen ist, da der anfängliche Aufschwung, das »Wirtschaftswunder«, durch die Krise unterbrochen wurde. Der Konsum ist rascher angestiegen als die Produktion, und nicht alle Regionen und Bevölkerungsschichten sind von der Verbesserung des Lebensstandards in gleichem Maße begünstigt worden. Aber eine seltsame Neureichen-Euphorie hat auch viele arme Teufel erfaßt, nur weil sie nicht mehr barfuß auf der Straße gehen, weil sie zwei Mahlzeiten am Tage essen und eine Tasse Kaffee nicht mehr, wie noch vor wenigen Jahren, als Medizin oder Luxus ansehen.

Es ist sehr merkwürdig, wie manchmal angeblicher Reichtum zur Schau getragen und gleichzeitig bei Bedarf tiefstes Elend vorgetäuscht wird, um unter einem beliebigen Vorwand irgendeine staatliche Unterstützung zu erlangen. Die deutlichsten Beispiele für derartige Fälle finden wir in einer Abhandlung, die ein Pfarrer, Don Lorenzo Milani, seiner Gemeinde San Donato bei Prato in der Toscana gewidmet hat. Auch in diesem kleinen Ort hat sich die wirtschaftliche Lage in den letzten Jahren fühlbar verbessert. In seinen *Erfahrungen eines Pfarrers* beschreibt Don Milani, in welchem Maße die Arbeiter und kleinen Bauern seiner Gemeinde bestrebt sind, es den reichen Leuten gleichzutun.

Bei Familienfesten wie Taufen, Erstkommunionen oder Hochzeiten belasten sich die ärmsten Familien in einem irrsinnigen Wettstreit mit unnötigen und sinnlosen Ausgaben – gedruckte Anzeigen, Mietautos vor der Tür, kostspielige Bewirtung einer großen Gästeschar –, während im Hause noch die notwendigsten hygienischen Einrichtungen fehlen. Nicht weniger groß, stellt Don Milani fest, ist die Leidenschaft für größere öffentliche Veranstaltungen. Mit einem Minimum an Organisation gelingt jedes Fest, einerlei ob ein Politiker, die kommunistische Tageszeitung, eine Sportkanone oder die Heilige Jungfrau Maria gefeiert werden soll. Die Leute, die daran teilnehmen, sind mehr oder weniger immer dieselben, was man in den kleinen Orten, wo jeder den anderen kennt, leicht feststellen kann. Im Grunde feiern sie sich selbst. Der Sonntag ist nicht mehr der Tag des Herrn; seit einigen Jahren ist der wichtigste Augenblick der nachmittägliche Sportbericht im Radio, wo die Resultate bekanntgegeben werden, die für den Fußballtoto entscheidend sind. Da die Sonntage ohne Fußballkämpfe allzu leer und trostlos waren, hat sich die Regierung in väterlicher Sorge beeilt, die Lücke durch die Konzessionierung von

Wetten über andere Sportkämpfe zu füllen. Es besteht also an jedem Sonntag die Möglichkeit, mit einem Schlage reich zu werden.

Um dem Hauptgegner, dem Kommunismus, die Gunst eines Publikums von so zweifelhaftem Geschmack abspenstig zu machen, haben die meisten Kirchengemeinden die heutzutage für jede Massenorganisation charakteristische Unterhaltungstechnik ebenfalls eingeführt – Kino, Vergnügungssäle mit Bar, Billard, Flippers und Musikautomaten. Als Beispiel berichtet Don Milani, daß in einem nahegelegenen Ort drei Gemeindecafés eröffnet und von niemand Geringerem als dem Erzbischof eingeweiht wurden. Es handelt sich offenbar um einen *circulus vitiosus:* die geschmacklose Vergnügungssucht, die man eindämmen will, ist nun bis in den letzten Winkel vorgedrungen. Der Zweck hat die Mittel nicht geheiligt, sondern er wird von ihnen überflutet.

Aber alles, was der toscanische Pfarrer über die innere Verarmung des Gemeindelebens sagt, gilt Punkt für Punkt auch für die kommunistischen Gruppen. Wie könnte es anders sein? Wenn eine Zeit der Dürre das Land heimsucht, vertrocknet der Garten des Priesters ebenso wie der Weinberg des Kommunistenführers. Die Gemeindeglieder entfernen sich vom echten Christentum, stellt Don Milani fest, und gleichzeitig werden die Kommunisten bürgerlich und bürokratisch. Kirche und kommunistische Partei sind in den meisten unserer Dörfer kommunizierende Gefäße. Sogar die jungen Mädchen, die »Töchter Marias«, die früher eine sichere Reserve der Kirche waren, nehmen heute in den »fortschrittlichen« Provinzen eine zweideutige Stellung ein. Don Milani nennt diese Mädchen mit leisem Spott »die Treuesten«: die Treuesten bei den religiösen Festen, die Treuesten bei jeder Prozession, die Treuesten bei allen sportlichen Veranstaltungen, die Treuesten bei allen Festen der kommunistischen Partei. Sie verwenden für die Karfreitagspredigt ebensoviel Zeit und Sorgfalt vor dem Spiegel wie für den Tanzabend der kommunistischen Zeitung. Kurzum, sie sind auf die gleiche Art katholisch wie kommunistisch, nämlich weder das eine noch das andere.

Diese Katholiken zu Gläubigen und diese Kommunisten zu Atheisten zu erklären, ist eine leere Redensart. Sie sind von der gleichen Sorte, haben die gleichen Instinkte, die gleichen Wünsche, glauben an die gleichen Werte und träumen von dem selben Glück, der Dreizehn im Fußballtoto, dem Reichwerden ohne Anstrengung. Ihre Hauptsorge ist, nicht für arm gehalten zu werden. Bei weiten Teilen des Volkes ist Armut zu einer Schande geworden, auch wenn sie, wie in den meisten Fällen, unverschuldet ist. Wer Gelegenheit hat, einen Streit auf der Straße mitzuerleben, weiß, daß das schlimmste Schimpfwort, das gleich nach der Beleidigung von Mutter und Schwester kommt, das Schimpfwort, nach dem es nur noch Tätlichkeiten geben kann, heute »Hungerleider« heißt. Begründet oder nicht, es ist ein unverzeihliches Vergehen, auf diese Weise der Öffentlichkeit kundzutun, daß der Gegner arm ist. Das hindert natürlich nicht, daß der heilige Franziskus im ganzen Land weiter die größte Verehrung genießt.

Ich bin davon überzeugt, daß eine Untersuchung gleicher Art in anderen Provinzen ähnliche Resultate ergeben würde. Wenn ich gefragt werde, wie die Bauern in den Hochtälern der Marsica, von denen ich in *Fontamara* erzählt habe, heute leben, dann muß ich antworten: sie sind nicht mehr so arm, unwissend und hilflos wie früher, aber sie halten weniger zusammen und sind fast asozial geworden, obwohl sie fast alle Mitglieder der einen oder anderen Partei sind. Eine ostentative Verachtung der Armut ist jedoch noch kein Wohlstand. Die echten Merkmale der von den Soziologen kritisch untersuchten Wohlstandsgesellschaft begegnen uns anderswo. Bis vor einiger Zeit wurden die Vereinigten Staaten als Prototyp eines Landes angesehen, das in dieser Hinsicht zur Avantgarde gehört, und die für die Wohlstandsgesellschaft charakteristischen Licht- und Schattenseiten faßte man unter dem Begriff »Amerikanismus« zusammen. Mittlerweile haben einige Autoren, darunter der Franzose Raymond Aron, die Formel »Industriegesellschaft« vorgeschlagen, unter der sowohl einige europäische Länder, wie zum Beispiel das wohlhabende Schweden, mit einbezogen werden können, als auch Rußland, das zwar bekanntlich den allgemeinen Lebensstandard noch nicht erreicht hat, in anderer Beziehung aber schon dieselben charakteristischen Züge aufweist. Man darf nicht vergessen, daß der Höhepunkt der historischen Diskussion zwischen Chruschtschow und Nixon vor dem Fernsehen in Moskau im August 1959 nicht die Gegenüberstellung ideeller Werte war, sondern die Anzahl der Waschmaschinen und Konfektionsanzüge, die die beiden Länder in den nächsten Jahren produzieren würden. Durch den Bruch mit dem chinesischen Kommunismus ist die Wendung der russischen Wirtschaftspolitik zur Erzeugung von Konsumgütern noch augenfälliger geworden. Nach einem halben Jahrhundert erzwungener Entbehrungen im Dienst der unbarmherzigsten, schonungslosesten Machtpolitik haben die russischen Kommunisten das Ei des Kolumbus wiederentdeckt, indem sie erklären: »Schließlich macht man Revolutionen, um besser zu leben.« Nachdem es das offiziell festgesetzte Ziel der sowjetischen Planwirtschaft ist, den amerikanischen Lebensstandard zu erreichen und zu übertreffen und zur Rechtfertigung des russischen Staatskapitalismus als entscheidendes Argument angeführt wird, daß der wirtschaftliche Fortschritt in den zurückgebliebenen Ländern auf diese Weise am schnellsten zu erreichen ist, besitzen wir einen gemeinsamen Nenner und ein gemeinsames Kriterium für die gesamte Industriegesellschaft.

Kurz gesagt, die Erhöhung des Einkommens ist das Ideal der Amerikaner und der Sowjetrussen, und in beiden Ländern ist der Musterbürger tüchtig in der Arbeit, wohlgenährt, diszipliniert, gutgläubig, etwas beschränkt und politisch desinteressiert. Natürlich bestehen noch einige Unterschiede. Der russische Parteiführer hat zum Beispiel ein oder zwei Autos zur Verfügung, die jedoch nicht sein Eigentum sind. Aber das ist auch im Westen eine sehr beliebte Lösung, da der Benützer nicht für Benzin und Reparaturen aufzukommen braucht, wenn das Auto dem Staat oder einer anderen Institution gehört. Aus dem Recht auf Besitz scheint offenbar immer mehr das Recht auf Benutzung zu werden. Es ist leicht vorauszusehen, daß das soziale Zukunftsideal nicht mehr der Besitz einer Wohnung, einer Villa, einer Jacht oder mehrerer Autos sein wird, sondern die freie Verfügung darüber. Mit anderen Worten, der Verbrauch scheint überhandzunehmen über die Produktion, und es gibt keinen Grund zur Annahme, daß diese Veränderung notwendigerweise Harmonie und Frieden mit sich bringen wird.

Es darf uns nicht überraschen, daß die Befriedigung über den erreichten Wohlstand nur kurz andauert und den neuen Generationen völlig unbekannt ist, die nicht wissen, wie man früher lebte. Sie könnten es von den älteren Leuten erfahren, aber wer redet noch mit alten Menschen? In früheren Zeiten wirkte die Vorstellung wie ein Märchen, daß man im Winter nicht unter Kälte, im Sommer nicht unter Hitze zu leiden brauche, daß die ärztliche Betreuung kostenlos und ausreichend sein könne und die Familie eines Arbeitslosen weder Hunger noch Ausweisung zu befürchten habe. Die Männer, die diese Dinge predigten und dafür kämpften, wurden für verrückt gehalten. Aber wenn die Zeit des Kampfes vorbei ist, gewöhnt man sich sehr schnell an den Wohlstand, und bald zeigt sich der Überdruß am erreichten Ziel. Gewiß, die Mütter sind glücklich, daß ihre Kinder nicht Hunger, Kälte und zerrissene Schuhsohlen kennenlernen, wie die Eltern im gleichen Alter, aber für die Kinder ist es schwierig, diesen Vorteil wirklich zu erfassen. Man vergleicht immer mit der Gegenwart. Die Vergangenheit ist die fixe Idee der verarmten Reichen; die zu Wohlstand gelangten Armen denken nicht viel an sie. Ein Arbeiter in einer modernen Stadt genießt heute größere Bequemlichkeiten als ein wohlhabender Aristokrat in früheren Jahrhunderten; man braucht nur daran zu denken, für wie viele verschiedene Zwecke etwa die Elektrizität verwendet wird. Wenn wir auf einen einfachen Schalter drücken, hat jeder von uns mehr Licht zur Verfügung als ein mittelalterlicher Fürst, der von mehreren Dienern mit silbernen Armleuchtern umgeben war. Aber die »Befriedigung« ist geringer, darüber besteht wohl kein Zweifel. Warum? Weil es nicht das Privileg einiger weniger ist, auf einen elektrischen Schalter zu drücken. Das Gefühl der »sozialen Befriedigung« entsteht beim Vergleich; und in der Mentalität des Durchschnittsmenschen verliert der Wohlstand an Wert, sobald man ihn mit anderen teilt.

Trotz allem ist die Behauptung mancher Autoren, daß Apathie, Langeweile und Lebensüberdruß unter allen Umständen eine charakteristische Begleiterscheinung des allgemeinen Wohlstandes seien, eine ebenso konventionelle Vorstellung wie die angeblich ständige Heiterkeit und Lebensfreude der Armen, besonders der Armen im Süden. Das sind grobe Vereinfachungen, die man nur Touristen und Photographen nachsehen kann. Der Nordländer, der eben in einer süditalienischen Stadt eingetroffen ist, halb betäubt von der Sonne, dem Lärm, dem Geschrei der halbnackten Kinder, die die engen schmutzigen Gassen bevölkern, von den Anpreisungen der Straßenverkäufer, von den lauten Unterhaltungen zwischen einem Partner, der auf der Straße steht, und dem anderen, der ihm von einem Fenster des obersten Stockwerkes antwortet, gewinnt verständlicherweise den Eindruck eines gehobenen Lebensgefühls. Wir wissen, daß dieser Eindruck nur die Oberfläche betrifft, und wir kennen den entsprechenden Fall der italienischen Journalisten, die es bei keinem Auslandsbesuch versäumen, die lähmende Langeweile des Sonntagmorgens in einer reichen protestantischen Stadt zu schildern. (Wenn man der Ursache dieser tödlichen Beklemmung auf den Grund geht, entdeckt man, daß sie mit dem Fehlen des ohrenbetäubenden Lärms zusammenhängt, der in manchen südlichen Städten gerade am Sonntag seinen Höhepunkt erreicht.) Wenn wir dann von den Artikeln italienischer Journalisten zu den Büchern bestimmter Soziologen übergehen, kann es geschehen, daß die sonntägliche Stille dieser reichen Großstädte gegen Abend durch gedämpfte Detonationen unterbrochen wird, wobei es sich um die Revolverschüsse der gelangweilten Menschen handelt, die sich das Leben nehmen.

Die Zahl der steigenden Selbstmorde in den wohlhabenden Ländern ist inzwischen ein Gesprächsgegenstand geworden, dem man sich nicht entziehen kann, sobald vom allgemeinen Wohlstand die Rede ist. Es gibt viel Literatur darüber, und zum Glück gehen die Meinungen auseinander. In der letzten Zeit haben sogar die Stimmen zugenommen, die die Gemeinplätze über die Beziehung zwischen sozialer Sicherheit und Lebensüberdruß *ad absurdum* führen. So hat man zum Beispiel festgestellt, daß in Schweden entgegen der bisherigen Meinung die Zahl der Selbstmorde in den letzten Jahrzehnten fast unverändert geblieben ist und einem Jahresdurchschnitt von zehn Fällen auf hunderttausend Einwohner entspricht. Dieser Durchschnitt stellt Schweden in der Statistik auf den zehnten Platz nach Ländern wie Japan, Österreich, Finnland und anderen, die noch weit vom allgemeinen Wohlstand entfernt sind. Im übrigen ist es leichter, die Selbstmorde zu zählen, als die Motive herauszufinden. Wie kann man mit Sicherheit den wirklichen Grund der Verzweiflung eines Menschen bestimmen, der auf sein Leben verzichtet. Wir würden es nicht einmal wissen, wenn jeder Selbstmörder ein klares Bekenntnis hinterließe. Wer könnte dafür garantieren, daß es ehrlich wäre und daß sich der Verfasser seiner Gründe bewußt wäre? Manche von Selbstmördern geschriebene Briefe lassen uns eher an die Inschriften denken, die die Unglücklichen gern auf ihrem Grab sehen würden.

Innerhalb der Grenzen, die der Untersuchung eines so schwer zugänglichen Problems gesetzt sind, scheinen mir die Schlußfolgerungen sehr überzeugend, zu denen der bekannte amerikanische Psychiater Herbert Hendin, Professor an der Columbia-Universität, gekommen ist. (Gleichzeitig sind andere Gelehrte zu ähnlichen Resultaten gelangt.) Hendin hat in Dänemark und Schweden eine umfangreiche, bis ins einzelne gehende Untersuchung über eine große Anzahl von Selbstmordfällen durchgeführt und hat sich in zwangloser Weise mit einer Reihe von Menschen unterhalten können, die nach einem Selbstmordversuch gerettet wurden. Die am häufigsten wiederkehrende Ursache der Verzweiflung in den von ihm untersuchten Fällen war nicht Überdruß und Langeweile, sondern das Gegenteil: eine bis ins Unerträgliche gesteigerte Anspannung. Die Mehrzahl aller Schweden und Dänen erhält zu Hause und in der Schule, beim Sport ebenso wie beim Wehrdienst eine Erziehung, die sie dazu anhält, alles aus sich herauszuholen. Trotz des Wohlstandes ist der Wettstreit in allen sozialen Schichten sehr hart, und nicht wenige sehen es als eine Demütigung an, wenn sie sich nicht auszeichnen oder wenn sie von einem Konkurrenten überholt werden. Hierzu kommen Komplexe und Hemmungen in der privaten Sphäre, unter denen die Menschen aus dem Norden nach Ansicht der Psychoanalytiker mehr leiden als Mittel- und Südeuropäer.

Aber ganz abgesehen vom nationalen Temperament und der psychologischen Situation scheint es mir unleugbar, daß die Wohlstandsgesellschaft das Überflüssige leicht in etwas Notwendiges verwandelt und fortwährend neue Bedürfnisse erfindet, dem unwiderstehlichen Rhythmus des technischen und industriellen Apparates entsprechend, auf dem sie basiert. Die Mittelmäßigen und die »Weisen«, die sich mit dem zufrieden geben, was sie ohne besondere Anstrengung erreichen können, mögen sich vielleicht eines Tages langweilen, aber für die anderen, die immer auf der Jagd nach neuer Bestätigung des eigenen Wertes sind – auf allen Gebieten: Karriere, Geld, Sport, erotische Abenteuer – und nie für lange Zeit befriedigt, besteht die Gefahr, daß sie die Opfer ihres ruhelosen Ehrgeizes werden.

Über die Massenmedien

In den wenigen Jahren zwischen der russischen Revolution und der Entstehung faschistischer Gruppen in einigen westeuropäischen Ländern verlor die »Masse« ihre Aureole als ein fortschrittlicher, bewußter Organismus und wurde, vor allem infolge der Arbeiten gewisser Soziologen, als schwerfällige, unförmige Kraft verachtet. Heute klingt es fast unwahrscheinlich, daß noch vor wenigen Jahrzehnten in Paris und New York von Linksintellektuellen herausgegebene Zeitschriften erschienen, die sich »Die Masse« oder »Neue Massen« nannten; allerdings blieb ihre Verbreitung auf unbedeutende Gruppen von Kleinbürgern beschränkt.

Der Ursprung dieser Begeisterung für die Masse liegt weit zurück, aber sie erreichte in jenen Jahren ihren Höhepunkt durch die Tatsache, daß die proletarische Revolution nicht dort triumphiert hatte, wo man es erwartet hätte, das heißt in den Ländern, wo die Arbeiterklassen in Parteien, Gewerkschaften und Genossenschaften am besten organisiert waren, sondern gerade in Rußland, wo eine große Masse ohne politische Vergangenheit von einer kleinen kampfbereiten Partei ins Schlepptau genommen worden war. Die Begeisterung war also durchaus begründet; man beging nur den Fehler, den Fall zu verallgemeinern und für ein Musterbeispiel zu halten.

Die Geringschätzung, die heute für »die Masse« empfunden wird, richtete sich damals gegen das Individuum und gegen die Abseitsstehenden. Die fanatische Begeisterung für alles, was kollektiv war, ging weit über die politische Sphäre hinaus und äußerte sich manchmal auf groteske Weise. Ich erinnere mich an einen Besuch in einem Arbeitererholungsheim in Sowjetrußland, bei dem ich die »kollektive« Lektüre eines Romans miterlebte. Da ich die russische Sprache nicht beherrschte, konzentrierte ich meine Aufmerksamkeit auf die Hörer. Sie wirkten recht zerstreut, um nicht zu sagen äußerst gelangweilt, nur einige Male brachen sie in schallendes Gelächter aus. Als ich mich später erkundigte, ob es sich um einen humoristischen Roman gehandelt habe, wurde mir erklärt, daß über die schlechte Aussprache des Vorlesenden gelacht worden sei. Der Genosse, der mir als Begleiter zugeteilt worden war, versäumte nicht, mich in Gegenwart einer Gruppe von Arbeitern zu fragen, was ich von dieser revolutionären Errungenschaft im Gegensatz zur dekadenten bürgerlichen Gewohnheit des Alleinlesens dächte. Ich hielt es für meine Pflicht, ihn darüber aufzuklären, daß das Vorlesen ein alter Brauch sei, der zum Beispiel noch heute in unseren Klöstern während der Mahlzeiten geübt würde. Vielleicht, so fügte ich hinzu, um die Aufmerksamkeit der Mönche von der schlechten Qualität der Speisen abzulenken. Zu meinem Bedauern wurde diese harmlose Bemerkung den Arbeitern, die uns umgaben, nicht übersetzt.

Etwa um die gleiche Zeit lernte ich das Drama *Masse Mensch* von Ernst Toller kennen, das der Autor im Jahre 1919 als Zivilgefangener in der bayerischen Festung Niederschönfeld verfaßt hatte. In der ungezügelten heftigen Art des deutschen Expressionismus geschrieben, ist das Stück zweifellos ein wichtiges Dokument für den Geist der damaligen Zeit. Der Autor selbst las es mit viel Emphase und Überzeugungskraft im Kreise einiger Freunde vor. Niemand von uns konnte damals voraussehen, daß der in so unvorsichtiger Weise verherrlichte deutsche Massenmensch eines Tages den Abscheu der ganzen Welt erregen und daß der Dichter sich im Exil das Leben nehmen würde.

Jetzt, nachdem wir erlebt haben, wie die Massen unter totalitärer Führung zu wilden Tieren werden oder durch Wohlstand und die tägliche Hypnose der modernen Informationsmittel verdummen können, sind wir beim anderen Extrem angelangt, und alles, was in irgendeiner Form die Masse betrifft, erweckt – jedenfalls bei der Mehrzahl der Intellektuellen – Mißtrauen oder sogar Widerwillen. Diese stereotype Art die Dinge zu sehen, findet man auch bei um Objektivität bemühten Menschen, die – wie wir alle – mehr oder weniger selbst zur Masse gehören, auf jeden Fall zur Masse der Anhänger der neuen Soziologie. Die Abstempelung der Massenmedien zu nivellierenden Instrumenten ist in manchen Kreisen so entschieden, daß eine vorurteilsfreie Diskussion dort unmöglich ist. Zuweilen geht es dem Soziologen ähnlich wie Kolumbus in dem humoristischen Gedicht von Pascarella über die Entdeckung Amerikas. Als Kolumbus und seine Leute zum erstenmal ein menschliches Wesen erblicken, fragen sie voller Angst: »Wer bist du?« und bekommen zur Antwort: »Wer soll ich sein? Ein Wilder.«

Tatsächlich kann es leicht geschehen, daß eine Untersuchung die Antwort ergibt, die der Forscher im Sinn hat. Das bezieht sich natürlich nur auf die Länder, in denen Forschung dieser Art überhaupt möglich ist. Es ist gewiß kein Zufall, daß das reichliche Tatsachenmaterial über die Sünden der Massenmedien vorwiegend die fortschrittlicheren Länder des Westens betrifft; aber manche Leute schließen daraus, daß es sich um ein ausgesprochen westliches Phänomen handelt, um eine Begleiterscheinung der vielbesprochenen und in den sogenannten sozialistischen Ländern völlig unbekannten Selbstentfremdung.

Ebensogut könnte man annehmen, daß die Tuberkulose vor allem in den Ländern vorkommt, wo sie streng kontrolliert wird, und dort nicht existiert, wo die Statistiker sie nicht erwähnen.

Auch bei intelligenten und gebildeten Menschen kann eine derartige Verblendung vorkommen, wenn sie von Fanatismus befallen sind. Ich erinnere mich an einen englischen Gelehrten, den ich vor einigen Jahren in Venedig kennenlernte, wo eines der ersten sogenannten »Gespräche am runden Tisch« zwischen Schriftstellern von diesseits und jenseits des Eisernen Vorhangs stattfand. Während der Diskussion verstieg sich J. D. Bernal, Professor für Physik an der Londoner Universität, Mitglied der Royal Society und gleichzeitig Weggenosse der Kommunisten zu folgender verblüffender Behauptung:

»Während die Kultur der kapitalistischen Länder unter einer tiefen Entfremdung zwischen dem Volk und den höheren Formen der Kunst leidet, so daß zum Beispiel Joyce nur von wenigen Eingeweihten gelesen und verstanden wird und das Volk sich von Abenteuerromanen, Groschenheften und schlechten Filmen nährt, ist diese Kluft, wie ich selbst feststellen konnte, im sozialistischen Rußland glücklich überwunden: der Kolchosbauer, der Student, der Tellerwäscher, der Schriftsteller und der Wissenschaftler lesen die gleichen Bücher, bewundern die gleichen Bilder und die gleichen Filme, mit einem Wort: sie glauben an die gleichen Werte.« Da ein englischer Gelehrter dieses Wunder verkündete, wäre kein Zweifel erlaubt gewesen, aber die Anwesenheit von vier sowjetischen Schriftstellern an dem gleichen »runden Tisch« ermöglichte es, diese erstaunliche Nachricht sofort noch einmal zu bestätigen, und es wäre ein schweres Versäumnis gewesen, darauf zu verzichten.

»Ohne es an Respekt für Professor Bernal fehlen zu lassen«, sagte ich darum, »und nur um den Eindruck zu vertiefen, den diese Mitteilung bei uns hervorgerufen hat, möchte ich mir erlauben, an einen der hier anwesenden sowjetrussischen Kollegen die Frage zu richten, wie dieses Wunder zustande gekommen ist.« Nach einer kurzen Verlegenheitspause übernahm der Schriftsteller Fedin die unbequeme Aufgabe, meine Frage zu beantworten. Allen Respekt vor seiner Aufrichtigkeit! »Auch in Rußland«, so bekannte er, »haben wir zwei Kulturen, auch in Rußland haben wir neben der höheren Kultur eine große Anzahl von Filmen und Büchern ohne jeden künstlerischen Wert für den Massenkonsum.« Man hörte einige Zuhörer hüsteln, andere blickten zur Decke, die Sache war zu peinlich, als daß man weiter hätte darauf bestehen können. Der englische Wissenschaftler hatte ganz offenbar seine Schlüsse über die neuen Beziehungen zwischen dem russischen Volk und der Kunst aus einem phantastischen Wunschbild seines politischen Glaubens hergeleitet.

Die Einheit der Kultur – etwa in dem Sinne, wie man im Mittelalter davon sprechen konnte, wo Volk und Künstler in derselben geistigen Sphäre lebten, sich auf dieselbe Art ausdrückten und an dieselben Symbole glaubten – läßt sich wahrhaftig nicht durch eine neue staatliche Bürokratie oder einen höheren Lebensstandard wiederherstellen. Den Waisen des Stalinismus zum Trost sei hier vermerkt, daß, wie zu erwarten, die Kluft in der Kultur auch in den Ländern weiterbesteht, die durch die Sozialdemokraten oder die Labour-Partei reformiert wurden. Gewiß, es wäre ungerecht, den großen Bildungsfortschritt zu leugnen, den die unteren Klassen in den letzten Jahrzehnten sowohl unter kommunistischen wie unter sozialdemokratischen Regierungen gemacht haben, aber mit der Schaffung neuer Werte steht es anders. In dieser Beziehung hat, wie man zugeben muß, die Veränderung der sozialen Struktur nicht einmal den frischen Wind gebracht, den man von dem Eindringen neuer Elemente aus dem Volk in den Bereich der Literatur berechtigterweise erwarten durfte.

»In den erst kürzlich zu allgemeinem Wohlstand gelangten Ländern«, schreibt der schwedische Schriftsteller Bengt Holmquist, »hatte man große Hoffnungen auf die noch unverbrauchte Reserve von Talenten gesetzt, denen jetzt die Möglichkeit gegeben wurde, sich frei zu entwickeln. In Schweden haben die fast unbegrenzte soziale Beweglichkeit und die neuen Bildungsmöglichkeiten ohne Zweifel bedeutende Reserven frei gemacht. Aber die Zeit scheint schon vorüber zu sein, in der aus der Arbeiterklasse stammende junge Leute sich in die geistig-schöpferische Elite einreihten. Ein derartiger Aufstieg konnte dem Beobachter in den Jahren zwischen 1930 und 1940 auffallen, das heißt in einem Stadium der sozialen Entwicklung, in dem die *stille Revolution* noch im Gang war und die neue Gesellschaft noch nicht ihre Stabilität erreicht hatte. Damals gab es junge ›proletarische Schriftsteller‹ – so nannte man sie zu der Zeit –, die eben noch in Not und Armut gelebt hatten. Sie verbesserten als Schriftsteller ihre finanzielle Situation unter Umständen nicht wesentlich, aber ihre Berufswahl verlangte ihnen kein Opfer ab und bedeutete in jedem Fall einen sozialen Aufstieg. Heute liegen die Dinge anders. Den Begabten öffnen sich viele Wege: In unserer blühenden Leistungsgesellschaft kann es fast jeder zu einer sicheren und geachteten Position bringen, und wenn er das Schreiben als seine persönliche Berufung ansieht, braucht er jedenfalls nicht völlig darauf zu verzichten. Aber es ist kein Zufall, daß die Mehrzahl der neuen Schriftsteller Männer und Frauen sind, die über ein solides Universitätszeugnis verfügen und sich keinerlei Illusionen über den Beruf des Schriftstellers machen. Sie haben eine Art alexandrinischer Verfeinerung in unser literarisches Leben gebracht, aber sie haben wenig Berührung mit den Härten des Daseins. Das Auftreten der Autodidakten hat sich als eine kurze, wenn

auch interessante Episode in der Literaturgeschichte unserer
Zeit erwiesen. Vielleicht hat diese Entwicklung eine allgemeine Bedeutung, auch wenn sie sich in den meisten Ländern noch nicht abzeichnet ...«

Wie mir scheint, liegt die Erklärung dafür in der von Holmquist unterstrichenen Tatsache, daß das Auftreten der proletarischen Schriftsteller mit der stillen Revolution zusam-
mentraf. Es handelt sich also um eine Literatur des »gerade
Erlebten«, ebenso wie bei zahlreichen Produkten des italienischen Neorealismus nach dem zweiten Weltkrieg. Es ist
auch durchaus wahrscheinlich, obwohl Holmquist es nicht
ausgesprochen hat, daß der Unterschied zwischen der sogenannten proletarischen Literatur zwischen 1930 und 1940
und den Schriften der neuen schwedischen Generation nicht
so sehr durch eine andersartige soziale Herkunft der Autoren zu erklären ist als dadurch, daß die Themen des geistigen und sozialen Aufstiegs rasch erschöpft waren. Da in
Schweden der Besuch einer Mittelschule obligatorisch ist und
der Zugang zur höheren Schule sehr erleichtert wird, ist der
früher bestehende Abstand zwischen Arm und Reich weit-
gehend verringert. Was natürlich nicht ausgeglichen werden kann, ist die Verschiedenheit der geistigen Haltung bei
Menschen des gleichen Bildungsgrades, und am allerwenig-
sten läßt sich die eigentümliche Beziehung zwischen Geist
und Wirklichkeit »sozialisieren«, aus der jede echte künst-
lerische Berufung entspringt. Dazu sei vermerkt, daß die
Verbreitung der höheren Bildung mit dem Entstehen vorwiegend hermetischer und experimenteller oder klassizisie-
render Formen in der modernen Kunst zusammenfiel. Dadurch wird der Künstler oder Schriftsteller proletarischer
Herkunft, wenn er nicht eine ungewöhnliche schöpferische
Vitalität besitzt, dazu geführt, sich in Anpassung an seine
Umwelt einer Sprache zu bedienen, die der Mehrzahl seiner

Mitbürger fremd ist, so daß er also nichts zur Verringerung der Kluft auf kulturellem Gebiet beiträgt.

Es wäre töricht, den durch viele Untersuchungen bewiesenen Zusammenhang von sozialem Leben und Kultur zu leugnen, aber in dieser Sphäre ist die Beziehung zwischen Ursache und Wirkung nicht eindeutig; was einmal Ursache ist, kann in einem anderen Fall Wirkung sein.

Sehr bezeichnend ist in dieser Hinsicht der Weg, den die allgemeine Volksbildung in den letzten hundert Jahren durchlaufen hat. Als im vorigen Jahrhundert der Feldzug der Liberalen und Demokraten gegen das Analphabetentum begann, äußerten viele Konservative ganz offen ihre Bestürzung. Sie betrachteten die Unwissenheit der Armen als eine Grundlage der öffentlichen Ordnung, worin sie übrigens mit den Revolutionären ihrer Zeit übereinstimmten. »Die Bildung wird euch befreien«, predigten die Sozialisten der Ersten Internationale den Arbeitern, die noch Analphabeten waren. »Wissen ist Macht.« In vielen Lokalen der proletarischen Organisationen in Italien war der Fortschritt als eine Frau dargestellt, die eine leuchtende Fackel, das Symbol der Bildung, in der Hand hielt und damit die dunklen Nebel der Unwissenheit vertrieb und mit den Nebeln auch die Priester, die als Fledermäuse dargestellt waren. Die führende Zeitschrift des Katholizismus (*Civiltà cattolica*) nahm diese Drohung ernst und sprach sich gegen die allgemeine Volksbildung aus. Wollt ihr besser leben? fragte sie die Arbeiter. Dann tut eure Arbeit und hütet euch vor Lastern. Die Produktion braucht keine Bücher, sondern kräftige Arme. Im Jahr 1876 bezeichnete dieselbe Zeitschrift die allgemeine Schulpflicht geradezu als »eine furchtbare Bedrohung der sozialen Ordnung«.

Während einer kurzen Zeitspanne waren Volksbildung und

politischer Fortschritt gleichbedeutend. Tatsächlich verbreiteten sich in den rückständigen Gegenden die revolutionären Ideen zusammen mit der Schulbildung. Wie einige russische Erzähler des 19. Jahrhunderts berichten, galt es bei der zaristischen Polizei als strafbare Handlung, die Bauern ohne besondere Genehmigung das Alphabet zu lehren, und die schuldigen Lehrer wurden nach Sibirien verbannt.

Heute, nach wenigen Jahrzehnten, hat die Bildung, wie jeder feststellen kann, ihren Explosivstoff verloren. Man braucht nur einen Blick auf einen Zeitungsstand oder in das Schaufenster einer Buchhandlung zu werfen, um zu wissen, warum das so ist. Wie so viele andere Dinge kann auch das Lesen den Geist erheben oder herunterziehen. Im allgemeinen gilt die Schulbildung heute als ein nützliches Mittel zum Zweck. Viele Familien in wirtschaftlich bescheidenen Verhältnissen nehmen große Opfer auf sich, um ihren Kindern eine höhere Schulbildung zu geben, in der Hoffnung, sie vor der Sklaverei der Handarbeit zu bewahren und »etwas Besseres« aus ihnen zu machen.

Auf jeden Fall wäre heute, auch wenn es noch rückständige Länder gibt, in denen der Kampf gegen das Analphabetentum seinen politischen Charakter bewahrt hat, eine Diskussion über das Für und Wider der Volksbildung sinnlos. Umstritten bleibt dagegen die Wirkung der Massenmedien (Kino, Radio, Fernsehen, Zeitungen mit Riesenauflagen) und wird es, meiner Ansicht nach, noch für längere Zeit bleiben, da es unmöglich ist, für so widerspruchsvolle und veränderliche Erscheinungen einen gemeinsamen Nenner zu finden. Auf alle Fälle stellen die Massenmedien ein beängstigendes Instrument zur Beeinflussung der öffentlichen Meinung dar, dessen potentielle Gefährlichkeit in der Geschichte ohne Beispiel ist. Besonders wenn sie im Dienst einer totalitären Führung eingesetzt wird, um das Volk zu unterwerfen, abzustumpfen und auszurichten, ist ein Widerstand gegen diese Waffe kaum denkbar.

Aber auch in extremen, dem Anschein nach eindeutigen Situationen muß man versuchen, den Dingen auf den Grund zu gehen, was nicht leicht ist, da der Mensch ja nicht immer so oder nur so ist, wie man ihn sieht. Wie wäre es sonst zu erklären, daß in den meisten Diktaturen die private Meinung der Bürger von der öffentlichen abweicht, für deren Verbreitung doch alle Mittel der Information und Propaganda zur Verfügung stehen. Es ist bekannt, daß der Sturz eines Regimes selbst für die aufmerksamsten Beobachter oft eine Überraschung gewesen ist. Wie erklärt sich, wenn man den Massenmedien eine unwiderstehliche Überzeugungskraft beimißt, die Begeisterung der Italiener und die Lähmung des faschistischen Apparates am 25. Juli 1943 bei der Nachricht von Mussolinis Sturz? Wie erklären sich die Auflehnung der Arbeiter in Ost-Berlin am 17. Juni 1953, die Manifestation in Posen am 25. Juni 1956 und der ungarische Aufstand im Oktober desselben Jahres, obwohl die Kommunisten jahrelang ohne Widerstand ihre berühmte Technik des Einhämmerns angewandt hatten? Man denke noch an die Revolte in dem Zwangsarbeitslager Workuta in Sibirien, über die Scholmer, von anderen Seiten bestätigt, seinerzeit berichtete, und man hat eine Reihe von grundlegenden Erfahrungen, die mehr die politische Anthropologie angehen als die Soziologie.

Dasselbe gilt von der »Vermassung« der Informationsmittel und der Kultur in den Ländern, die man als demokratisch bezeichnet. Wir stecken freilich alle mit darin, und es ist für uns sehr schwierig, Beobachtungen von außen her anzustellen. Immerhin scheint mir Alain Touraine auf dem richtigen Wege zu sein, wenn er sagt, daß die neuen Informationsmittel eher Situationen bestimmen als Verhaltungsweisen. Jeder, der vorurteilslos beobachtet, was um ihn herum vorgeht, wird feststellen, daß der Einfluß der Massenmedien auf die einzelnen Menschen außerordentlich verschieden und selbst bei ein und derselben Person nicht immer gleich stark ist. Auf einige Menschen wirkt das Fernsehen einschläfernd, während es andere anregt und zum Widerspruch reizt. Man könnte sagen, daß der Einfluß der neuen Informationsmittel überall da zunimmt und verderblich wird, wo er eine geistige und moralische Leere vorfindet; aber selbst diese Hypothese durch Beispiele zu beweisen, ist nicht einfach. Ist das Fernsehen schädlich für Kinder? lautet eine viel gestellte Frage. Lenkt es sie ab von anderen Beschäftigungen, vom Lesen oder Spielen, vom Zusammensein mit den Eltern oder mit anderen Kindern? Ein deutscher Pädagoge, Alexander Weber, ist zu Resultaten gekommen, die dem widersprechen, was man im allgemeinen annimmt und besonders aus Amerika hört. Es stimmt nicht, meint Weber, daß das Fernsehen auf die Dauer eine unwiderstehliche Anziehungskraft auf die Kinder ausübt. Wenn der Reiz des Neuen vorüber ist, wird der Fernsehapparat in den meisten Fällen ein Gegenstand wie andere, etwa das Fahrrad oder die elektrische Eisenbahn. Weber hat eine Anzahl von Kindern, die zu Hause einen Fernsehapparat haben, nach ihrer Lieblingsbeschäftigung in der Freizeit gefragt, und sie haben der Reihe nach Lesen, Sport, Radio- und Plattenhören angegeben und erst an fünfter Stelle das Fernsehen genannt. Fast ebenso sind die Antworten der Kinder ausgefallen, die nicht zu Hause fernsehen konnten.

Man braucht die optimistischen Schlußfolgerungen von Weber nicht ohne weiteres zu akzeptieren, aber sie sollten uns dazu veranlassen, die ungenauen Behauptungen des Gegenteils nicht kritiklos hinzunehmen, sondern der Frage weiter nachzugehen. Auch ich bin davon überzeugt, daß die Massenmedien die Passivität, den Konformismus und die geistige Trägheit fördern können, aber um so höher schätze ich jedes Anzeichen, das in andere Richtung weist. So entspricht es zum Beispiel nicht den Tatsachen, daß die Wähler sich in ihrer Mehrzahl nach der Meinung der Zeitung richten, die sie lesen, oder nach der Radiosendung, die sie hören. In den europäischen Ländern mit mehreren Parteien ist oft das Gegenteil der Fall. Ich habe Menschen gekannt, die bestimmte Nachrichten nicht glauben wollten, obwohl oder gerade weil sie in der Zeitung standen. Wie man mit Recht gesagt hat, ist das, was die Massenmedien mit dem Publikum machen, nicht so wichtig wie das, was die einzelnen Menschen aus den Massenmedien machen.

Manchmal heißt es auch, daß das Fernsehen die politischen Führer in das Heim des Staatsbürgers bringt, wobei allerdings die »mitreißende menschliche Wärme« einer Versammlung nicht ersetzt werden könne. Aber die menschlichen Kontakte, die bei Versammlungen entstehen, sind meiner Ansicht nach ohnehin nicht so geartet, daß man sie einfach positiv bewerten darf. Es ist jedenfalls eine Tatsache, daß gerade die Diktatoren nicht auf Massenversammlungen verzichten, weil sie wissen, daß die »mitreißende menschliche Wärme« zu ihren Gunsten wirkt und allzu leicht das Urteilsvermögen der Teilnehmer einschläfert.

Wir wissen noch zu wenig über die Selbstschutzmechanismen, die auch bei dem scheinbar fügsamsten Menschen ausgelöst werden können. Eine Erfahrung, die das soziale Hilfswerk in einem abgelegenen Bergdorf meiner Heimat machte, lieferte mir dafür einen unerwarteten Beweis. Die jungen Fürsorgerinnen planten unter anderem, der Bevölkerung zwei Filme im Monat vorzuführen, einen für die Erwachsenen und einen für die Jugend. Nach langen Beratungen hatten sie eine Reihenfolge festgesetzt, vom leichtesten zum schwierigen ansteigend, und hatten auf eine Diskussion gleich nach der Vorstellung verzichtet, weil sie eine gewisse Gehemmtheit der Zuschauer voraussahen. Sie sollten lieber zunächst untereinander und zu Hause über ihre Eindrücke sprechen, und später, beim nächsten Hausbesuch, wollte die Fürsorgerin sich dann ihre Meinung anhören. Trotz der umsichtigen Planung blieb der Erfolg aus. Man hatte erwartet, daß sich nach der Vorstellung Gruppen bilden würden, in denen die Leute ihre Ansichten austauschten, oder daß später auf der Straße, im Wirtshaus oder in den Familien darüber gesprochen würde. Nichts dergleichen geschah. Als sich die Assistentin darüber wunderte, sagte schließlich einer der Dorfbewohner: »Wissen Sie, man erlebt schon soviel.«

Vielleicht wird unsere Zukunft in hohem Grade bestimmt werden durch die instinktive Fähigkeit des Menschen, sich gegen allzu systematische Belehrungsversuche abzuschirmen, auch wenn sie harmlos und gut gemeint sind. Man erlebt, man hört und sieht heutzutage so vieles, daß es manchmal ein Glück für die geplagten Menschen ist, mit offenen Augen in aufmerksamer Haltung an etwas anderes denken zu können.

Der Augenschein kann also in jeder Richtung täuschen. So ist es zum Beispiel eine überall beobachtete Tatsache, daß das Interesse an politischen Fragen im Vergleich zur Nachkriegszeit sehr nachgelassen hat und daß besonders die jungen Menschen eher über Autos, Fußball und Eisschränke diskutieren als über Politik. Aber um nicht irrtümlicherweise den Massenmedien die ganze Schuld zuzuschieben, muß man sich darüber klarwerden, welche Bedeutung und Tragweite die frühere »Politisierung« hatte. Es waren nicht so sehr die einzelnen Menschen als vielmehr das ganze soziale Leben, das sich in der Zeit gleich nach dem zweiten Weltkrieg ungewöhnlich stark »politisiert« hatte. Für viele Familien waren es Jahre der Angst, der Verhöre, der Fragebogen, des Ruins, anderen brachte der Regierungswechsel eine Erleichterung. Für alle waren es Jahre des wirtschaftlichen Stillstands, und die Arbeitslosigkeit war groß. Dementsprechend hatte der ungewöhnliche Zustrom zu den politischen Parteien und ihren Organisationen und Veranstaltungen verschiedene, sich bedingende Ursachen: die Unsicherheit der persönlichen Existenz, die wachsende Bedeutung des Staates im Berufs- und Wirtschaftsleben und die sogenannte Parteienherrschaft.

Wer Mitglied einer Partei oder der entsprechenden Jugendorganisation wurde, wollte sich vor allem gegen die Willkür der neuen Behörden sichern, auf das richtige Pferd setzen, Arbeit finden, im Beruf vorwärtskommen. So nahmen die großen Parteien damals eine Menge von Personen auf, die in Wirklichkeit gar kein Interesse für politische Fragen hatten und Diskussionen über Parteidoktrinen und -programme gleichgültig mit anhörten. Wenn in der leitenden Gruppe der Partei eine Krise entstand, war es die einzige Sorge dieser angeblich »Politisierten«, sich zur Mehrheit zu halten; auf diese Weise bildeten sie einen Sicherheitsballast, der die Stabilität der Organisation garantierte. In dem Maße, wie die politischen Befürchtungen aufhörten und die Arbeitslosigkeit dank der verbesserten Wirtschaftslage abnahm, ist diese Erscheinung natürlich zurückgegangen. Besonders deutlich zeigt sich das bei der Jugend. So ist zum Beispiel die Organisation der kommunistischen Studenten, die in den Jahren nach dem Kriege an den wichtigsten italienischen Universitäten führend war, heute aufgelöst. Aber auch bei den kleineren Parteien, die von echter politischer Leidenschaft getragen waren, findet man heute deutliche Anzeichen der Ermattung, und die Parteiarbeit wird fast ausschließlich von bezahlten Kräften geleistet.

Die Ergebnisse einer Untersuchung über die geistige und religiöse Stellung des italienischen Arbeiters, die im Jahr 1960 von der Azione Cattolica vorgenommen wurde, hat diese rückläufige Entwicklung bestätigt.

»Der Feind Nr. 1 ist nicht mehr der Kommunismus«, schrieb ein Pfarrer, nachdem er seine Umfrage bei der Arbeiterschaft der Fabrik Olivetti in Ivrea beendet hatte. »Der Kommunismus leidet an chronischer Müdigkeit. Seine Propaganda hat nicht mehr die frühere Schärfe und verhallt ohne Wirkung. Die Motive für den Kampf fehlen. Die Anhänger und die Sympathien, die dem Kommunismus vor fünfzehn Jahren zuströmten – mehr aus Opportunismus als aus echter Überzeugung –, haben sich stark vermindert, und nur eine kleine Gruppe von Aktivisten ist übriggeblieben. Der Feind Nr. 1 ist jetzt die Gleichgültigkeit, die Apathie, sowohl auf sozialem wie auf religiösem Gebiet.« Um ihre Wählerschaft nicht zu verlieren, verhalten sich die Kommunisten heute wie die Priester der im Niedergang befindlichen Religionen: sie wahren die Form, indem sie auf Einhaltung der alten Riten achten, aber sie sind weitherzig, wenn es um den Einklang zwischen Lehre und Leben geht.

Bei den Bauern steht es nicht besser. Die Verbreitung der Fernsehantennen auf dem Land hat die Tendenz zur Landflucht nicht vermindert, wie manche gehofft hatten. Dieses Ergebnis könnte Zweifel an der Macht erwecken, die »Bilder« ausüben können. Der Mensch lebt nicht von Bildern, sondern davon, daß er selbst teilnimmt. Übrigens erscheinen mir die Klagen der Soziologen über die traurige Einsamkeit der in die Stadt verpflanzten Bauern recht übertrieben. Ich will nicht leugnen, daß es solche Fälle geben mag, aber nur der kann sie verallgemeinern, der das sogenannte patriarchalische Leben auf dem Land als Tourist kennengelernt hat und nicht weiß, wie unerträglich das Zusammenleben im Heimatdorf unter der ständigen Kontrolle von kleinlichen und neidischen Nachbarn werden kann. Viele der mir bekannten Bauern und Handwerker, die in die Stadt gezogen sind, empfinden ihre gegenwärtige Einsamkeit als Befreiung. Manche von ihnen haben sich dafür entschieden, obwohl ihre Lebensbedingungen sich durch den Umzug verschlechtert haben, besonders was die Wohnung betrifft. Daß sie in der Stadt die Verbindung mit ehemaligen Landsleuten wieder aufnehmen, bedeutet nicht unbedingt, daß sie an Heimweh leiden; denn wenn es aufwärts geht, wenn einer, der im Dorf hinter dem Esel herging, es so weit bringt, daß er sich ein kleines Auto anschaffen kann und seine Tochter eine Stelle als Verkäuferin im Warenhaus findet, braucht die Familie verständlicherweise ein Publikum, das sie bewundert. Aber die größeren Entfernungen in der Stadt, die Möglichkeit, sich unter den früheren Landsleuten diejenigen auszusuchen, die man gern hat, und die anderen zu meiden und sein Privatleben vor ihrer Neugier zu schützen, gibt diesen Beziehungen einen ganz anderen, freiwilligen und freieren Charakter gegenüber der »natürlichen« Bindung der alten Nachbarschaft, die schon vor der Geburt feststeht. Nicht ohne Grund sind es fast immer die Frauen, als natürliche Opfer der Nachbarschaft, die ihre Männer oder ihre Verlobten dazu bewegen, das Dorf zu verlassen.

Es wäre mir jedoch nicht recht, wenn meine Bemerkungen nun ihrerseits verallgemeinert würden. Im Gegenteil, ich bin zu dem Schluß gekommen, daß – unter welchem Aspekt auch immer das Phänomen der Massenzivilisation betrachtet wird – man von jeder Seite her an einen Punkt gelangt, wo eine eindeutige Aussage über das Verhältnis zwischen den Menschen untereinander und zwischen dem Menschen und den Dingen kaum möglich ist. Aus dieser Ungewißheit folgt als positive Erkenntnis, daß eine fatalistische Einstellung ungerechtfertigt ist und daß es auch dann einen Sinn hat, sich einzusetzen oder sich zu wehren, wenn die Lage von außen gesehen hoffnungslos erscheint.

Welche Aussichten?

Viele Meinungsverschiedenheiten über die Wohlstandsgesellschaft und die Massenzivilisation entstehen durch die
Verschiedenheit der Ausgangspunkte. Es ist unvermeidlich,
daß der »Mandarin-Standpunkt«, der verständlicherweise
unter den Intellektuellen so häufig ist, verzerrte und geradezu abwegige Vorstellungen zur Folge hat. Wenn man eine
Gesellschaft begreifen will, darf man sich nicht als Außen-
seiter fühlen. Diese seltsame Menschenwelt ist nun einmal
unsere Welt. Das einzige echte Problem ist, wie man sich in
ihr verhalten soll, und dabei muß man von den gegebenen
und nicht von imaginären Voraussetzungen ausgehen.
Trotzdem dürfen wir die Anklagen, die von verschiedener
Seite gegen die Gesellschaft unserer Zeit erhoben werden,
nicht leichtnehmen. Die durch Industrialisierung und soziale
Sicherheit geförderte Passivität und Bürokratisierung und
die zunehmende Selbstentfremdung des modernen Menschen sind Tatsachen, die man nicht ohne Sorge mit ansehen
kann. Aber gerade deshalb beginnt hier unsere Verantwortung. Mit anderen Worten, jede Geisteshaltung, die dazu
führt, daß man sich ohne Widerstand mit einem Übel abfindet, scheint mir unannehmbar. Ich bin überzeugt davon,
daß es kaum eine Situation gibt, in der wir zu vollkommener
Ohnmacht verurteilt sind, und diese Überzeugung scheint
mir die Voraussetzung für ein menschenwürdiges Dasein zu
sein.
Wenn man allerdings sagen hört, daß die soziale Sicherheit
das Risiko herabgesetzt hat und also der Anreiz zur Aktivität fortfällt, muß man sich fragen, welcher Art denn das
Risiko war, dem nachgetrauert wird. Mir scheint, ein Risiko

hat nur dann einen Wert, wenn der Mensch es freiwillig eingeht. Aber das war keineswegs der Fall bei den Arbeitern, die vor Einführung der sozialen Gesetzgebung ständig in Gefahr waren, wegen Arbeitslosigkeit oder Krankheit am Bettelstab zu enden oder zu verhungern. Niemand, der wirkliches Elend selbst erlebt oder aus der Nähe mit angesehen hat, kann die früheren Zustände wieder herbeiwünschen. Die Kritik an der Wohlfahrtsgesellschaft kann berechtigt und sogar von Nutzen sein, wenn sie sich gegen Apathie und Selbstzufriedenheit richtet und das Gefühl wachhält, daß jeder Fortschritt in letzter Instanz an der Freiheit und sittlichen Würde des Menschen gemessen werden muß; aber diese Kritik muß zurückgewiesen werden, sobald sie die schon über das Elend errungenen Siege entwertet und dort entmutigend wirkt, wo noch gegen Hunger, Epidemien und Unwissenheit gekämpft werden muß.

In unserer Epoche ist der allgemeine Wohlstand für alle Völker die einzige vernünftige Perspektive, die man der Katastrophe eines Weltkrieges entgegensetzen kann. Darüber dürfte kein Zweifel bestehen. Wenn man bestimmte pessimistische Kritiken zu unserer Gesellschaft liest, hat man den Eindruck, daß die Autoren nicht ahnen, wie entwürdigend das Elend auf den Menschen wirkt. Gewiß, die gedankenlose Oberflächlichkeit der Satten ist oft abstoßend, aber man darf nicht vergessen, daß das Fehlen des Allernotwendigsten eine animalische Besessenheit zur Folge haben kann, die ihrerseits keinen anderen Gedanken aufkommen läßt. Die Wohlstandsbürger, die heute ihre reich bemessene freie Zeit schlecht ausnutzen, mögen noch so gleichgültig sein, sie werden kaum die Abgestumpftheit der Menschen erreichen, die überhaupt keine freie Zeit hatten, weil sie täglich zwölf Stunden arbeiten mußten.

Dasselbe gilt für die Klagen über die sozialen Einrichtungen.

Ihr oftmals bürokratischer Charakter ist ebenso bedauerlich, wie das kindische Verhalten vieler Versicherter; aber es ist noch nicht lange her, daß einem Unfallversehrten kein anderer Ausweg blieb, als Bettler zu werden. Wer vor etwa fünfzig Jahren in einem katholischen Land an einem Heiligtum oder einem anderen Wallfahrtsort vorüberkam, traf dort auf eine ganze Schar unglücklicher Krüppel und Erblindeter, die sich im Staube vorwärtsschleppten und um ein Almosen baten; es waren in der Mehrzahl frühere Fabrik- oder Landarbeiter, die das Opfer eines Arbeitsunfalles geworden waren.

Aus denselben Gründen darf die Kritik an dem durch die Massenmedien (Radio, Fernsehen, Kino und Boulevardpresse) verbreiteten Konformismus nicht dazu führen, die Zeit des Analphabetentums wieder herbeizuwünschen. Der durch Elend und absolute Unwissenheit genährte Konformismus entzog sich jedem Vergleich, und wer an Kräuterweiber und Wahrsagerinnen glaubte, bewies nicht mehr Intelligenz als der Leser der heutigen Groschenhefte. Im übrigen handelt es sich nicht nur um einen Vergleich zwischen verschiedenen Epochen, man braucht nur die ehemaligen Kolonialländer oder manche Provinzen von Südeuropa oder Südamerika aufzusuchen, um dem wahren Gesicht des Elends noch heute zu begegnen.

Man darf sich nicht durch rhetorische Phrasen zum Lobe der Armut täuschen lassen, die zu den übelsten Formen der sozialen Lüge gehören. Auch die Klagen derer, die zu Wohlstand gekommen sind, darf man nicht mißverstehen. Manche von ihnen beschweren sich darüber, daß sie nicht glücklicher sind als früher. Was wir Glücklichsein nennen, ist ein persönliches Erlebnis von meist kurzer Dauer, das kein soziales Reglement uns je garantieren kann. Von der besten sozialen Ordnung darf man höchstens erwarten, daß sie die äußeren

Hindernisse aus dem Weg räumt, die einer normalen Entwicklung des Menschen im Wege stehen: politische Tyrannei, wirtschaftliche Ausbeutung, rassische oder konfessionelle Diskriminierung und jede andere historisch bedingte Ungleichheit und Ungerechtigkeit. In seiner Erklärung vom Jahre 1776 zählt Thomas Jefferson »das Streben nach dem Glück« zu den Rechten des Bürgers. Nicht den Anspruch auf Glück, aber die Möglichkeit, danach zu streben.

Die Situation in den Ländern, die beinahe oder ganz zu Wohlstand gelangt sind, hat vieles gemeinsam, ob sie von Kommunisten, Reformisten oder von den Demokraten des New Deal regiert werden. Was der Arbeiter eines Staatsbetriebes demjenigen voraus hat, der in einer Privatfabrik beschäftigt ist, läuft in Wirklichkeit auf eine juristische Fiktion heraus. In all diesen Ländern ist ein Niedergang des Fortschrittsgedankens zu beobachten. Dieser geistigen Müdigkeit der schon industrialisierten Länder könnte man die andersartige psychologische Situation der »neuen« Länder gegenüberstellen, die erst am Anfang ihrer Entwicklung stehen. Aber diese lassen sich von den ersteren führen, bleiben in deren Geleise, und ihre Werteskala ist schon jetzt dieselbe. Man hat den Eindruck, daß die neuen Länder gleichzeitig an den Kinderkrankheiten und an den Altersbeschwerden der Zivilisation leiden.

Das geistige Leben krankt überall daran, daß der Rekord von Produktion und Konsum im Vordergrund steht und daß eine andersartige Perspektive fehlt. Wenn eine Bewegung, die ursprünglich den Ehrgeiz hatte, eine Wiedergeburt hervorzurufen, ihre Zukunftsvision auf eine Erhöhung von Produktion und Konsum beschränkt, so degradiert sie sich selbst. Sartre schreibt: »Ein offiziell anerkannter sowjetrussischer Schriftsteller hat mir einmal gesagt: An dem Tag, an dem der Wohlstand für alle erreicht ist, beginnt die endgültige Tragödie des Menschen.« Es wäre noch exakter gewesen, wenn der sowjetrussische Schriftsteller gesagt hätte: die öffentliche Tragödie des Marxismus. Das ist das Eingeständnis einer tiefgehenden Erschütterung, die innerhalb der russischen Intelligenz um sich greift, seit die sowjetischen Parteiführer den glücklich-tragischen Tag auf einen nahen Termin festgesetzt haben. Man muß aufrichtig wünschen, daß ihre Voraussage pünktlich in Erfüllung geht, nicht nur aus Gründen der Menschenfreundlichkeit, sondern auch, weil wir dann nur noch an einer einzigen Front zu kämpfen haben: gegen die Bürokratisierung der Welt. Die Mentalität der sogenannten Revolutionäre zeigt sich schon heute in grellem Licht. Da ihre Vision des historischen Fortschritts auf der Dynamik der enterbten Massen beruhte, stellt der allgemeine Wohlstand sie vor ein unlösbares Rätsel. Der scheinbare Triumph der Ideologie fällt mit ihrer Aushöhlung zusammen. Und was dann?

Diese Frage zeichnet sich schon in einigen fortschrittlicheren Ländern des Westens ab und wird bald überall auftauchen, in dem Maße, wie die Gesellschaft bei erreichtem Wohlstand ihre frühere Dynamik verliert. Dennoch kommt einem die Befürchtung absurd vor, daß die historische Bewegung zu einem Stillstand gekommen sein könnte. Der allgemeine Wohlstand beseitigt einige große Probleme, die durch Jahrhunderte die Menschen gequält und angetrieben haben, aber er läßt andere wieder aufleben, die das Zusammenleben und die Kultur betreffen und nicht weniger wichtig sind. Kein vernünftiger Mensch kann, auch in einem viel fortgeschritteneren Stadium allgemeinen Wohlstandes als heute abzusehen ist, den utopischen Übergang aus dem Reich des Zwangs in ein Reich der Freiheit erwarten, wie es seinerzeit von Marx prophezeit wurde. Eine soziale Existenz ohne Beschränkungen und ohne Kontraste ist undenkbar; man kann nur hoffen, daß diese Kontraste weniger kraß, weniger drückend und unmenschlich sein werden als in der Vergangenheit. Leider werden die schweren Unstimmigkeiten, die aus dem Mißverhältnis zwischen technischer und menschlich-kultureller Entwicklung entstehen, noch zu wenig beachtet und ihre Auswirkungen fast immer der besonderen Veranlagung des einzelnen Menschen zugeschrieben. Aber die vielgeübte Methode, alles was das persönliche Leben angeht als »Privatangelegenheit« anzusehen und die Betroffenen an Psychoanalytiker, Beichtväter oder Pädagogen zu verweisen, ist in solchen Fällen völlig sinnlos. Auch das Atmen ist eine »Privatangelegenheit«, und trotzdem hat Atemgymnastik keinen Wert, wenn sie in einem Raum ohne Fenster ausgeübt wird.

Von mehreren Seiten ist festgestellt worden, daß es notwendig ist, die Idee des Fortschritts neu zu durchdenken. Es ist schwierig, ohne eine Vorstellung vom »morgen« zu leben; irgendeine Zukunftsaussicht ist für das seelische Gleichgewicht des einzelnen wie das der Gesellschaft unerläßlich. Aber der Begriff »Fortschritt« ist seit einiger Zeit verständlicherweise in Mißkredit geraten und wird oft durch den Ausdruck »Entwicklung« ersetzt, der ohne Werturteil eine Veränderung bezeichnet. Von Condorcet bis zu Auguste Comte und Karl Marx ist die Idee des Fortschritts so oft widersprüchlich und ungenau formuliert worden, daß man ein mitleidiges Lächeln ernten würde, wenn man sie ohne weiteres wieder hervorholte. Auf dem Gebiet der Technik und der Naturwissenschaften kann man im bisherigen Sinn weiter von Fortschritt sprechen, nicht auf geistig-seelischem Gebiet. Jedenfalls dann nicht, wenn man unter Fortschritt eine automatische, schrittweise Verbesserung versteht, eine

Vorstellung, die absurd ist im Zusammenhang mit menschlichem Denken und Fühlen, mit der menschlichen Situation überhaupt. Mehr oder weniger gilt heute die Anschauung, daß der Mensch in seinem Verhalten weder völlig eingeschränkt noch völlig frei ist. Unter jedem Regime wird das menschliche Leben sich inmitten von Kontrasten und Kämpfen von ungewissem Ausgang abspielen, und der sogenannte Fortschritt wird immer eine Aufgabe sein, niemals ein Geschenk.

An dem Punkt, den die wirtschaftlich-politische Entwicklung heute erreicht hat, müssen wir uns fragen, wie ein weiterführendes Ideal entstehen und auf welche antreibenden sozialen Kräfte es sich stützen könnte. Es handelt sich nicht darum, ein den persönlichen Wünschen entsprechendes Ziel aufzustellen. Die Entstehung eines Zukunftsideals ist immer ein komplizierter Vorgang, bei dem eine der gegenwärtigen Ordnung entgegengesetzte Vorstellung – es kann auch eine alte unerfüllte Menschheitshoffnung sein – mit unbefriedigten Bedürfnissen und materiellen oder moralischen Forderungen zusammentrifft.

Die scheinbare Ruhe in den Ländern, die sich rühmen, die soziale Sicherheit erreicht zu haben, könnte Überlegungen dieser Art als unnötige Improvisationen erscheinen lassen, aber niemandem, der das Leben in diesen Ländern von innen her beobachtet, können die Symptome für durchaus bedeutungsvolle Kontraste entgehen, wenn man auch über die weitere Entwicklung nur Vermutungen anstellen kann. Das gilt zum Beispiel für den Konkurrenzkampf zwischen Politikern und Technikern, der seit einiger Zeit Anlaß zu den verschiedensten Auslegungen gibt. Aber es ist wahrscheinlich, daß diese und ähnliche Gegensätze absorbiert werden von dem sich immer deutlicher abzeichnenden Antagonismus zwischen der Gesellschaft in ihrer Gesamtheit und dem bürokratisierten und zentralisierten Staat, um so mehr, als der Politiker von heute immer weniger dazu neigt, sich als Vertrauensmann der öffentlichen Meinung zu fühlen, und die Politik vielmehr wie einen technischen Beruf ausübt.

In den totalitären Staaten ist die Eigenmächtigkeit der Exekutive auf Kosten der Gesellschaft offenkundig. Jede Äußerung eines spontanen sozialen Lebens wird dort erstickt oder in bestimmte fertige Formen gepreßt. Aber der Antagonismus entsteht und verschärft sich auch dort, wo eine liberale demokratische Regierungsform sich allmählich in eine Beamtenherrschaft verwandelt hat: Obwohl es in demokratischen Ländern mehrere Parteien und eine freie Presse gibt, erstreckt sich die Vorherrschaft des Staates auf immer größere Bereiche des öffentlichen Lebens, besonders in der Wirtschaft, wo sie sich als Sozialismus gebärdet. Von allen Möglichkeiten, die es für die Verwaltung der nationalisierten Betriebe gibt, wird allgemein die Verstaatlichung, die bequemste und schwerfälligste Lösung, bevorzugt, obwohl sie sich bei genauerer Betrachtung als unwirtschaftlich und undemokratisch erweist. Die Tendenz zur Verstaatlichung besteht sogar dort, wo der soziale Wille sich möglichst unverfälscht äußern sollte, bei den Parteien, den Gewerkschaften und den kulturellen Anstalten, die alle bürokratisiert und in finanzieller Abhängigkeit gehalten werden. Es würde zu weit führen, hier über die Rolle zu sprechen, die der Beamtenstaat bei der Zivilisierung bestimmter Gegenden gespielt hat, wenn die privaten Kräfte nicht ausreichen, und die ihm auch in Zukunft wieder zufallen wird, wo es sich um rückständige Länder und unzivilisierte Völker handelt, die noch nicht fähig sind, sich selbst zu regieren. Aber auch die bürokratische Regierungsform ist historisch bedingt, und es besteht kein Grund zu der Annahme, daß sie die letzte und endgültige Form der Verwaltung darstellt. Dem widerspricht schon die jüngste Entwicklung, denn wo die bürokratische Herrschaft besonders verbreitet und einflußreich ist, setzt die soziale Selbstbesinnung um so lebhafter ein. Das ist die Erklärung dafür, daß es seit einigen Jahren in der russischen Gesellschaft zu gären beginnt, die durch die Industrialisierung außerordentlich vergrößert und differenziert worden ist und trotzdem noch genötigt wird, die Zwangsjacke eines anachronistischen Staates und einer überholten Ideologie zu tragen.

Wie wir gesehen haben, gelangt auf einem anderen Wege auch der Reformismus zu einer Erschöpfungskrise. Um den bedürftigen Klassen, die er politisch vertritt, einen immer größeren Schutz zu verschaffen, hat der westliche Sozialismus ebenfalls die bequeme Lösung der staatlichen Vorherrschaft gewählt, zum Schaden des demokratischen Geistes, aus dem er hervorgegangen ist. Bei einem zentralisierten Staatsapparat ist es trotz des Mehrparteiensystems unvermeidlich, daß die Aktivität der Gesellschaft leidet und die menschlichen Beziehungen ihre Lebendigkeit und ihre Bedeutung einbüßen, wodurch der Gewinn, den der wirtschaftliche Aufstieg auch auf geistig-moralischem Gebiet mit sich bringt, wiederum wesentlich verringert wird. Denn schließlich wird der Wert einer politischen Ordnung nicht durch die statistischen Daten von Produktion und Konsum und auch nicht durch die Fortschritte der Volksbildung bestimmt, sondern durch die Art der Beziehungen, die diese Ordnung zwischen den Menschen herstellt.

Die Antwort auf die Frage »Und wie weiter?«, die sich in verschiedener Form sowohl in den westlichen Ländern als auch in den Ostblockstaaten stellt, kann, auch wenn die Parteien mit ihren Problemen der inneren Führung weiter bestehen bleiben, nicht ein neues Programm für oder wider eine Partei sein. Das hieße die Bedeutung dieser Frage verkennen. Es mag sein, daß es lange keine Antwort darauf geben wird, weil das große Publikum gleichgültig bleibt. Aber ich kann nicht glauben, daß die Menschen auf die Dauer resignieren werden, auch dann nicht, wenn ein Leben im Überfluß gesichert ist. Es wird immer Menschen geben, denen es nicht genügt, sich satt zu essen und zu trinken. Die Geschichte des Menschen ist die Geschichte seiner Auflehnung gegen den Konformismus. Vor allem wird kein politisches System jemals das persönliche Leid aus der Welt schaffen, und das allein wird genügen, um die Unruhe im Herzen der Menschen wachzuhalten. Und wenn es nichts anderes geben sollte, so wird die Gewißheit unseres Todes genügen. Kein noch so perfekter Wohlstand wird die Menschen auf die Dauer vergessen lassen, wie groß der Gegensatz ist zwischen dem, was sie erstreben, und der Vergänglichkeit des Lebens. Nach allem, was wir über das Verhalten des Menschen wissen, ist es durchaus unwahrscheinlich, daß die Euphorie des Wohlstandes lange andauert. Und was für Wünsche mögen es sein, die nach Befriedigung der materiellen Bedürfnisse auftauchen? Es ist anzunehmen, daß das religiöse Problem die Menschen wieder mehr beschäftigen wird als in den vorangegangenen Epochen. In einer Welt, die die Angst vor Armut und Elend verloren hat, wird die augenblicklich geltende, auf Produktions- und Konsum-Daten basierende Werteskala wahrscheinlich ihren Reiz verlieren. Allzulange hat der Mensch die Technik angebetet. Damit soll keineswegs eine Sehnsucht nach überwundenen Formen der Wirtschaft ausgedrückt werden, im Gegenteil: der Mensch verdankt der Technik seine Befreiung von mancher Sklavenarbeit, aber wenn sie ihn ihrerseits zum Sklaven macht, wirkt sie sich nicht zum Segen, sondern zum Unsegen aus. In solchen Fällen muß der Mensch ihr Einhalt gebieten, auch wenn er es auf sich nehmen muß, reaktionär zu erscheinen. Der Prüfstein kann immer nur die Freiheit des Menschen sein.

Das gilt auch für den Antagonismus zwischen Gesellschaft und Staat, der – an Stelle des sinnlos gewordenen Klassenkampfes – allein eine neue soziale Dynamik schaffen und damit eine neue historische Perspektive eröffnen könnte. Wird es der Gesellschaft gelingen, die Funktionen wieder in die Hand zu bekommen, die der zentralisierte bürokratische Staat an sich gerissen hat? Dabei kommt es vor allem darauf an, den augenblicklich bestehenden autoritären Zwang und die dazugehörige Passivität durch echte menschliche verantwortliche Beziehungen zu ersetzen. Diese Perspektive soll nicht als ein bestimmtes unerreichbares Ziel verstanden werden, sondern als eine Tendenz, die durch eine allmählich unerträglich werdende Bürokratisierung und Vorherrschaft des Staates bedingt ist. Aber man darf sich nicht der Illusion hingeben, daß sich der Schritt vom latenten Antagonismus zur Auflehnung von selbst vollzieht. In der Geschichte ist nie etwas Neues, Lebendiges entstanden ohne die Leidenschaft einzelner Menschen, die in Übereinstimmung mit dem allgemeinen Interesse handeln, ohne an ihren eigenen Vorteil zu denken.

Es wird aller Wahrscheinlichkeit nach ein langer, schwieriger Kampf sein, dessen Ausgang ungewiß ist, einerseits wegen der schwer durchschaubaren antistaatlichen Kräfte innerhalb der Gesellschaft, die Überbleibsel vergangener Epochen sind und mit Recht als reaktionär angesehen werden, andererseits, weil die Massenzivilisation die Mehrzahl der Bürger in einen Zustand der Willenlosigkeit versetzt hat, der die Bildung freier und gesunder Gemeinschaften erschwert. Aber wie schnell oder langsam sich dieser Gegensatz verschärfen und wohin er führen möge – es ist nicht schwer, schon heute zu erkennen, auf welcher Seite die Hoffnung ist. In jeder Zeit und unter jedem Regime kann nur das als fortschrittlich gelten, was die Freiheit, die Verantwortung und die Selbstbestimmung des Menschen fördert. Manch einer wird den beängstigenden Gedanken an die Vergänglichkeit des Daseins leichter ertragen im Bewußtsein, daß ein solcher Fortschritt möglich ist.

Ignazio Silone

Eine Handvoll Brombeeren
Roman
Aus dem Italienischen von Hanna Dehio
KiWi 80

Fontamara
Roman
Aus dem Italienischen von Hanna Dehio
KiWi 83

Das Geheimnis des Luca
Roman
Aus dem Italienischen von Fritz Jaffé
KiWi 172

Wein und Brot
Roman
Aus dem Italienischen von Hanna Dehio
KiWi 55

Der Fuchs und die Kamelie
Roman
Aus dem Italienischen von Hanna Dehio
KiWi 115

Der Samen unter dem Schnee
Roman
Aus dem Italienischen von Linde Birk

Kiepenheuer & Witsch

FRANCA MAGNANI
EINE ITALIENISCHE FAMILIE

Aus dem Italienischen von Peter O. Chotjewitz
Gebunden mit zahlreichen Abbildungen.

Franca Magnani, erzählt die Geschichte ihrer Familie. Es
ist dies weder eine politische noch eine historische Analyse, sondern erlebte Geschichte. Das faschistische und antifaschistische Italien, die Menschen im Exil, das Italien der
Nachkriegszeit, erscheinen im Schicksal dieser Familie
wie in einem Brennglas.

KIEPENHEUER & WITSCH

Herbert Rosendorfer
Rom

Eine Einladung

KiWi 224

Diese Einladung nach Rom, die aus lauter Abschweifungen zu bestehen scheint, ist ein Intensivkurs besonderer Art. Mit seiner Kennerschaft und Lust, Orte und Zeiten plaudernd miteinander zu verbinden, führt Rosendorfer immer tiefer in das Geheimnis dieser Stadt, die »seit zweitausend Jahren *die Stadt*, die Mutter, die Seele, das Herz der Welt ist.«

KiWi Paperbackreihe bei Kiepenheuer & Witsch

Paola Pelo
Alles Paletti
Tagebuch einer glücklichen Hausfrau

Titel der Originalausgabe:
Diario di una stupida
Aus dem Italienischen
von Anneliese Braun
KiWi 238

Die Frau, die hier eine Woche ihres Lebens erzählt, ist eine Hausfrau aus Überzeugung, ein Fossil aus der Vergangenheit, ein seltenes Tier, das von allen berufstätigen Freundinnen mit Argwohn betrachtet wird, zumal sie nicht dümmer, sondern eher intelligenter als ihre Umgebung ist. Ihre Welt ist die Erziehung der Kinder und die Organisation des Haushalts, das tägliche Kochen, die Familienfinanzen, das Einkaufen. Sie ist nicht »frustriert«, und sie singt — komisch genug — das hohe Lied ihres gar nicht so sinnlosen Lebens.

KiWi Paperbackreihe bei Kiepenheuer & Witsch

Bettina Dürr
Die Apfelsinenschlacht

Volksfeste in Italien
Ein Reise-Lesebuch mit Terminen,
Adressen und Tips

KiWi 234

Dieses Buch bietet dem Touristen und dem Daheimge-
bliebenen eine spannende Lesereise zu den italienischen
Volksfesten und informiert über Termine, Veranstal-
tungsorte, Übernachtungsmöglichkeiten sowie kulinari-
sche Extras.

KiWi Paperbackreihe bei Kiepenheuer & Witsch

Uwe Timm
Vogel, friss die Feige nicht

Römische Aufzeichnungen
Gebunden

Vogel, friß die Feige nicht ist Uwe Timms persönlichstes
Buch. Rom, die fremde, von Geschichte und Utopien pral-
le Stadt, in der er für längere Zeit lebt, wird trotz aller
Widrigkeiten zum magischen Ort und macht ihm die eigene geschichtliche und literarische Position bewußt.

Kiepenheuer & Witsch